엑셀 2013 *for* Beginner

양숙희 지음

지은이 **양숙희** hee8460@hanmail.net

동국대학교 교육대학원에서 컴퓨터교육을 전공했으며, 동 대학원의 경영정보학과 박사과정을 수료했다. 기업체와 관공서, 동남보건대학, 오산대학 등에서 강의했으며, 현재는 신구대학 정보미디어학부 겸임교수로 재직 중이다. 저서로는 『알기 쉽게 설명한 엑셀과 파워포인트』(지식인, 2003), 『IT CookBook, 초보자의 첫 번째 엑셀 2007』(한빛미디어, 2009), 『IT CookBook, 초보자의 첫 번째 한글 2007』(한빛미디어, 2009), 『IT CookBook, 초보자의 첫 번째 엑셀 2010』(한빛미디어, 2012), 『IT CookBook, 초보자의 첫 번째 한글 2010』(한빛미디어, 2012) 등이 있다.

엑셀 2013 *for* Beginner

초판발행 2014년 11월 29일
4쇄발행 2021년 7월 20일

지은이 양숙희 / **펴낸이** 전태호
펴낸곳 한빛아카데미(주) / **주소** 서울시 서대문구 연희로2길 62 한빛아카데미(주) 2층
전화 02-336-7112 / **팩스** 02-336-7199
등록 2013년 1월 14일 제2017-000063호 / **ISBN** 979-11-5664-140-7 93000

책임편집 김성무 / **기획** 김성무 / **편집** 김성무 / **진행** 김도윤
디자인 표지 여동일, 내지 여동일
영업 이윤형, 길진철, 김태진, 김성삼, 이정훈, 임현기, 이성훈, 김주성 / **영업기획** 김호철, 주희

이 책에 대한 의견이나 오탈자 및 잘못된 내용에 대한 수정 정보는 아래 이메일로 알려주십시오.
잘못된 책은 구입하신 서점에서 교환해 드립니다. 책값은 뒤표지에 표시되어 있습니다.

홈페이지 www.hanbit.co.kr / 이메일 question@hanbit.co.kr

Published by HANBIT Academy, Inc. Printed in Korea

엑셀 2013 입문을 위한 첫걸음

엑셀은 교육기관, 회사, 가정 등 여러 부문에서 가장 일반적으로 사용되는 대표적인 스프레드시트 프로그램이다. 특히 수치 계산이나 데이베이스 관리에 유용하게 사용되며, 다양한 서식을 만들 때도 편리하게 이용된다. 엑셀 2013에서는 OneDrive를 활용한 클라우드 서비스, 데이터 유효성 검사, 빠른 갤러리로 차트 만들기 등의 새로운 기능을 제공한다. 필자는 이 책을 통하여 독자 여러분들이 엑셀 2013에 좀 더 쉽게 다가갈 수 있도록 핵심적인 내용만을 간추려 전달하고자 노력했다.

필자가 교육기관에서 강의할 때 시중에 나와 있는 교재로 수업을 진행하다 보면 내용이 워낙 방대해서 정작 필요한 내용을 제대로 가르치지 못할 때가 많았다. 그래서 이 책 『엑셀 2013 for Beginner』에서는 실무에서 많이 사용하는 가장 핵심적인 내용만을 간추려서 쉽게 전달하려고 했다. 이 책은 필자가 수년간 강의한 경험을 바탕으로 독자들이 엑셀 2013을 좀 더 효과적으로 사용할 수 있도록 집필했다. 또한 실습 예제를 바탕으로 구성했기 때문에 누구나 쉽게 엑셀 2013의 핵심 기능을 익힐 수 있을 것이다.

『엑셀 2013 for Beginner』에서 다루는 내용은 다음과 같다.

1장 엑셀 2013 기초에서는 엑셀 2013 기본 기능, 데이터 입력 및 편집, 워크시트 편집 및 관리, 셀 서식에 관련된 기능을 다룬다.

2장 엑셀 2013 활용에서는 수식 입력과 셀 참조, 자주 사용하고 활용되는 다양한 함수, 차트 작성과 편집, 데이터 관리와 분석에 관련된 기능을 다룬다.

관련 용어에 대한 설명이나 주의해야 할 사항, 알아두면 좋은 내용은 독자들의 이해를 돕기 위해 Tip과 Note에 삽입했다. 또한 각 절이 끝날 때마다 배운 내용을 한 번 더 정리하고 연습해 볼 수 있도록 요약과 연습문제를 함께 수록했다. 연습문제는 본문에서 익혔던 실습 예제를 기초로 하며 실무에서도 엑셀 2013을 제대로 활용할 수 있도록 응용력을 키우는 역할을 할 것이다.

이 책이 출간되기까지 물심양면으로 도와주신 한빛아카데미(주) 김태헌 사장님을 비롯하여 김성무 님께 깊은 감사의 말씀을 드리며, 이 책을 집필하는 동안 옆에서 응원해 준 사랑하는 남편과 두 딸(채연, 나연)에게도 고맙다는 말을 전하고 싶다. 끝으로 독자 여러분들이 이 책을 통하여 엑셀 2013을 좀 더 능숙하게 다룰 수 있게 되어 어디에서든 엑셀 2013을 사용할 때 많은 도움이 되기를 진심으로 바란다.

저자 **양숙희**

이 책의 사용 설명서

이 책을 읽기 전에

누구를 위한 책인가

IT 전공자뿐만 아니라 컴퓨터를 처음 접하는 비전공자들을 위한 컴퓨터 교양서다. 엑셀의 기본 기능부터 데이터 입력 및 편집, 수식 및 함수 입력, 차트, 부분합과 데이터 추출, 데이터 분석까지 배운다. 특히 실습을 따라 하며 핵심 기능을 익힐 수 있어서 엑셀 2013 입문자에게 안성맞춤이다.

선수 연계 과목

컴퓨터를 처음 사용하는 사람도 쉽게 따라할 수 있도록 실습 위주로 구성했기 때문에 특별히 먼저 알고 있어야 하는 내용은 없다. 컴퓨터의 전원을 켜고 끄는 방법과 마우스와 키보드를 이용하여 프로그램을 실행하는 방법 정도만 알고 있어도 된다.

이 책의 구성 요소

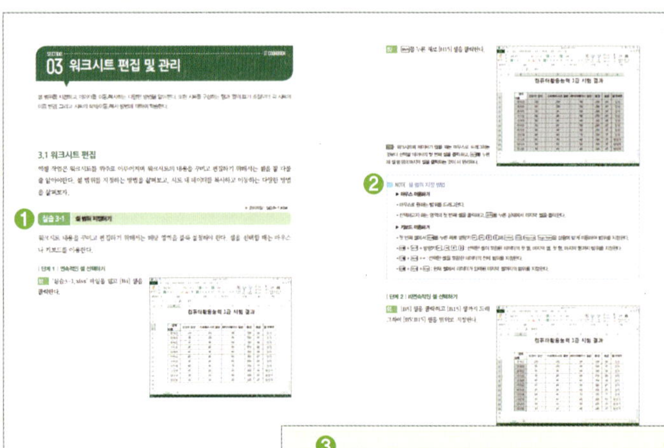

❶ 실습

앞에서 정리한 기능을 단계별로 따라 해보며 언제 어떻게 사용할지 확실하게 이해할 수 있다.

❷ NOTE

소프트웨어를 좀 더 편리하게 사용할 수 있는 유용한 내용과 배경 지식, 주의 사항, 팁 등을 제공한다.

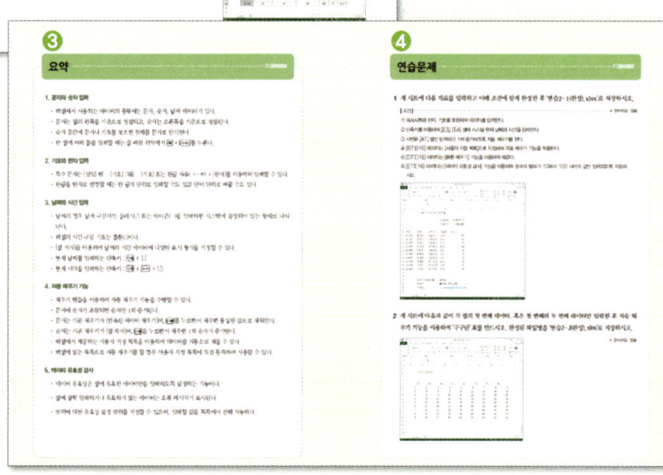

❸ 요약

각 Section이 끝날 때마다 핵심적인 내용을 요약해서 정리한다.

❹ 연습문제

각 Section이 끝날 때마다 본문에서 익힌 핵심적인 내용을 문제 형식으로 정리한다. 본문에서 배운 내용을 확인하고 응용력을 높일 수 있다.

무엇을 다루는가

PART 01 엑셀 2013 기초

Section 01 엑셀 2013 기본 기능

엑셀 2013을 다루기 위한 기본적인 사용법을 알아본다. 엑셀 시작과 종료, 기본 화면 구성, 통합 문서 관리 및 인쇄에 대하여 학습한다.

Section 02 데이터 입력 및 편집

시트에 입력할 수 있는 데이터의 종류와 기본적인 입력 방법을 알아본다. 또한 연속적이거나 일정한 규칙이 있는 데이터를 자동으로 입력할 수 있는 방법에 대하여 학습한다.

Section 03 워크시트 편집 및 관리

셀 범위 지정, 데이터 이동 및 복사 방법을 알아본다. 또한 행과 열의 크기 조절, 각 시트의 이름 변경, 시트의 삭제/이동/복사 방법에 대하여 학습한다.

Section 04 셀 서식

데이터의 서식을 설정하는 방법과 데이터 표시 형식을 바꾸는 방법을 알아본다. 또한 조건부 서식을 설정하는 방법에 대하여 학습한다.

PART 02 엑셀 2013 활용

Section 05 수식 입력과 셀 참조

셀에 수식을 입력하는 방법과 셀 참조에 대하여 알아본다. 또한 함수의 기본 개념과 사용 형식, 함수 마법사를 이용하여 함수를 입력하는 방법을 학습한다.

Section 06 엑셀 함수

엑셀에서 제공하는 함수 중에서 일상에서 자주 사용하는 통계 함수, 수학/삼각 함수, 텍스트 함수, 논리 함수, 날짜/시간 함수, 찾기 함수에 대하여 학습한다.

Section 07 차트 작성과 편집

데이터를 한눈에 비교하면서 추세를 확인할 수 있는 차트의 개념과 구성 요소를 살펴보고 차트를 만드는 다양한 방법을 알아본다. 또한 차트 도구를 이용하여 차트를 편집하는 방법에 대하여 학습한다.

Section 08 데이터 관리와 분석

데이터 정렬과 부분합 기능을 알아보고 데이터 목록에서 조건에 맞는 데이터를 추출하는 방법, 피벗 테이블과 피벗 차트에 대하여 학습한다.

강의 보조 자료와 예제 소스

강의 보조 자료

다음 사이트에서 교수 회원으로 가입하신 교수/강사분에게 교수용 강의 보조 자료를 제공합니다.

http://www.hanbit.co.kr

예제 소스

실습에 필요한 예제 자료는 다음 주소에서 내려받을 수 있습니다.

http://www.hanbit.co.kr/exam/4140

실습 환경

본문의 실습 환경은 다음과 같습니다.

- **운영체제 :** Windows 7 이상(Windows XP 사용 불가)
- **오피스 :** Microsoft Office Excel 2013

참고 사이트

- **오피스튜터** http://www.officetutor.co.kr
  오피스 제품의 유료/무료 강좌, 팁, Q&A는 물론 다양한 커뮤니티를 운영한다.
- **엑사모** http://www.examo.co.kr
  전문직이나 직장인들이 많이 가입한 사이트로, 실무적인 내용을 많이 배울 수 있다.
- **마이크로소프트 엑셀** http://office.microsoft.com/ko-kr/excel
  마이크로소프트의 엑셀 페이지로, 각종 온라인 강좌와 무료 템플릿, 클립 아트 등을 내려받을 수 있다.

연습문제 해답 안내

본 도서는 대학 강의용 교재로 개발되었으므로 연습문제 해답은 제공하지 않습니다.

목차

PART 2 엑셀 2013 활용

목차

IT COOKBOOK

PART 1

엑셀 2013 기초

SECTION 01 엑셀 2013 기본 기능

엑셀 2013을 다루기 위한 기본적인 사용법에 대하여 알아본다. 엑셀을 시작하고 종료하는 방법과 엑셀의 기본 화면 구성을 살펴보고, 통합 문서를 관리하고 인쇄하는 방법 등 엑셀을 다루는 데 필요한 기초 능력을 길러본다.

1.1 엑셀 시작과 종료

엑셀을 시작하고 종료하는 방법에는 여러 가지가 있다. 다양한 방법을 활용하여 엑셀을 시작하고 종료해보자.

▶ 준비파일 : 없음

실습 1-1 엑셀 시작하기

01 시작 메뉴에서 시작하기 작업 표시줄에서 [시작]을 클릭하고 [모든 프로그램] - [Microsoft Office 2013] - [Excel 2013]을 선택하여 시작한다.

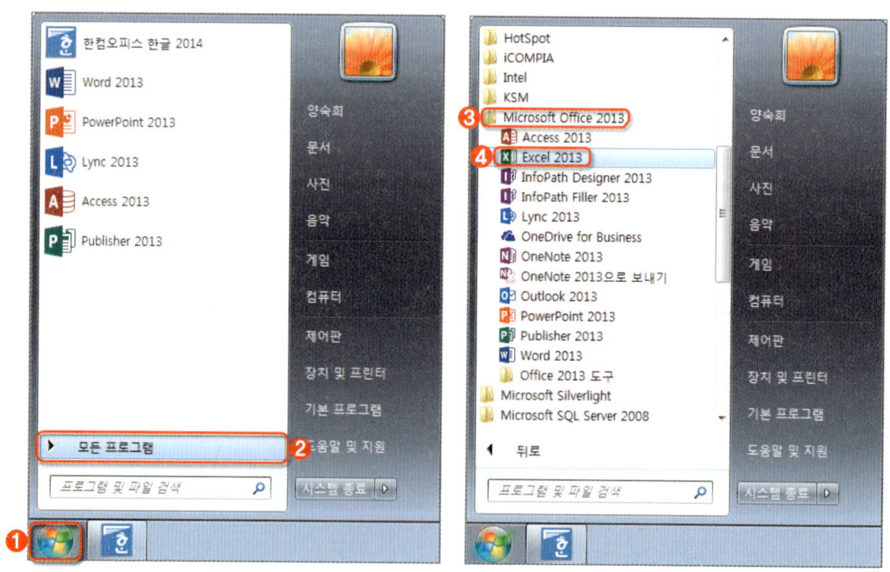

02 바로 가기 아이콘 이용하기 바탕 화면에 있는 [Excel 2013] 바로 가기 아이콘을 더블클릭하여 시작한다.

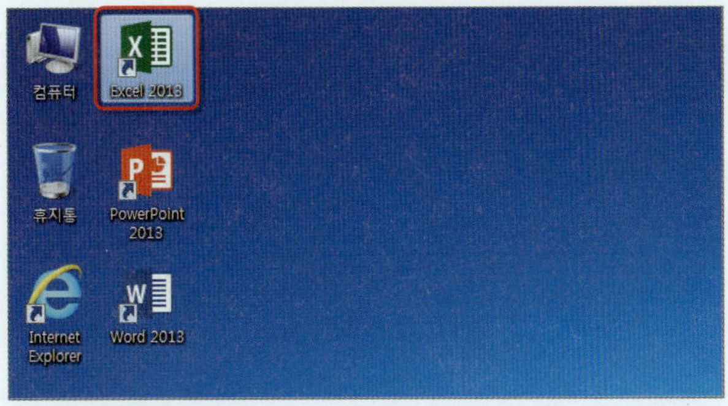

TIP [시작] - [모든 프로그램] - [Microsoft Office 2013]을 선택한 후 [Excel 2013]을 Ctrl을 누른 채로 바탕 화면에 드래그하면 바탕 화면에 바로 가기 아이콘이 만들어진다.

03 엑셀 파일 더블클릭하기 이미 만들어져 있는 엑셀 파일을 더블클릭하여 시작한다.

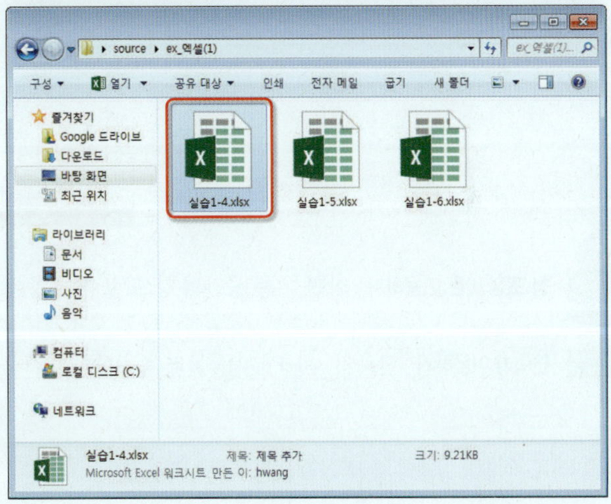

NOTE 엑셀 2013 시작 화면

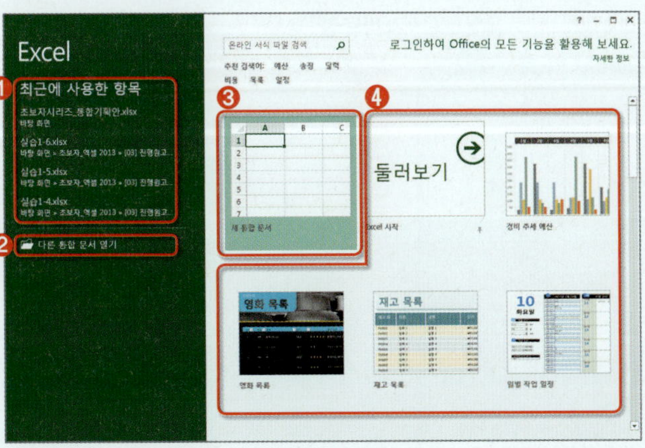

엑셀 2013을 실행하면 여러 서식을 이용하여 작업할 수 있는 시작 화면이 열린다.

❶ **최근에 사용한 항목** : 해당 통합 문서를 클릭하면 최근에 사용한 통합 문서를 불러온다.

❷ **다른 통합 문서 열기** : 기존에 작성했던 통합 문서를 불러온다.

❸ **새 통합 문서** : 새로운 통합 문서를 만든다.

❹ **서식 통합 문서** : 특정 주제나 목적에 맞는 서식 파일을 선택하여 통합 문서 작업을 할 수 있다.

▶ 준비파일 : 없음

실습 1-2 엑셀 종료하기

01 제목 표시줄 이용하기 제목 표시줄 좌측에 있는 아이콘(X)을 클릭하고 [닫기]를 선택하여 종료한다.

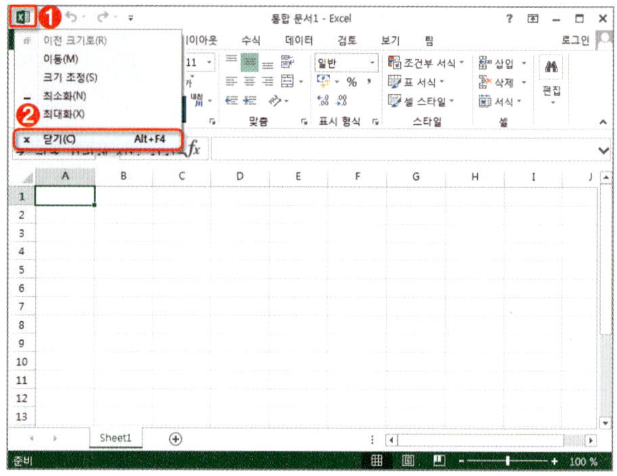

02 창 조절 버튼 이용하기 화면 우측 상단의 창 조절 버튼 중에서 [닫기 ×]를 클릭하여 종료한다.

03 단축키 이용하기 단축키 Alt + F4를 눌러 종료한다.

NOTE 엑셀을 실행할 때 새 통합 문서 바로 나타내기

이전 버전과 마찬가지로 엑셀을 실행할 때 새 통합 문서가 바로 나타나도록 설정하는 방법을 알아보자.

① [파일] 탭 – [옵션]을 클릭한다.

② [일반] 항목의 '시작 옵션'에 있는 '이 응용 프로그램을 시작할 때 시작 화면 표시'의 체크 표시를 해제한 후 [확인]을 클릭한다.

③ 엑셀 프로그램을 종료한 후 실행하면 이전 버전과 마찬가지로 새 통합 문서가 바로 열린다.

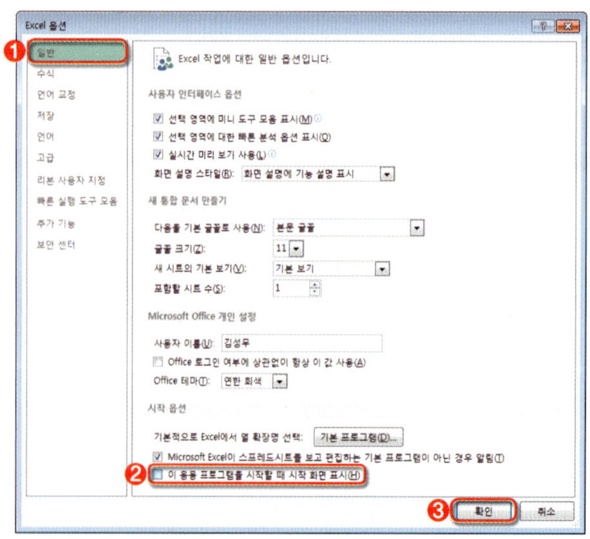

1.2 엑셀 기본 화면 구성

응용 프로그램을 익숙하게 사용하려면 해당 프로그램의 기본 화면 구성을 잘 파악해야 한다. 엑셀 2013을 시작하면 이전 버전과는 다르게 여러 가지 서식을 이용할 수 있는 시작 화면이 나타난다. 그중에서 [새 통합 문서]를 선택하면 엑셀의 기본 화면을 볼 수 있다. 엑셀의 기본 화면 구성과 워크시트의 화면 구성을 자세히 살펴보자.

엑셀 기본 화면 구성

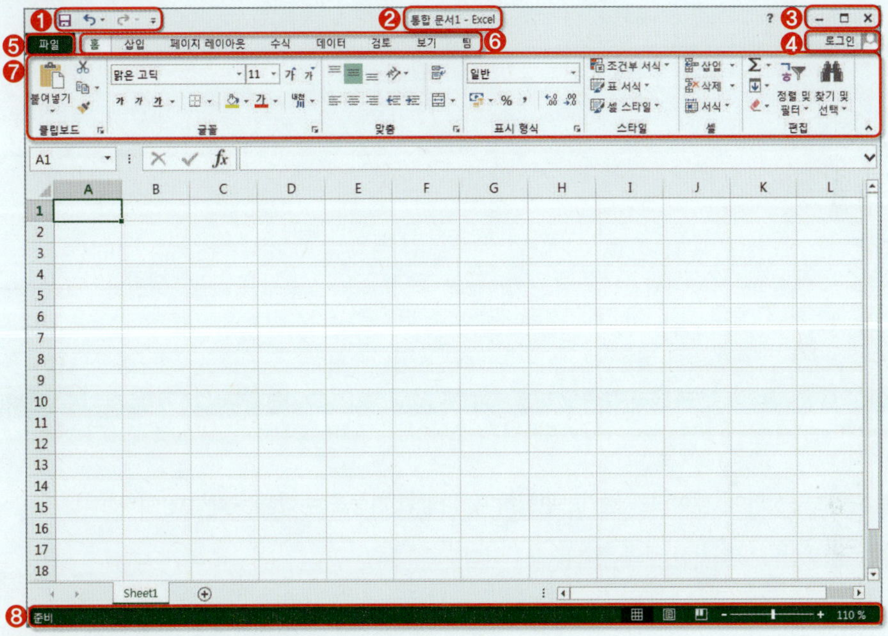

❶ **빠른 실행 도구 모음** : 저장, 실행 취소, 다시 실행과 같은 자주 사용하는 명령이 들어 있다.

❷ **제목 표시줄** : 프로그램 이름과 현재 작업 중인 통합 문서의 파일 이름을 표시한다.

❸ **창 조절 버튼** : 프로그램 창 최소화, 최대화/이전 크기로 복원, 닫기 버튼으로 구성되어 있다.

❹ **오피스 로그인 버튼** : 오피스에 로그인하여 클라우드 서비스인 OneDrive를 사용할 수 있다.

❺ **파일 탭** : 정보, 새로 만들기, 열기, 저장, 인쇄, 공유, 닫기 등 파일 관리를 위한 메뉴들로 구성되어 있다.

❻ **메뉴 탭** : 홈, 삽입, 페이지 레이아웃, 수식, 데이터, 검토, 보기, 팀 등 8개의 기본 탭이 있다. 각 탭마다 여러 개의 그룹으로 명령이 분류되어 있으며 나만의 리본 메뉴를 만들 수도 있다.

❼ **그룹** : 각각의 탭과 관련된 기능을 세부적으로 구분한 명령 모음이다.

❽ **상태 표시줄** : 현재 통합 문서의 셀 작업 상태를 표시하고, 워크시트 보기 상태, 화면 확대/축소 비율 등을 설정할 수 있다.

워크시트 화면 구성

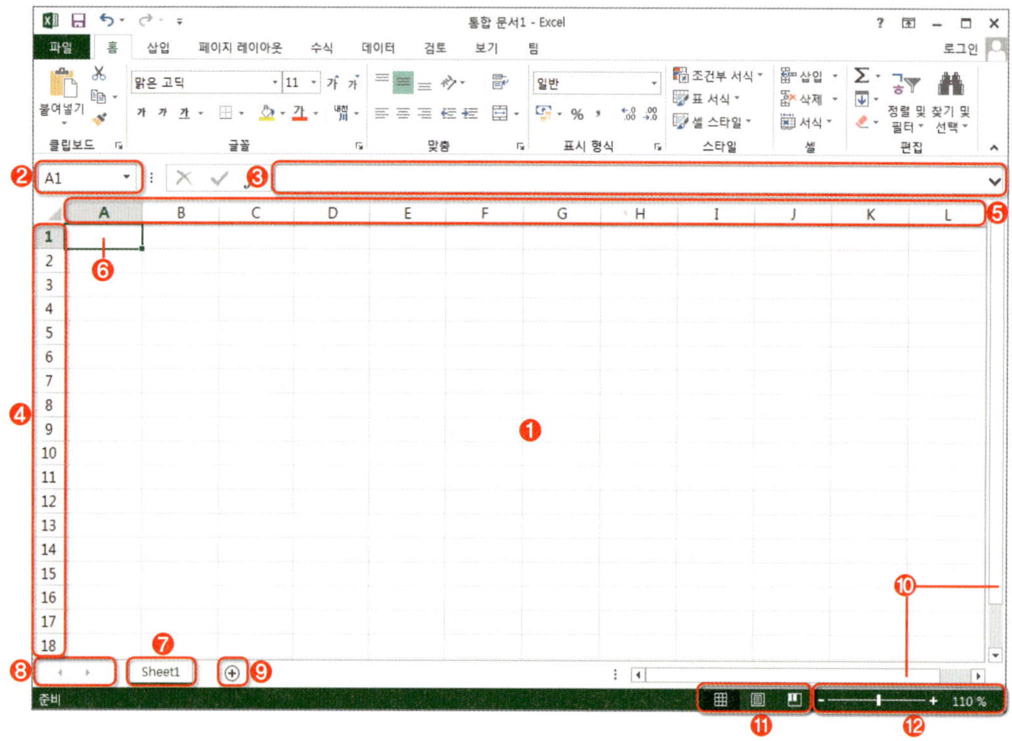

❶ **워크시트** : 셀로 구성되며, 데이터를 입력 · 편집하고, 다양한 기능을 수행하는 작업 창이다.

❷ **이름 상자** : 셀 포인터가 위치한 셀의 주소를 표시한다.

❸ **수식 입력줄** : 현재 선택된 셀의 내용이나 수식을 보여주고 이를 편집할 때 이용한다.

❹ **행 머리글** : 행 번호가 표시되는 곳으로 1행부터 1,048,576행이 있다.

❺ **열 머리글** : 열 이름이 표시되는 곳으로 A열부터 XFD열까지 16,384열이 있다.

❻ **셀 포인터** : 현재 작업할 셀을 가리키며, 굵은 녹색 테두리가 주위에 표시된다.

❼ **시트 탭** : 현재 통합 문서에 있는 시트와 이름이 표시된다.

❽ **시트 이동 버튼** : 시트 탭에 표시되는 시트 이름을 이동시키면서 볼 수 있다.

❾ **시트 삽입 컨트롤** : 기존 시트 뒤에 새로운 시트를 삽입할 때 사용한다.

❿ **수직/수평 이동줄** : 워크시트를 수직/수평 방향으로 이동하면서 내용을 볼 수 있다.

⓫ **워크시트 보기 상태** : 워크시트를 다양하게(기본/페이지 레이아웃/페이지 나누기 미리 보기) 바꾸어 볼 수 있다.

⓬ **확대/축소 컨트롤** : 워크시트의 크기를 조절할 수 있다.

> **NOTE 엑셀 기본 용어의 이해**
>
> - **셀(Cell) :** 엑셀에서 데이터 입력의 가장 기본이 되는 단위로, 열 이름과 행 번호를 조합하여 A1, A2, B1, B2 등으로 셀 주소를 매긴다.
> - **워크시트(Worksheet) :** 각 셀들이 모여 이루어진 엑셀의 작업 영역이다. 예) Sheet1, Sheet2, Sheet3
> - **통합 문서 :** 여러 개의 워크시트가 모여 구성된 문서다. 엑셀 2013의 파일 확장자는 xlsx다.

엑셀의 주요 환경 옵션

[파일] 탭 – [옵션]을 선택하면 [Excel 옵션] 창이 나타난다. [Excel의 옵션]을 이용하면 엑셀의 화면에 대한 환경을 설정할 수 있다

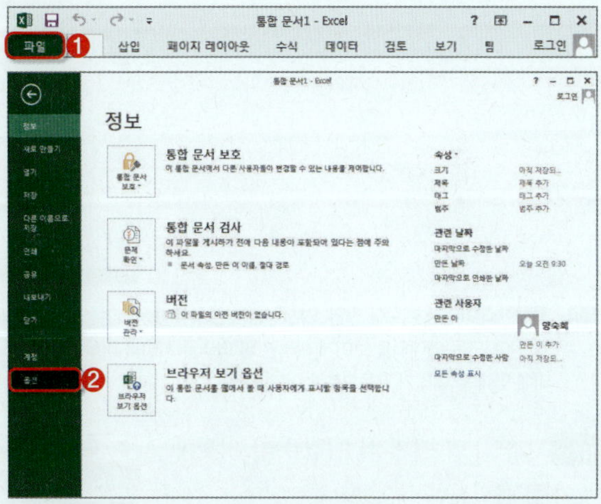

[Excel 옵션] 창이 열리면 [일반] 탭– [새 통합 문서 만들기]에서 새로운 통합 문서 작업 상태에 대한 글꼴, 글꼴 크기, 기본 시트 수를 설정할 수 있다. [Microsoft Office 개인 설정]에서는 사용자 이름과 Office 테마색을 변경할 수 있다. [시작 옵션]에서는 엑셀을 시작할 때 시작 화면 표시 여부 등을 설정할 수 있다.

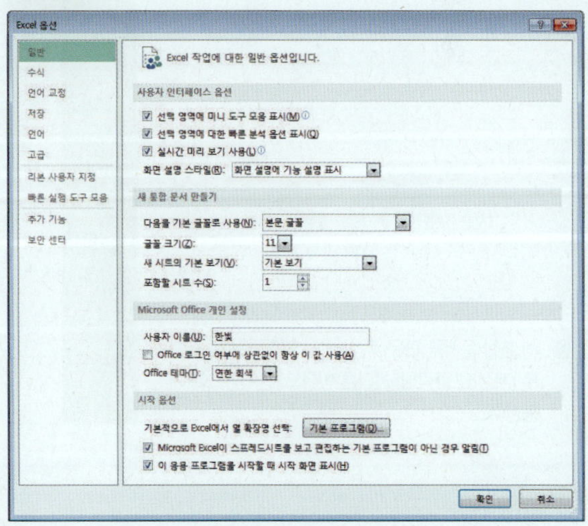

TIP 자주 사용하는 기능은 일반, 저장, 고급, 리본 사용자 지정이며, 자신만의 환경을 설정하여 작업 공간을 만들 수 있다.

1.3 통합 문서 관리

엑셀에서 통합 문서를 저장하고 불러오는 방법과 통합 문서에 암호를 설정하는 방법을 학습하고, 새로운 기능인 클라우드 서비스를 이용하여 통합 문서를 관리하는 방법을 알아보자.

▶ 준비파일 : 없음

실습 1-3 통합 문서 저장하기

01 엑셀을 실행하고 다음과 같이 데이터를 입력한다.

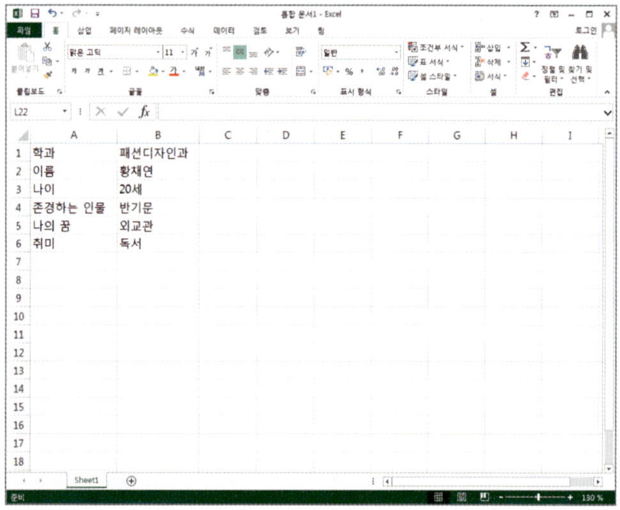

TIP 입력한 데이터가 셀보다 길면 오른쪽 셀에 걸쳐서 표시되며, 오른쪽 셀에도 데이터를 입력하면 왼쪽 셀에 입력했던 데이터가 가려 보이지 않게 된다. 모든 데이터를 보이게 하려면 열 머리글 사이를 마우스로 드래그하여 넓히거나 열 머리글 사이를 더블클릭하면 입력한 데이터의 길이에 맞게 열 너비가 자동으로 늘어난다.

02 [파일] 탭 – [저장] – [컴퓨터] – [찾아보기]를 클릭한다.

TIP 새 통합 문서를 만든 후 한 번도 저장하지 않은 경우 [저장]을 클릭해도 [다른 이름으로 저장]으로 이동한다.

NOTE PDF형식과 OneDrive에 저장하기

- **PDF 파일로 저장하기 :** 통합 문서를 PDF 또는 XPS 파일로 저장할 수 있다. [파일] 탭 – [내보내기] – [PDF/XPS 문서 만들기] – [PDF/XPS 만들기]를 클릭한 후 파일명을 입력하고 [게시]를 선택한다.
- **OneDrive에 저장하기 :** OneDrive에 통합 문서를 저장하면 장소와 장치에 구애받지 않고 언제 어디서나 파일을 공유하여 활용할 수 있다.

03 [다른 이름으로 저장] 대화상자가 열리면 저장할 폴더를 선택하고 파일 이름 입력란에 '실습1-3(완성)'이라고 입력한 후 [저장]을 클릭한다.

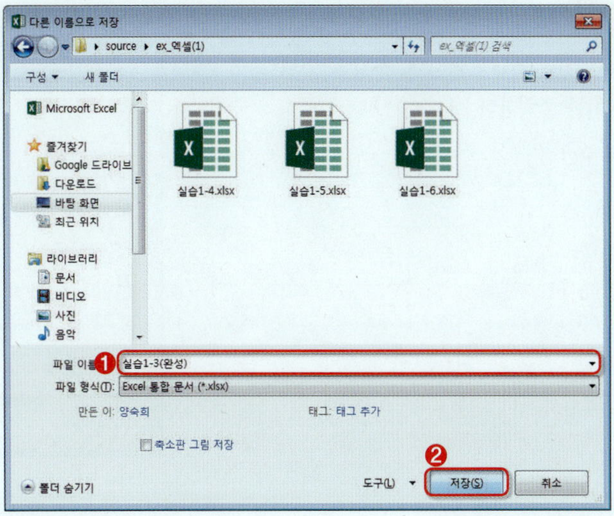

NOTE 저장 관련 옵션

- **바로 저장 :** 한 번 저장한 통합 문서에서 다시 [파일] 탭 – [저장]을 클릭하면 기존 파일에 덮어쓰기가 된다. 통합 문서 작업 중에 틈틈이 저장하는 것이 안전하며, 단축키 Ctrl + S를 이용하면 더 빠르게 저장할 수 있다.
- **다른 이름으로 저장 :** 파일 이름이나 저장 위치를 바꾸어 다시 저장하려면 [파일] 탭 – [다른 이름으로 저장]을 선택하여 폴더나 이름을 변경하면 된다.
- **암호 설정 :** 파일을 저장할 때 암호를 설정하려면 [다른 이름으로 저장] 대화상자에서 [도구] – [일반 옵션]을 클릭한 후 열기 암호와 쓰기 암호를 설정하면 된다.

▶ 준비파일 : 실습1-4.xlsx

실습 1-4 통합 문서 열기

01 [파일] 탭 – [열기] – [컴퓨터] – [찾아보기]를 클릭한다.

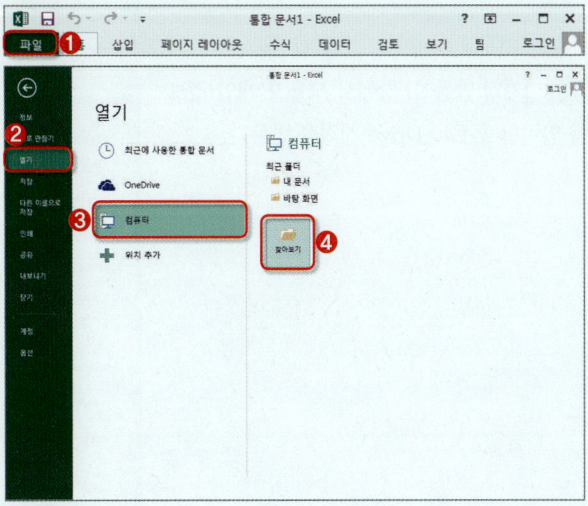

02 예제 파일을 다운받아 저장해 둔 폴더를 열고 '실습1-4.xlsx' 파일을 선택한 후 [열기]를 클릭한다.

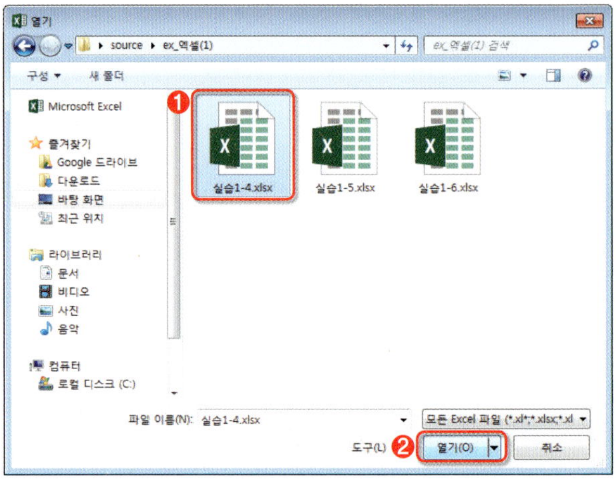

▶ 준비파일 : 실습1-5.xlsx

실습 1-5 OneDrive 계정 설정하고 저장하기

| 단계 1 | OneDrive 계정 만들기

01 웹 브라우저에 'http://login.live.com'을 입력한다. 마이크로소프트 라이브 홈페이지에서 [지금 등록]을 클릭한다.

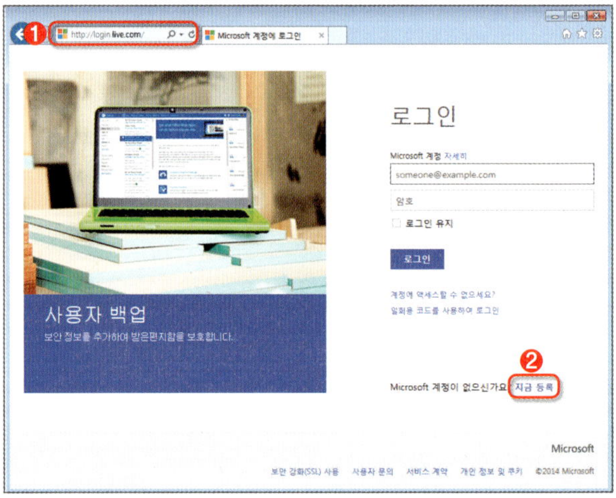

02 [계정 만들기] 창에서 사용자 개인 정보를 입력한 후 OneDrive 계정을 만든다.

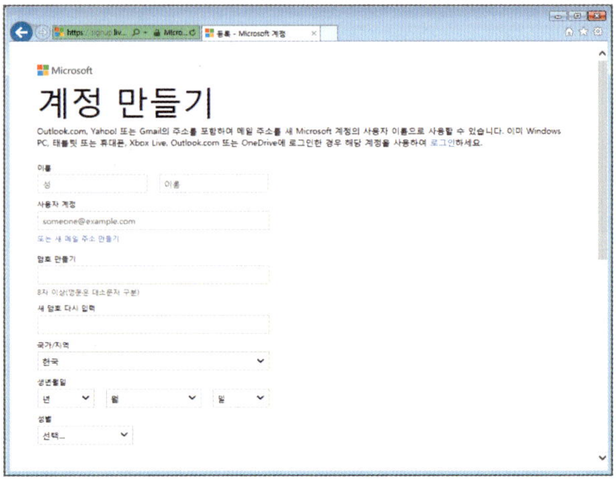

| 단계 2 | OneDrive에 로그인하기

01 [파일] 탭 - [계정] - [로그인]을 클릭한다.

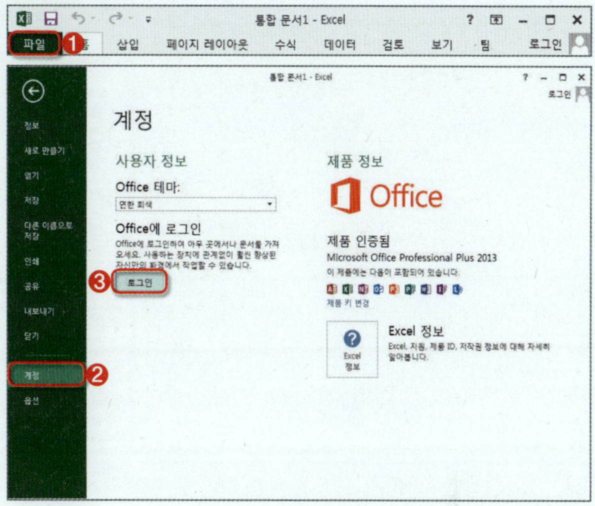

02 [로그인] 창에서 계정 메일 주소를 입력하고 [다음]을 클릭한 후 두 번째 [로그인] 창에서 암호를 입력하고 [로그인] 버튼을 누른다.

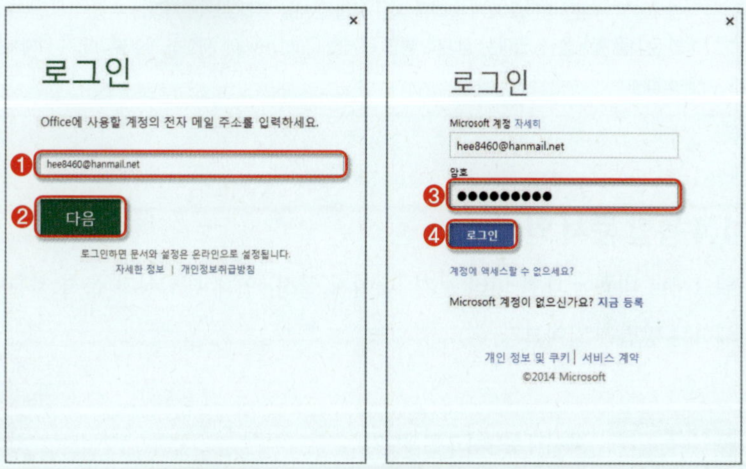

| 단계 3 | OneDrive에 통합 문서 저장하기

01 '실습1-5.xlsx' 파일을 열고 [파일] 탭 - [다른 이름으로 저장] - [OneDrive-개인] - [찾아보기]를 클릭한다.

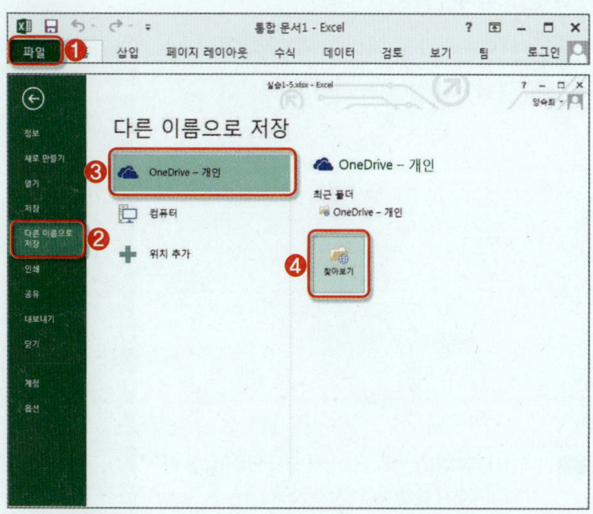

02 저장할 폴더를 선택하고 파일 이름을 입력한 후 [저장]을 클릭하면 OneDrive에 통합 문서가 저장된다.

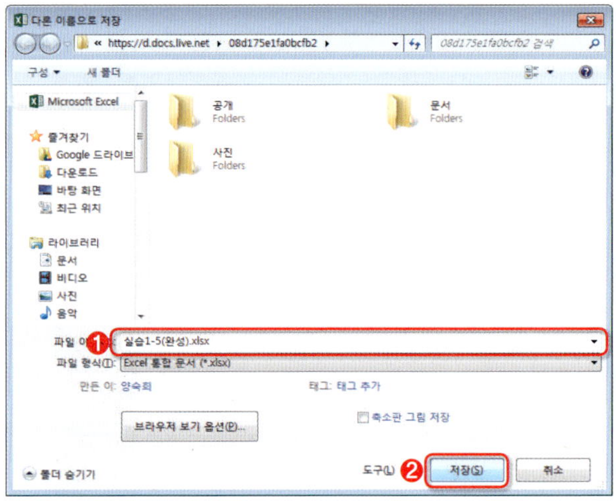

NOTE OneDrive에 저장

엑셀 2013이 이전 버전과 크게 달라진 점은 통합 문서를 클라우드에 저장할 수 있어서 장소나 장치에 상관없이 온라인을 통하여 통합 문서를 활용할 수 있다는 점이다. 통합 문서를 OneDrive에 저장하거나 불러오기 위해서는 마이크로소프트 계정으로 로그인해야 한다.

1.4 통합 문서 인쇄

워크시트 내용에 대한 미리 보기, 페이지 설정, 인쇄 대화상자 옵션 사용법을 학습하고 통합 문서를 인쇄하는 방법을 알아보자.

▶ 준비파일 : 실습1-6.xlsx

실습 1-6 페이지 설정하고 인쇄하기

| 단계 1 | 페이지 설정하기

01 '실습1-6.xlsx' 파일을 열고 [파일] 탭 - [인쇄] - [페이지 설정]을 클릭한다.

TIP [페이지 레이아웃] 탭의 대화상자 표시 단추(⊡)를 클릭해도 [페이지 설정] 대화상자가 열린다.

02 [페이지 설정] 대화상자가 열리면 [여백] 탭을 클릭하고 왼쪽과 오른쪽 여백을 각각 '2'로 수정한 후 [페이지 가운데 맞춤]의 [가로]와 [세로]를 체크한다.

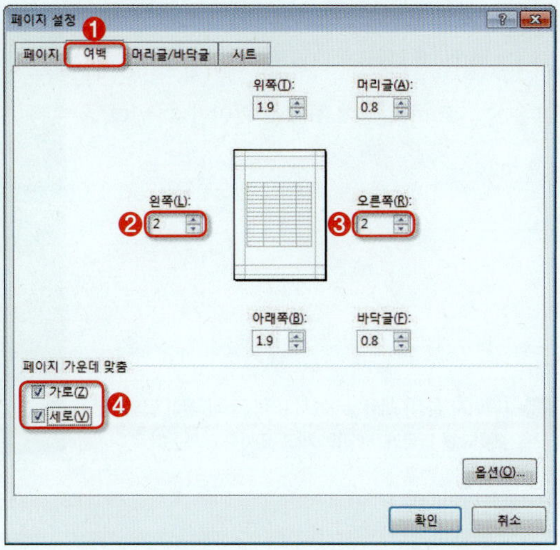

03 [머리글/바닥글] 탭을 클릭한 후 [머리글 편집]을 누른다. [머리글] 대화상자의 [왼쪽 구역]에 '대학 학점 계획표'라고 입력하고 [오른쪽 구역]에서는 [날짜 삽입]을 클릭한 후 [확인]을 누른다.

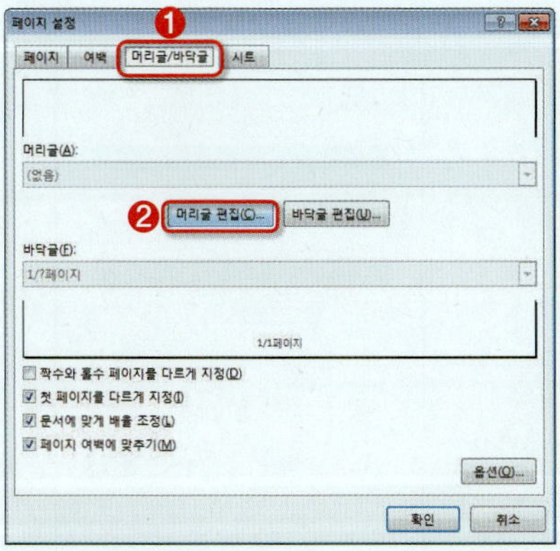

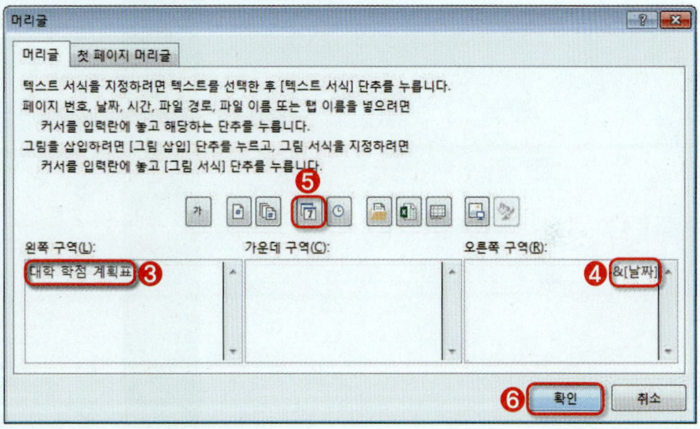

04 다시 [페이지 설정] 대화상자가 나타나면 [바닥글 편집]을 클릭하여 [바닥글] 대화상자를 연다. [왼쪽 구역]에 [페이지 번호 삽입]과 [전체 페이지 수 삽입]을 각각 클릭하고, 그 사이에 키보드로 '/'를 입력한다. [오른쪽 구역]에 작성자의 이름을 입력한 후 [확인]을 클릭한다.

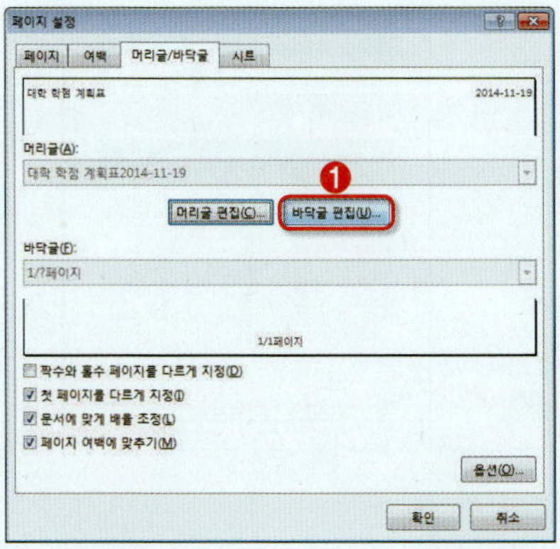

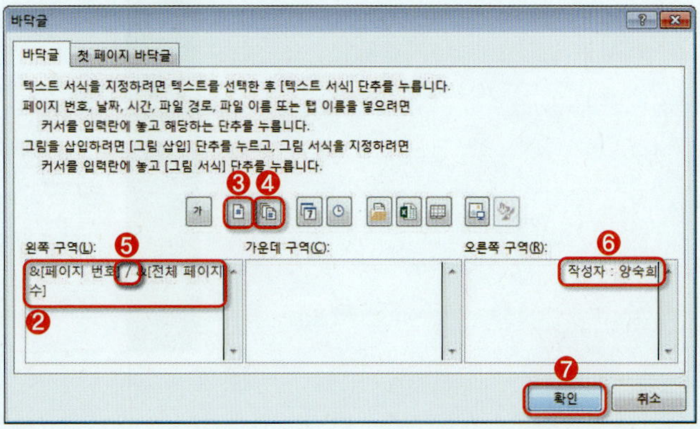

05 [페이지 설정] 대화상자가 나타나면 다시 [확인]을 클릭한다. 수정된 페이지 설정 내용을 오른쪽 미리 보기 창에서 확인할 수 있다.

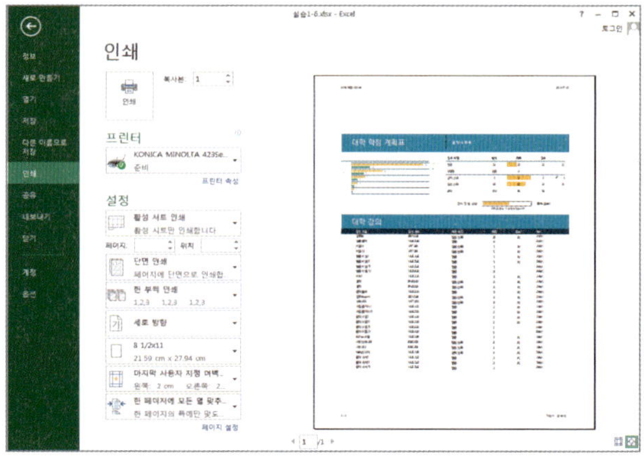

TIP [페이지 설정] 대화상자에서 [머리글/바닥글] 탭의 [첫 페이지를 다르게 지정]의 체크 표시를 해제한다.

| 단계 2 | 인쇄하기

01 [파일] 탭 – [인쇄]를 클릭하거나 단축키 Ctrl + P를 누른다.

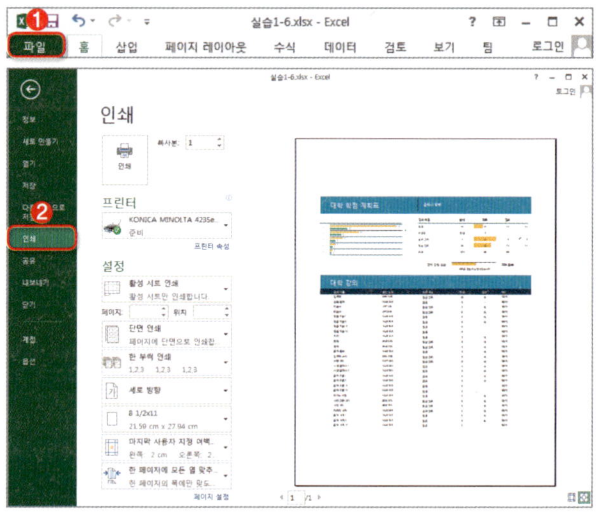

02 오른쪽 미리 보기 창으로 완성 파일의 모양을 확인하고 [인쇄]를 클릭하여 인쇄한다.

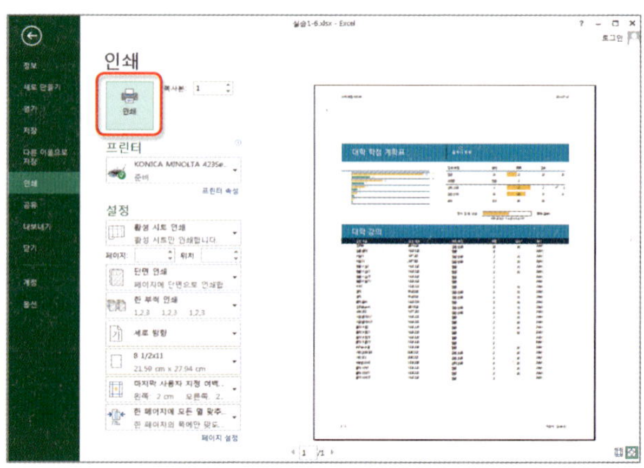

NOTE 인쇄 옵션

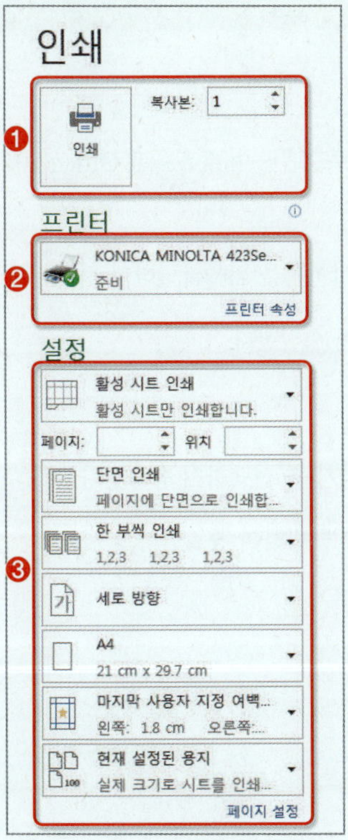

인쇄 백스테이지 화면에서는 인쇄와 관련된 주요 작업을 간단하게 수행할 수 있으며, 결과물이 오른쪽 미리 보기 창에 바로 적용이 되어 보이기 때문에 편리하다.

❶ **인쇄** : [인쇄]를 클릭하면 바로 인쇄가 되며, 인쇄 부수를 선택할 수 있다.

❷ **프린터** : 현재 기본 프린터로 설정된 프린터를 보여준다. [프린터 속성]을 클릭하면 연결된 프린터의 고급 속성을 설정할 수 있다.

❸ **설정**

- **인쇄 범위 설정** : 활성 시트 인쇄, 전체 통합 문서 인쇄, 선택 영역 인쇄 중 선택하여 인쇄할 수 있다.
- **페이지 설정** : 원하는 페이지를 지정하여 인쇄할 수 있다.
- **기타 설정** : 이외에도 단면/양면 인쇄, 한 부씩 인쇄 옵션, 용지 방향, 용지 크기, 용지 여백, 크기 조정 옵션 등을 설정할 수 있다.
- **페이지 설정** : 인쇄에 관련된 자세한 옵션을 지정할 수 있다.

요약

IT COOKBOOK

1 엑셀 시작

- **시작 메뉴에서 시작하기 :** 작업 표시줄에서 [시작]을 클릭하고 [모든 프로그램] – [Microsoft Office 2013] – [Excel 2013]을 선택하여 시작한다.
- **바로 가기 아이콘 이용하기 :** 바탕화면에 있는 [Excel 2013] 바로 가기 아이콘을 더블클릭하여 시작한다.
- **엑셀 파일 더블클릭하기 :** 이미 만들어져 있는 엑셀 파일을 더블클릭하여 시작한다.

2 엑셀 종료

- **제목 표시줄 이용하기 :** 제목 표시줄 좌측에 있는 아이콘을 클릭하고 [닫기]를 선택하여 종료한다.
- **창 조절 버튼 이용하기 :** 화면 우측 상단의 창 조절 버튼 중에서 [닫기]를 클릭하여 종료한다.
- **단축키 이용하기 :** 단축키 Alt + F4를 눌러 종료한다.

3 통합 문서 관리

- **저장하기 :** [파일] 탭 – [저장] – [컴퓨터] – [찾아보기]를 클릭한다.
- **열기 :** [파일] 탭 – [열기] – [컴퓨터] – [찾아보기]를 클릭한다.
- **OneDrive에 통합 문서 저장하기 :** [파일] 탭 – [다른 이름으로 저장] – [OneDrive–개인] – [찾아보기]를 클릭한다.

4 통합 문서 인쇄

- **페이지 설정하기 :** 용지의 여백 설정, 용지의 크기와 방향 변경, 머리글/바닥글 등 페이지에 관련된 기본 사항을 설정한다.
- **인쇄하기 :** [파일] 탭 – [인쇄]를 클릭하거나 단축키 Ctrl+ P를 누른 후 오른쪽 미리 보기 창으로 완성 파일의 모양을 확인하고 [인쇄]를 클릭하여 인쇄한다.

연습문제

1 새 통합 문서에 다음 자료를 입력하고 아래 조건에 맞게 완성한 후 '연습1-1(완성).xlsx'로 저장하시오.

| 조건 | ▶ 준비파일 : 없음

① 화면과 같이 데이터를 입력하시오.

② 머리글 : 왼쪽 구역에 '한국대 봉사 동아리'를 입력하시오.

③ 바닥글 : 가운데 구역에 '페이지 번호', 오른쪽 구역에 '작성자 : 본인 이름'을 입력하시오.

④ 페이지 설정 : [페이지 설정] 대화상자의 [여백] 탭을 눌러 [페이지 가운데 맞춤] 항목을 [가로]로 설정하시오.

⑤ 읽기 암호와 쓰기 암호를 '12345'로 설정하시오.

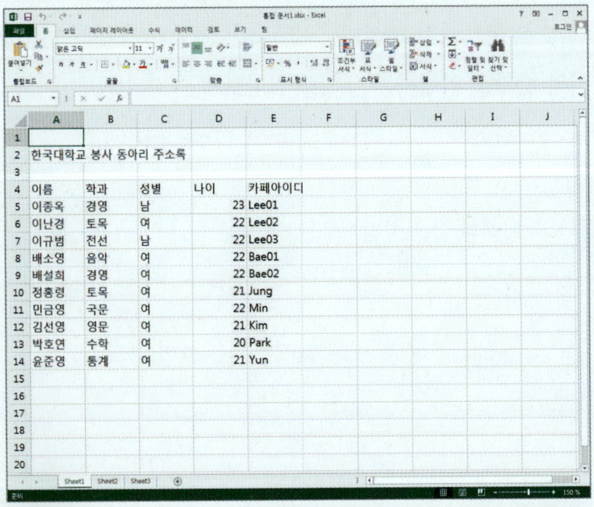

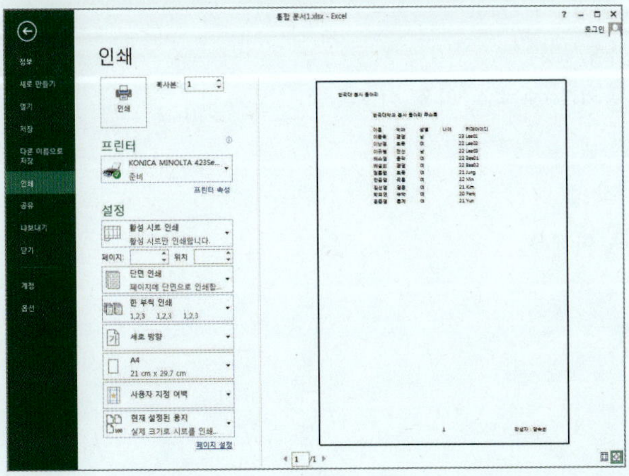

SECTION ---- IT COOKBOOK

02 데이터 입력 및 편집

이 장에서는 시트에 입력할 수 있는 다양한 데이터의 종류와 기본적인 입력 방법을 알아본다. 또한 연속적이거나 일정한 규칙이 있는 데이터를 자동으로 입력할 수 있는 방법에 대하여 학습한다.

2.1 문자와 숫자 입력

문자 데이터는 문자와 숫자, 기호 등의 조합으로 이루어진 데이터를 말하며, 숫자 데이터는 엑셀에서 가장 많이 사용하는 데이터다. 엑셀에서 문자와 숫자를 입력하는 규칙을 알아보자.

데이터 수정

데이터의 일부만 수정할 때는 해당 셀로 이동한 후 아래와 같은 방법으로 수정한다.

- 해당 셀에서 F2를 누른 후 수정한다.
- 해당 셀을 마우스로 더블클릭하여 수정한다.
- 해당 셀을 선택하고 수식 입력줄을 클릭하여 수정한다.

셀 포인터 이동 키

- ←, →, ↑, ↓ : 왼쪽, 오른쪽, 위쪽, 아래쪽
- Tab, Shift + Tab : 현재 셀의 오른쪽, 왼쪽
- Ctrl + ←, →, ↑, ↓ : 현재 셀의 가장 왼쪽, 오른쪽, 위쪽, 아래쪽
- Home : 현재 행의 시작 셀
- Ctrl + Home : 워크시트의 시작 셀(A1)
- Page Up, Page Down : 한 화면의 위쪽, 아래쪽

실습 2-1 문자 데이터 입력하기

| 단계 1 | 데이터 입력하기

01 엑셀을 실행하여 새 통합 문서를 열고 다음과 같이 다양한 형식의 문자 데이터를 입력한다.

	A	B	C	D	E	F	G
1		문자 데이터 입력하기					
2							
3							
4		입력		비고			
5		엑셀					
6		엑셀 2013		[Alt+Enter] 강제줄바꿈			
7		741111-1234567					
8		031)747-1234					
9		2013		숫자->텍스트 : 맨 앞에 (') 사용			
10							
11							
12							

NOTE 문자 데이터 입력 규칙

① 문자 데이터는 문자와 숫자, 기호 등의 조합으로 이루어진 데이터다.

② 문자는 왼쪽을 기준으로, 숫자는 오른쪽을 기준으로 정렬된다. 숫자 중간에 문자나 기호를 넣으면 전체를 문자로 인식한다.

③ 입력한 문자 데이터가 열 너비보다 길면 오른쪽 열에 걸쳐 표시되는데, 오른쪽 열에도 데이터를 입력하면 왼쪽 열에 입력된 데이터는 보이지 않게 된다.

④ 한 셀에 여러 줄을 입력할 때는 줄 바꿈 위치에서 Alt + Enter를 누른다.

| 단계 2 | 데이터 지우기

01 셀을 선택하고 Delete를 누르면 입력된 데이터가 지워진다. 여러 셀의 데이터를 한번에 지우려면 다음과 같이 마우스로 드래그하여 영역을 지정한 후 Delete를 누른다.

	A	B	C	D	E	F	G
1		문자 데이터 입력하기					
2							
3							
4		입력		비고			
5		엑셀					
6		엑셀 2013		[Alt+Enter] 강제줄바꿈			
7		741111-1234567					
8		031)747-1234					
9		2013		숫자->텍스트 : 맨 앞에 (') 사용			
10							
11							
12							

02 지운 데이터를 되살리기 위해 실행을 취소하는 단축키인 Ctrl+Z를 누른다. 엑셀 창 왼쪽 상단에 있는 빠른 실행 도구 모음에서 [입력 취소 ↶]를 클릭해도 된다

실습 2-2 숫자 데이터 입력하기

01 새 통합 문서를 열고 화면 아래의 시트 탭에서 [새 시트 ⊕]를 클릭하여 새 시트를 만든다.

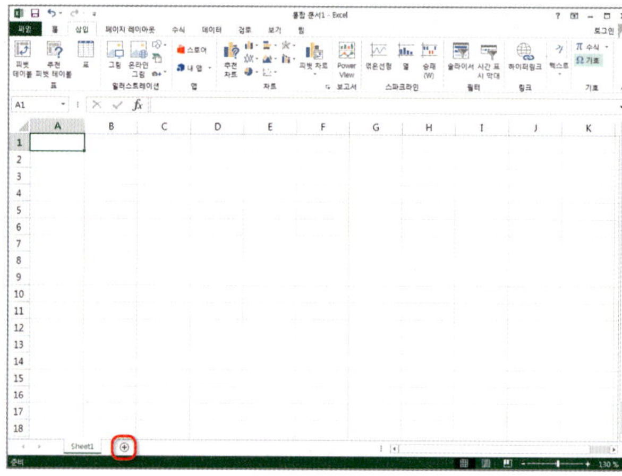

02 아래의 Note '숫자 데이터 입력 규칙'을 참고하여 다음과 같이 다양한 숫자 데이터를 입력한다.

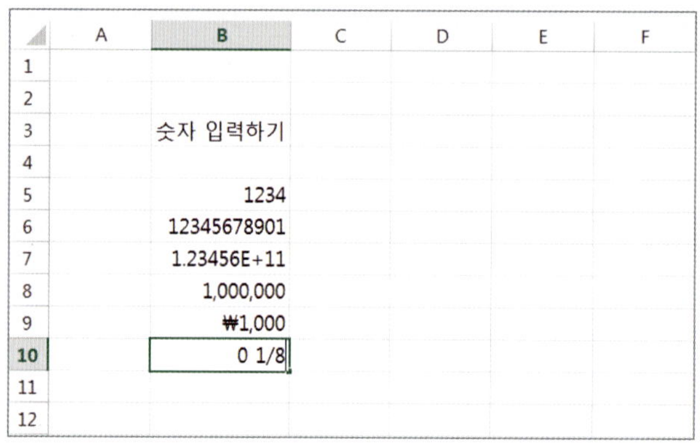

NOTE 숫자 데이터 입력 규칙

① 숫자 데이터는 셀의 오른쪽을 기준으로 정렬되며, 연산의 대상이 된다.

② 일반적인 숫자뿐만 아니라 +, −, /, %, ₩ 등도 숫자의 일부로 인식된다.

③ 12자리 이상의 긴 숫자를 입력하면 지수 형식으로 표시된다(예제의 '1.23456E+11'은 '123456000000'을 입력한 결과이다).

④ 천 단위 콤마, 화폐 표시 기호 등을 입력할 수 있다.

⑤ 분수를 입력하려면 '0'을 입력한 후 한 칸 띄우고 원하는 값을 입력하면 된다.

2.2 기호와 한자 입력

문자 데이터나 숫자 데이터와는 다르게 기호와 한자는 별도의 메뉴를 이용하여 입력한다. 엑셀에서 기호와 한자를 입력하는 방법을 알아보자.

실습 2-3 기호 입력하기

01 새 통합 문서를 열고 기호를 입력할 셀을 선택한 후 [삽입] 탭 – [기호] 그룹 – [기호]를 선택한다.

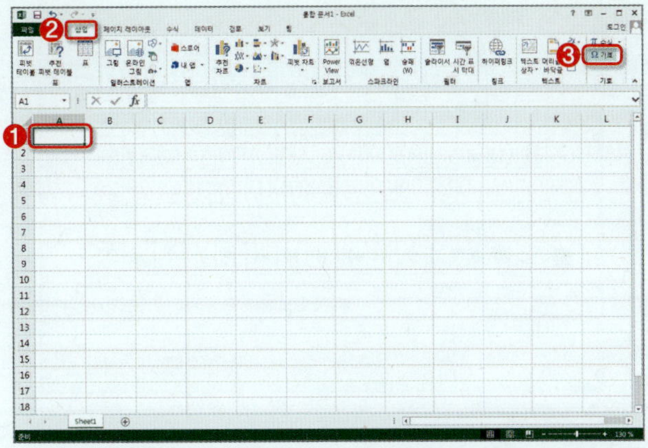

02 [기호] 대화상자가 열리면 오른쪽 스크롤바를 이용하여 삽입할 기호 '■'을 찾아 선택한 후 [삽입]을 클릭한다.

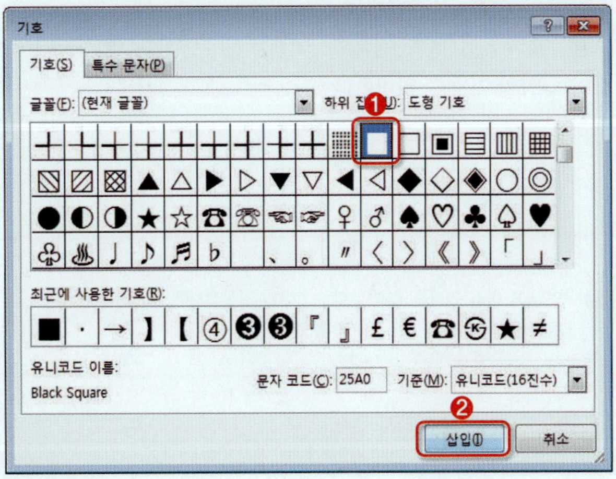

03 셀에 기호가 입력되면서 [취소]가 [닫기]로 바뀐다. [닫기]를 클릭하여 [기호] 대화상자를 닫는다.

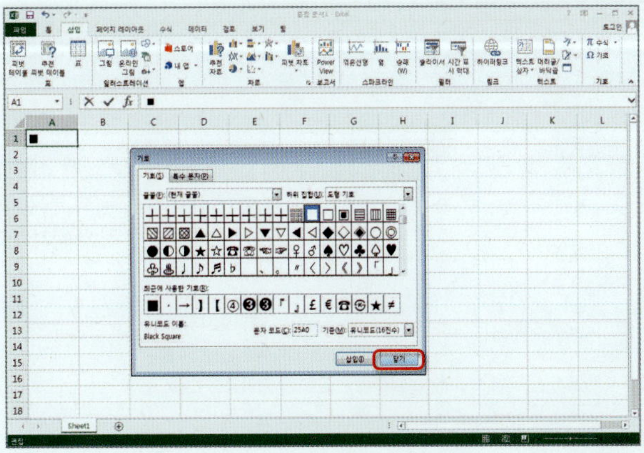

NOTE 기호의 하위 집합

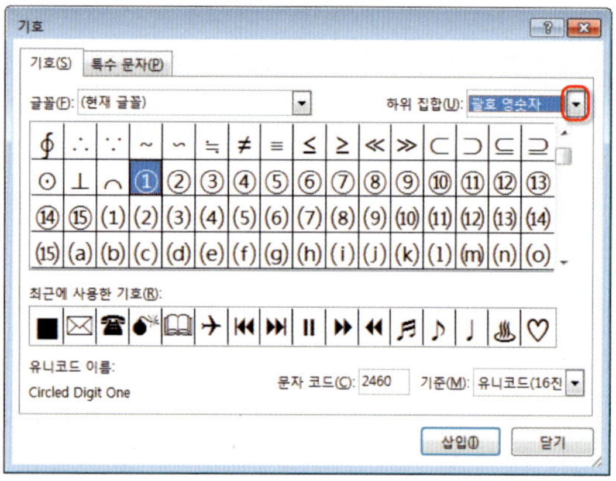

[기호] 대화상자에서 오른쪽 스크롤바를 이용하면 기호가 너무 많아 원하는 기호를 찾기 어려울 때가 있다. 그런 경우에는 [하위 집합] 항목의 [목록 단추 ▾]를 클릭하여 삽입하려는 기호가 포함되어 있을 만한 집합을 선택하면 편리하다. 주로 사용되는 [하위 집합]은 숫자 형식, 괄호 영숫자, 도형 기호, 기타 기호 등이다.

04 앞에서 입력한 기호는 지우고 다음과 같이 다양한 기호를 입력한다.

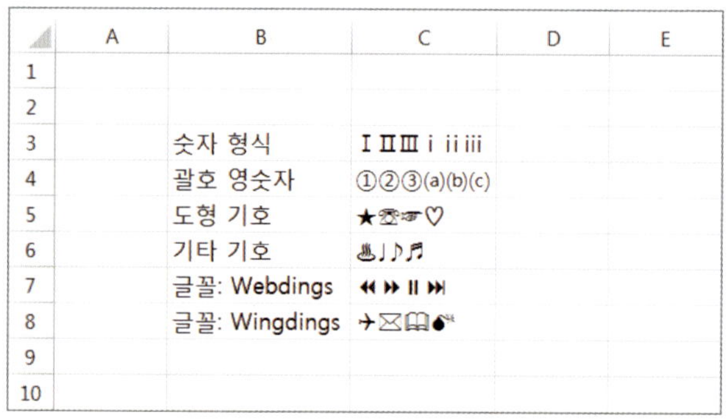

TIP 한 셀에 여러 기호를 입력할 때는 [기호] 대화상자를 닫지 않은 상태에서 계속 새로운 기호를 선택하고 [삽입]을 클릭한다.

NOTE 한글 자음으로 기호 입력하기

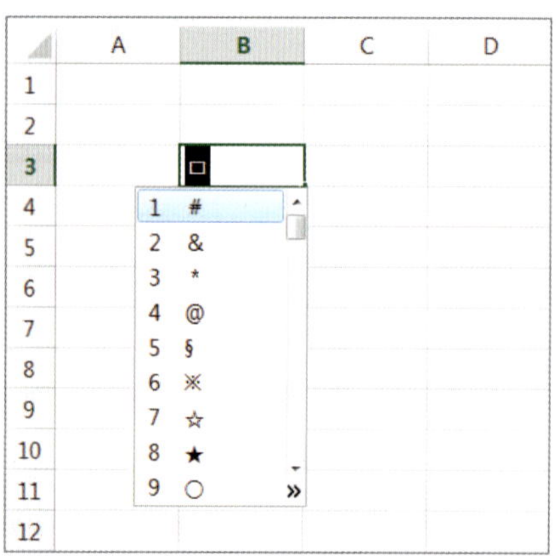

- 한글 자음(ㄱ~ㅎ)을 입력한 후 [한자]를 누르면 자음에 할당되어 있는 기호 목록이 나타난다. 입력할 기호를 마우스로 클릭하거나 키보드로 해당 숫자를 누르면 기호가 입력된다.
- 자주 사용되는 기호에 할당된 한글 자음은 'ㄷ(기호 문자)', 'ㄹ(단위 문자)', 'ㅁ(도형 문자)', 'ㅅ(한글 원/괄호 문자)', 'ㅇ(영문 원/괄호 문자)'이다.

실습 2-4 한자 입력하기

01 새 통합 문서를 열고 [B2] 셀에 '대한민국'이라고 입력한 후 한 칸 띄고 한자를 누른다. [한글/한자 변환] 대화상자가 열리면 해당 한자를 선택하고 [변환]을 클릭한다.

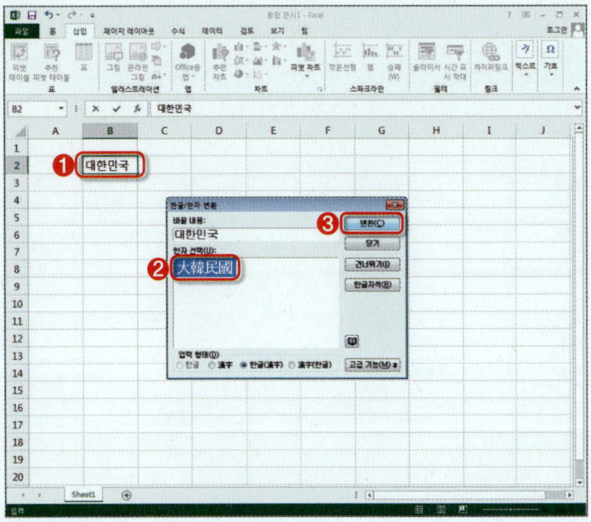

TIP 한 글자씩 한자로 변환할 때는 글자를 입력한 후 바로 한자를 누른다.

02 [Sheet2] 탭에 새로운 시트를 열고 다음과 같이 한자로 바꾸어 완성한다. [한글/한자 변환] 대화상자에서 [입력 형태]를 '한글(漢字)'로 지정하고 변환하면 편리하다.

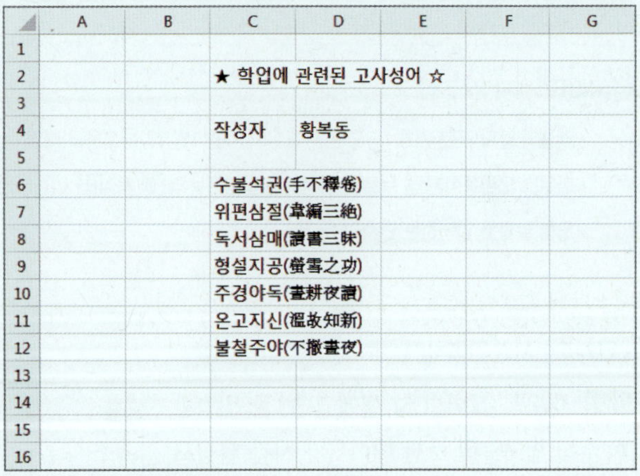

TIP [C2] 셀의 ★, ☆ 기호는 한글 자음 'ㅁ'을 입력하고 한자를 눌러 입력한다.

2.3 날짜와 시간 입력

엑셀은 숫자 사이에 슬래시(/)나 하이픈(-)을 넣으면 날짜 데이터로 인식하고, 콜론(:)을 넣으면 시간 데이터로 인식한다. 날짜와 시간 데이터도 수치에 해당되므로 오른쪽 기준으로 정렬된다. 엑셀에서 날짜와 시간을 입력하는 방법을 알아보자.

▶ 준비파일 : 없음

실습 2-5 날짜와 시간 입력하기

| 단계 1 | 날짜 입력하기

01 새 통합 문서를 열고 다음과 같이 입력한 후 [A5] 셀에 날짜 형식 '8/1' 또는 '8-1'을 입력하면 오른쪽 그림과 같이 날짜 데이터 형식으로 표시된다.

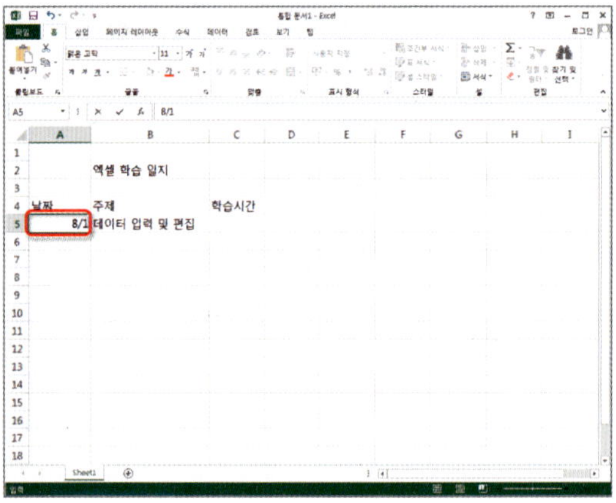

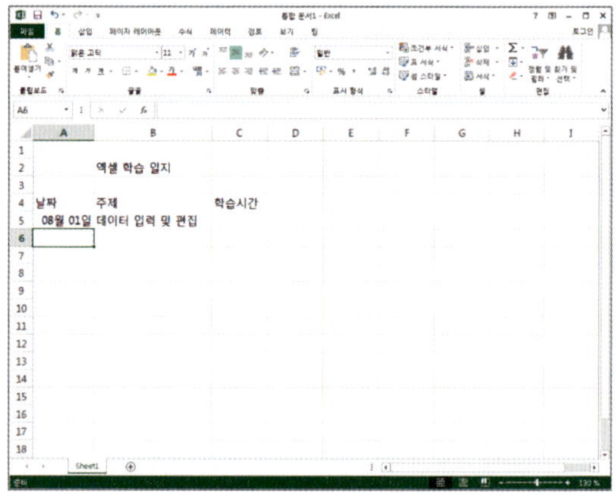

NOTE 날짜 입력 팁

- **엑셀의 날짜 구분 기호 :** - 또는 / (예 : 2015년 1월 1일을 입력하려면 '2015-1-1', '2015/1/1')
- 마우스 오른쪽 버튼을 누르면 나타나는 팝업메뉴의 [셀 서식]을 이용하면 날짜 데이터에 다양한 표시 형식을 지정할 수 있다.
- **오늘 날짜를 입력하는 단축키 :** Ctrl + ;

| 단계 2 | 시간 입력하기

01 다음과 같이 [C5] 셀에 '1:30'을 입력한 후 수식 입력줄을 보면 데이터가 시간 형식으로 나타나는 것을 확인할 수 있다.

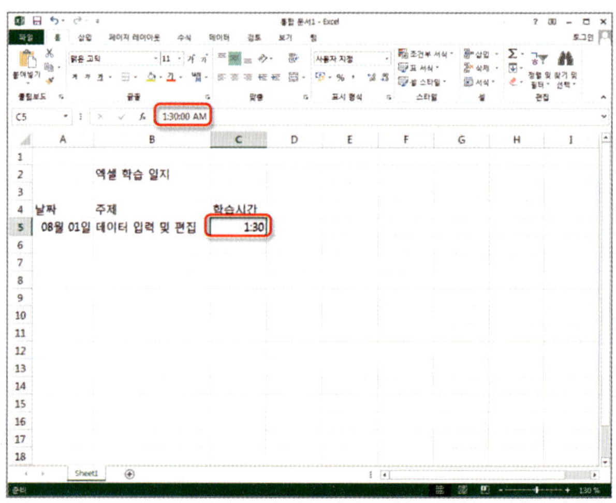

NOTE 시간 입력 팁

- **엑셀의 시간 구분 기호 :** 콜론(:) (예 : 오전 1시 30분을 입력하려면 1:30 AM)
- 마우스 오른쪽 버튼을 누르면 나타나는 팝업메뉴의 [셀 서식]을 이용하여 시간 데이터의 다양한 표시 형식을 지정할 수 있다.
- **현재 시각을 입력하는 단축키 :** Ctrl + Shift + ;

2.4 자동 채우기

채우기 핸들을 이용하여 연속성이 있거나 일정한 규칙이 있는 문자와 숫자, 날짜 등의 데이터를 자동으로 채울 수 있는 방법을 학습하고, 사용자 지정 목록을 이용하여 자동으로 데이터를 입력하는 방법과 엑셀에서 제공하지 않은 목록을 사용자가 직접 추가하여 이용할 수 있는 방법을 알아보자.

▶ 준비파일 : 없음

실습 2-6 숫자와 문자 자동 채우기

01 새 통합 문서를 열고 다음과 같이 데이터를 입력한다.

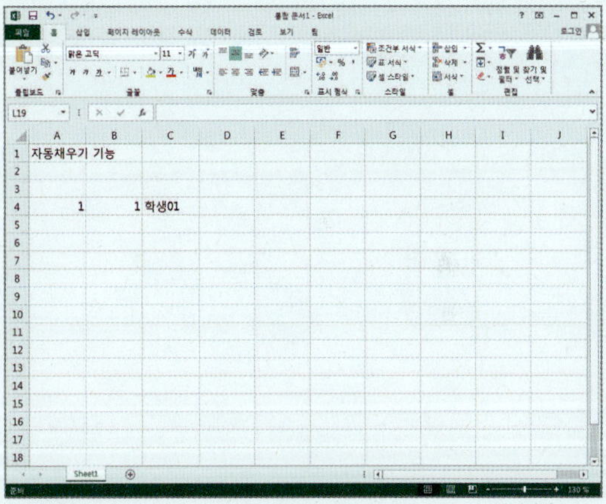

02 [A4] 셀을 클릭하고 셀 오른쪽 아래에 있는 채우기 핸들을 [A10] 셀까지 드래그하면 동일한 값이 입력된다.

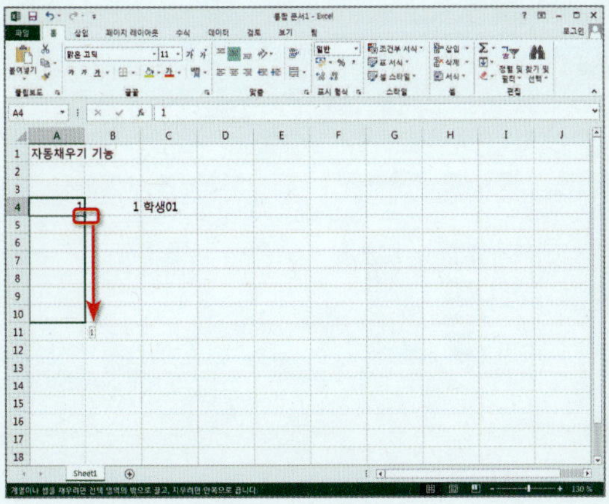

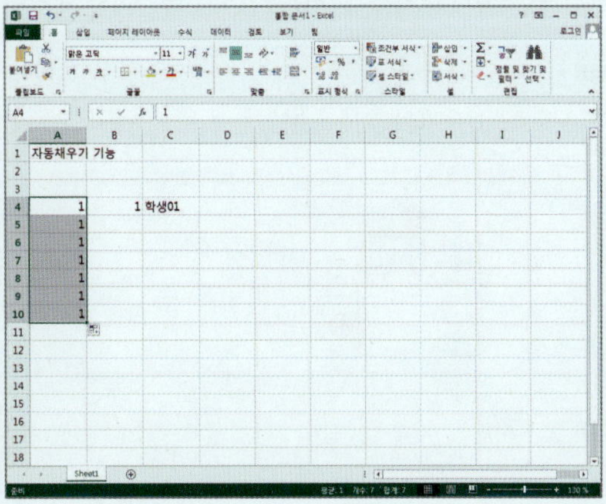

03 [B4] 셀의 채우기 핸들을 [B10] 셀까지 드래그하면 오른쪽 아래에 [자동 채우기 옵션]이 나타난다. 이를 클릭하고 [연속 데이터 채우기]를 선택하면 연속된 데이터가 채워진다.

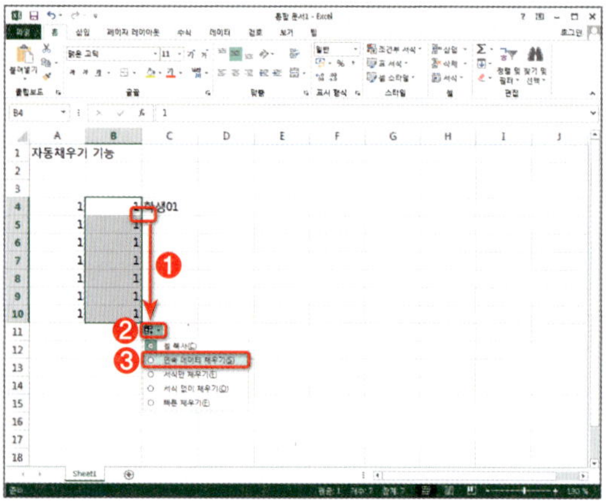

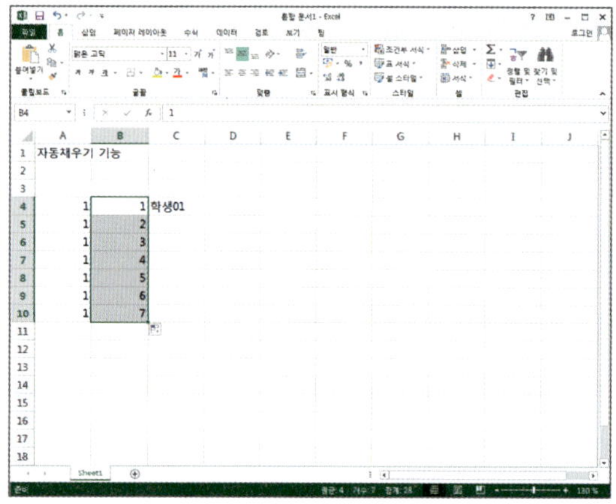

04 [C4] 셀의 채우기 핸들을 [C10] 셀까지 드래그하면 연속된 데이터가 채워진다. 다음과 같이 문자와 숫자가 섞여 있는 경우에는 숫자만 증가된다.

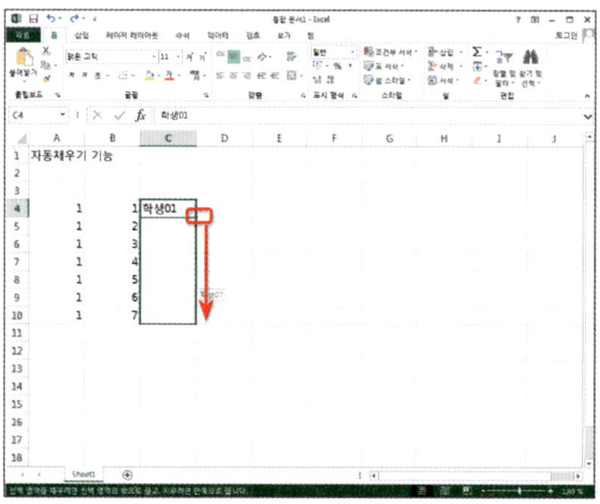

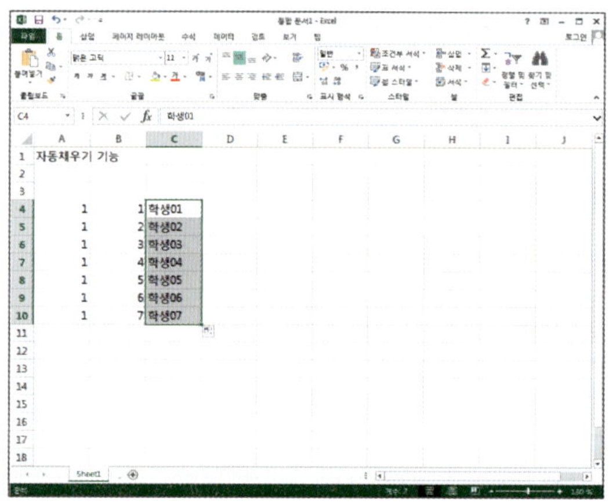

05 [D4] 셀에 '5', [D5] 셀에 '10'을 입력한 후 두 셀을 블록 설정하고 채우기 핸들을 클릭한 채 아래로 드래그하면 두 데이터의 차이가 적용되어 5씩 증가하는 데이터가 채워진다.

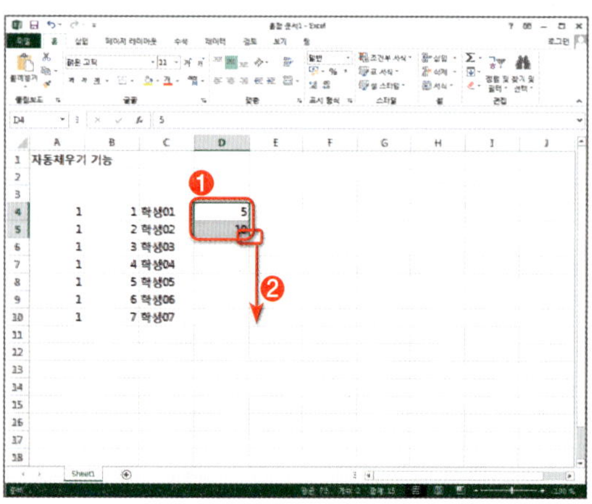

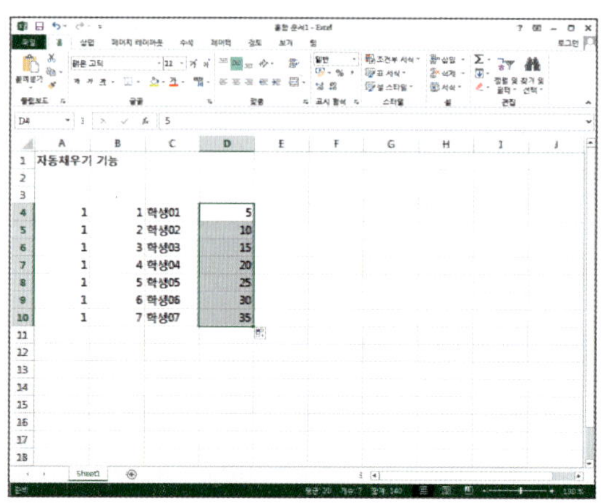

NOTE 데이터 종류별 자동 채우기 방식

1. 숫자 데이터

- [셀 복사]가 기본
- Ctrl을 누르면서 채우면 1씩 증가

2. 문자 데이터

- [연속된 데이터 채우기]가 기본
- Ctrl을 누르면서 채우면 동일한 값으로 채워짐

NOTE 자동 채우기 옵션 기능

- **셀 복사 :** 지정된 영역에 있는 셀이 서식과 함께 모두 복사된다.

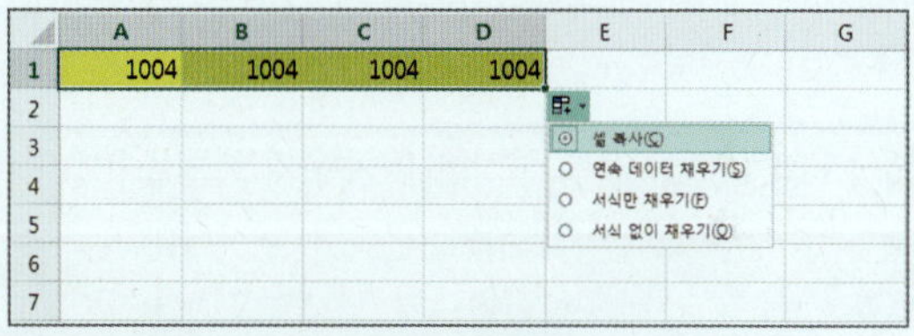

- **연속 데이터 채우기 :** 서식과 함께 연속된 데이터를 채운다.

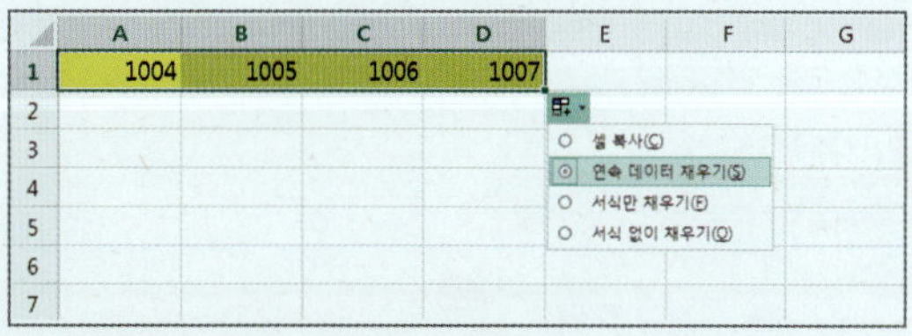

- **서식만 채우기 :** 데이터 없이 서식만 채운다.

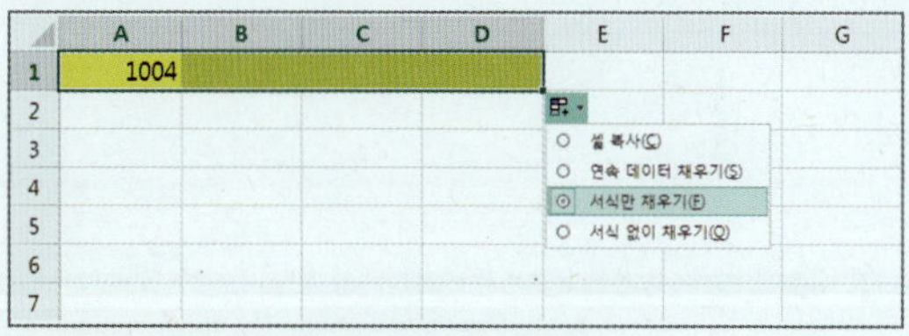

- **서식 없이 채우기 :** 서식 없는 데이터만 채운다.

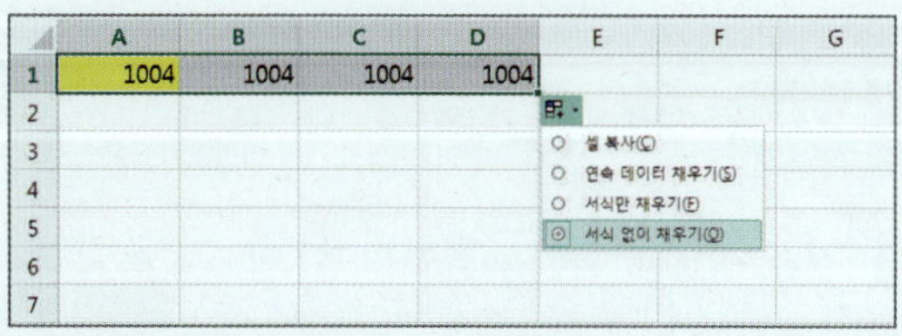

- **빠른 채우기 :** 엑셀 2013에서 새롭게 추가된 기능으로, 좌우 데이터의 패턴을 분석하여 데이터를 채운다.

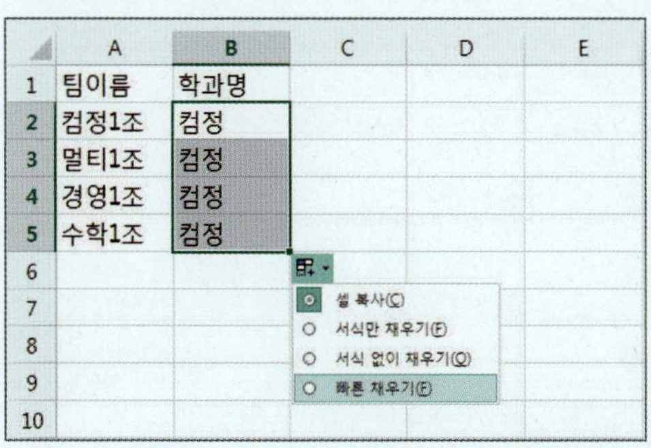

▶ 준비파일 : 없음

실습 2-7 사용자 지정 목록으로 자동 채우기

01 새 통합 문서를 열고 다음과 같이 데이터를 입력한다.

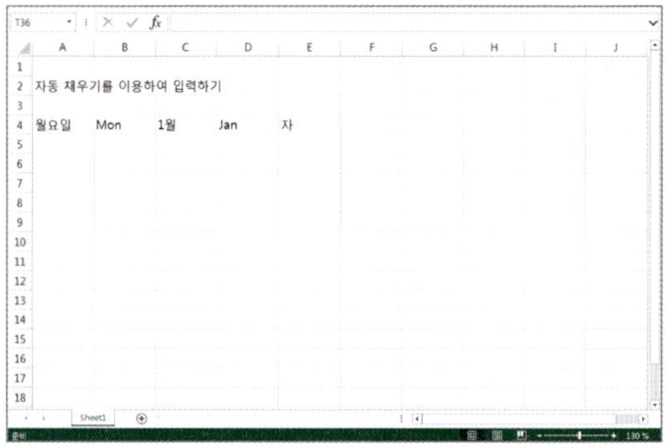

TIP 여기에 입력한 데이터들은 모두 사용자 지정 목록에 있는 데이터들이다.

02 [A4:E4] 셀을 블록 설정한 후 채우기 핸들을 [E10] 셀까지 드래그하면 데이터가 자동으로 채워진다.

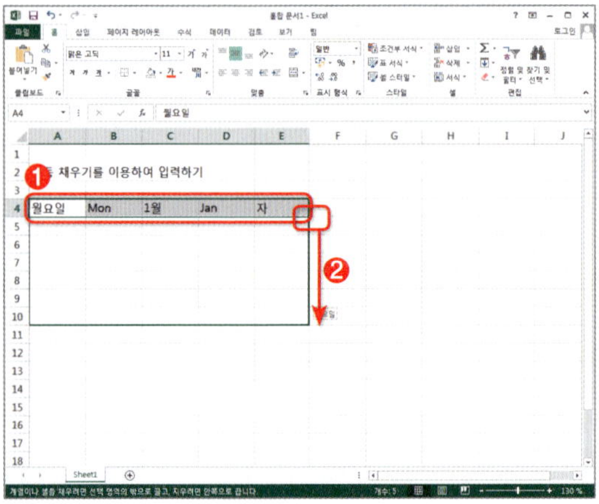

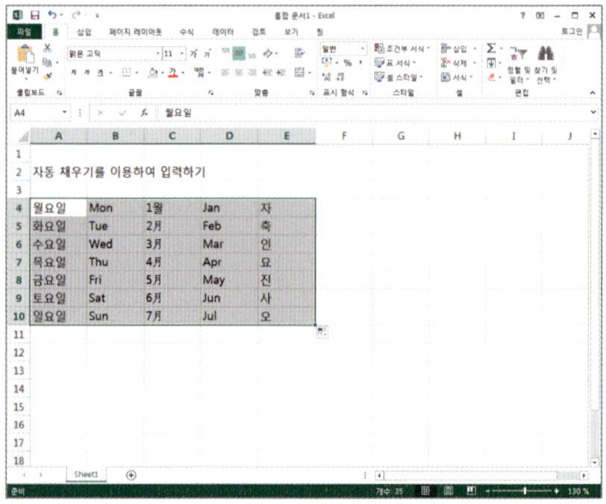

▶ 준비파일 : 실습2-8.xlsx

실습 2-8 엑셀에 없는 목록으로 자동 채우기

01 '실습2-8.xlsx' 파일을 열고 [파일] 탭 – [옵션]을 클릭한다.

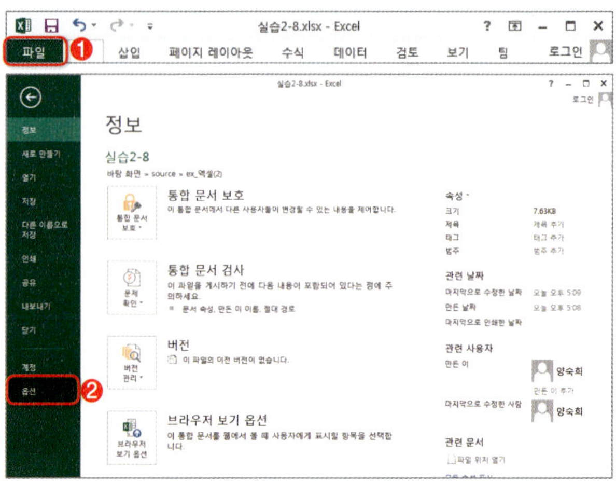

02 [Excel 옵션] 대화상자가 열리면 [고급] 탭 – [일반] – [사용자 지정 목록 편집]을 클릭한다.

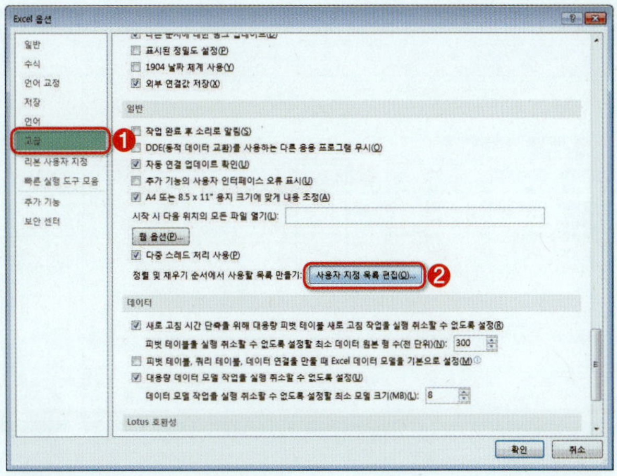

03 [사용자 지정 목록] 대화상자의 [목록 항목] 입력 창에 [사용자 지정 목록]으로 만들 데이터를 다음과 같이 입력하고 [추가]를 클릭한다.

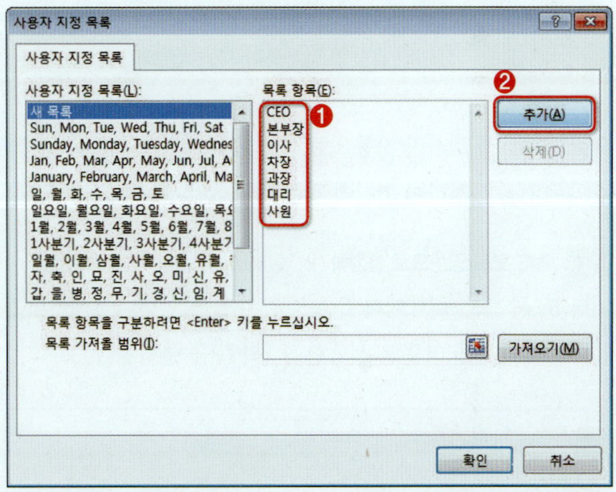

04 왼쪽의 [사용자 지정 목록]에 데이터가 등록되었다. [확인]을 클릭하여 대화상자를 닫고, [Excel 옵션] 대화상자에서도 [확인]을 클릭하여 닫는다.

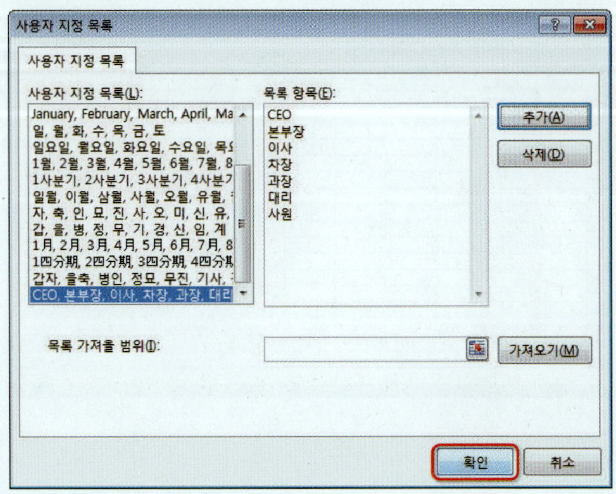

TIP 등록했던 사용자 지정 목록을 삭제하고자 할 때는 [사용자 지정 목록]에서 삭제할 목록을 선택한 후 [삭제]를 클릭한다.

05 [F4] 셀에 'CEO'를 입력한 후 채우기 핸들로 [F10] 셀까지 드래그하면 목록이 자동으로 채워진다.

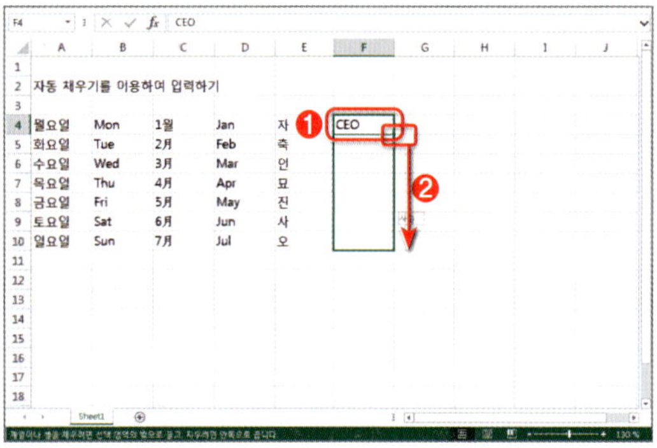

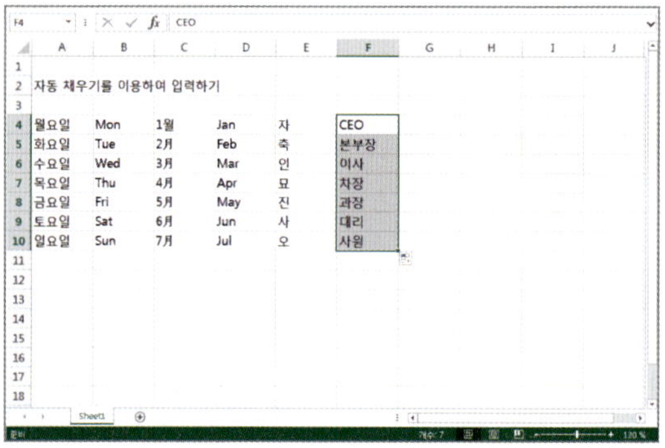

▶ 준비파일 : 실습2-9.xlsx

실습 2-9 데이터 유효성 검사하여 자동 채우기

데이터 유효성 검사란 자동으로 셀에 유효한 데이터만을 입력하도록 설정하는 기능으로, 선택한 범위에 입력될 값의 조건을 설정하여 조건에 맞는 데이터만 입력시킬 수 있다.

01 **IME 모드 영문으로 설정하기** '실습2-9.xlsx' 파일을 열고 [B5:B19] 셀을 범위로 지정하여 [데이터] 탭 - [데이터 도구] 그룹 - [데이터 유효성 검사]를 클릭한다. [데이터 유효성] 대화상자가 열리면 [IME 모드] 탭 - [입력기] - [모드]에서 '영문'을 선택한 후 [확인]을 클릭한다.

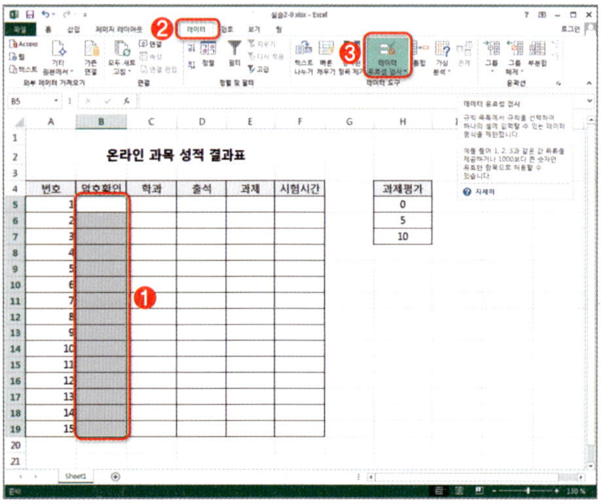

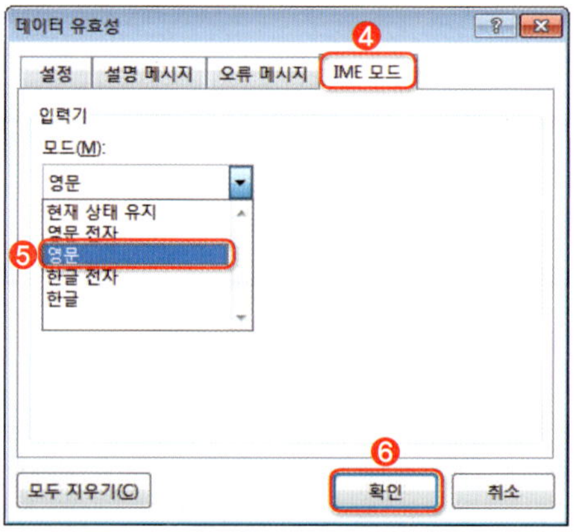

02 IME 모드 한글로 설정하기 [C5:C19] 셀을 범위로 지정하고 [데이터] 탭 – [데이터 도구] 그룹 – [데이터 유효성 검사]를 선택한다. [데이터 유효성] 대화상자가 나타나면 [IME 모드] 탭 – [입력기] – [모드]에서 '한글'을 선택한 후 [확인]을 클릭한다.

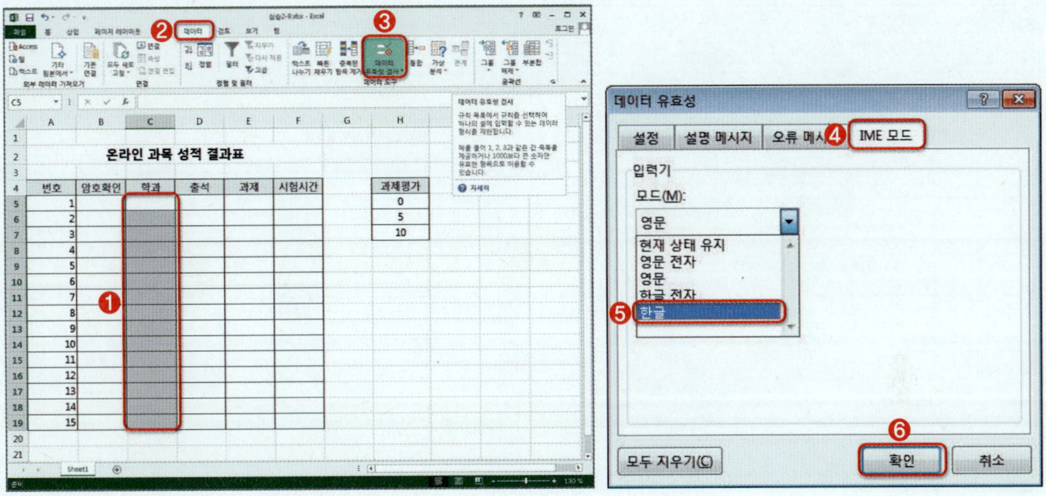

03 정수로 설정하기 [D5:D19] 셀을 범위로 지정하고 [데이터] 탭 – [데이터 도구] 그룹 – [데이터 유효성 검사]를 선택한다. [데이터 유효성] 대화상자가 나타나면 [설정] 탭 – [유효성 조건] – [제한 대상]에서 '정수'를 선택한 후 [최소값]에 '0'과 [최대값]에 '10'을 입력하고 [확인]을 클릭한다.

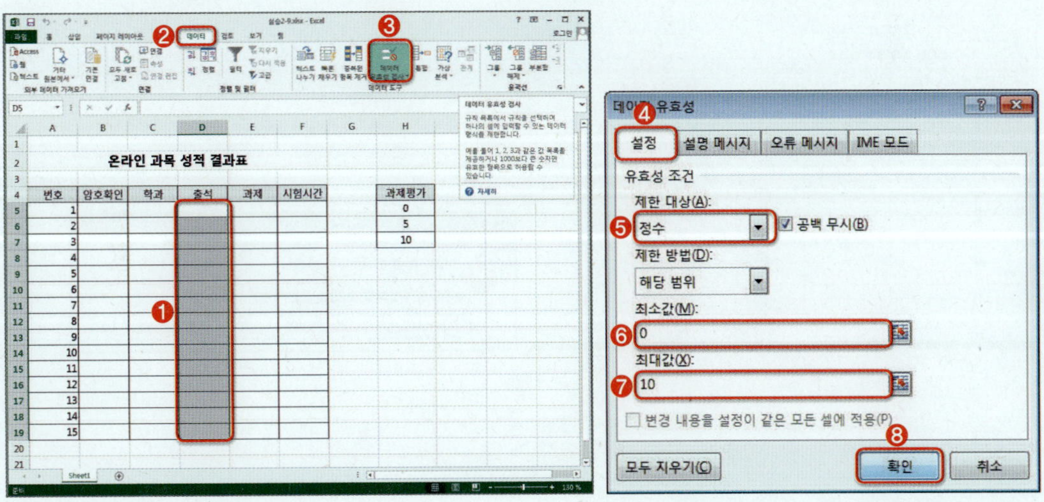

04 목록으로 설정하기 [E5:E19] 셀을 범위로 지정하고 [데이터] 탭 – [데이터 도구] 그룹 – [데이터 유효성 검사]를 선택한다. [데이터 유효성] 대화상자가 나타나면 [설정] 탭 – [유효성 조건] – [제한 대상]에서 '목록'을 선택한 후 [원본]에서 범위 아이콘( )을 클릭하여 [H5:H7] 셀을 범위로 지정하고 [확인]을 클릭한다.

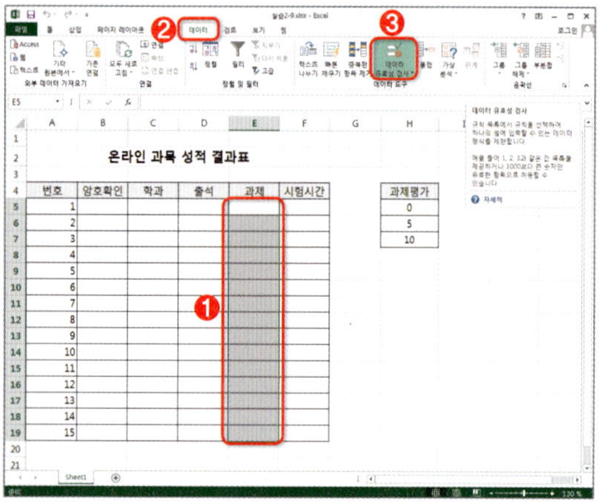

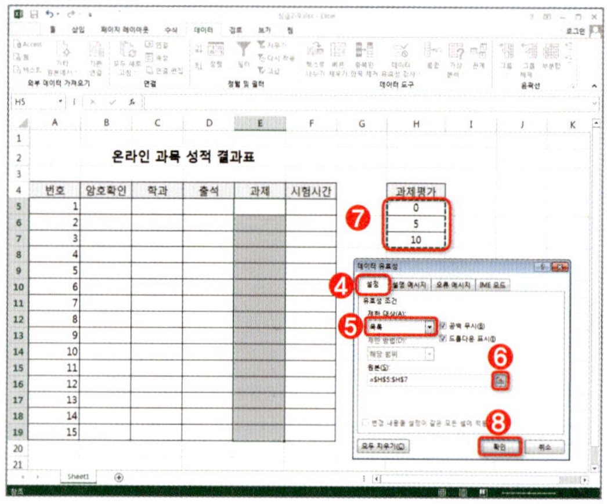

05 유효성 검사로 데이터 입력하기 '암호확인'과 '학과' 열은 한/영을 누르지 않아도 각각 영어와 한글로 입력된다. '출석' 열은 정수 0에서 10 사이의 값을 입력할 수 있으며, '과제' 열은 목록 상자에서 선택하거나 직접 입력할 수 있다. 데이터 유효성 설정에 맞지 않는 데이터를 입력하면 다음과 같은 오류 경고 창이 나타난다.

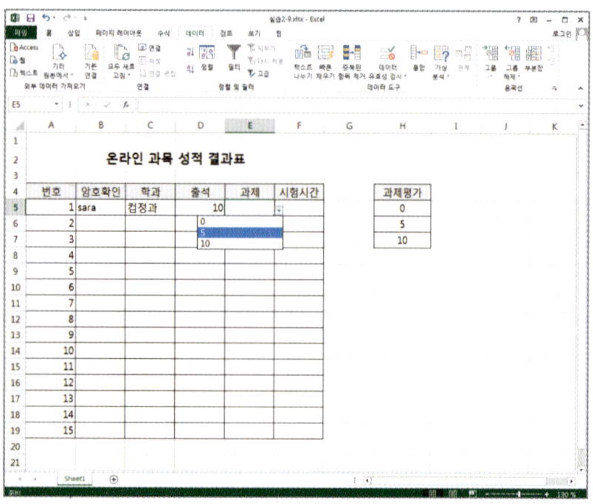

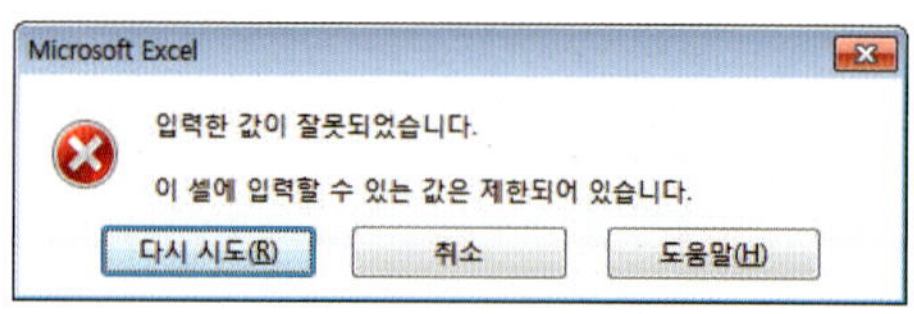

요약

IT COOKBOOK

1 문자와 숫자 입력

- 엑셀에서 사용되는 데이터의 종류에는 문자, 숫자, 날짜 데이터 등이 있다.
- 문자는 셀의 왼쪽을 기준으로 정렬되고, 숫자는 오른쪽을 기준으로 정렬된다.
- 숫자 중간에 문자나 기호를 넣으면 전체를 문자로 인식한다.
- 한 셀에 여러 줄을 입력할 때는 줄 바꿈 위치에서 Alt + Enter를 누른다.

2 기호와 한자 입력

- 특수문자는 [삽입] 탭 - [기호] 그룹 - [기호] 또는 한글 자음 + 한자를 이용하여 입력할 수 있다.
- 한글을 한자로 변경할 때는 한 글자 단위로 입력할 수도 있고 단어 단위로 바꿀 수도 있다.

3 날짜와 시간 입력

- 날짜의 경우 슬래시(/) 또는 하이픈(-)을 입력하면 시스템에 설정되어 있는 날짜 형태로 나타난다.
- 엑셀의 시간 구분 기호는 콜론(:)이다.
- 현재 날짜를 입력하는 단축키 : Ctrl + ;
- 현재 시각을 입력하는 단축키 : Ctrl + Shift + ;

4 자동 채우기

- 채우기 핸들을 이용하여 자동 채우기 기능을 수행할 수 있다.
- 문자에 숫자가 포함되면 숫자만 1씩 증가된다.
- 문자는 기본 채우기가 [연속된 데이터 채우기]이며, Ctrl를 누르면서 채우면 동일한 값으로 채워진다.
- 숫자는 기본 채우기가 [셀 복사]이며, Ctrl을 누르면서 채우면 1씩 숫자가 증가한다.
- 엑셀에서 제공하는 사용자 지정 목록을 이용하여 데이터를 자동으로 채울 수 있다.
- 엑셀에 없는 목록으로 자동 채우기를 할 경우 사용자 지정 목록에 직접 등록하여 사용할 수 있다.

5 데이터 유효성 검사

- 데이터 유효성 검사는 셀에 유효한 데이터만을 입력하도록 설정하는 기능이다.
- 셀에 잘못 입력하거나 유효하지 않는 데이터는 오류 메시지가 표시된다.
- 범위에 대한 유효성 설정 범위를 지정할 수 있으며 입력할 값을 목록에서 선택 가능하다.

연습문제

IT COOKBOOK

1 새 통합 문서를 열어 아래 조건에 맞게 완성한 후 '연습2-1(완성).xlsx'로 저장하시오.

|조건| ▶ 준비파일 : 없음

① 워크시트에 한자, 기호를 포함한 데이터를 입력하시오.

② 단축키를 이용하여 [E3], [E4] 셀에 시스템 현재 날짜와 시간을 입력하시오.

③ 사번은 [A7] 셀만 입력하고 1씩 증가하도록 자동 채우기를 하시오.

④ [B7:B16] 셀 데이터는 [사용자 지정 목록]으로 지정하여 자동 채우기를 하시오.

⑤ [D7:D16] 셀 데이터는 [빠른 채우기] 기능을 이용하여 채우시오.

⑥ [E7:E16] 셀 데이터는 [데이터 유효성 검사] 기능을 이용하여 정수의 범위가 10에서 100 사이의 값만 입력되도록 지정하시오.

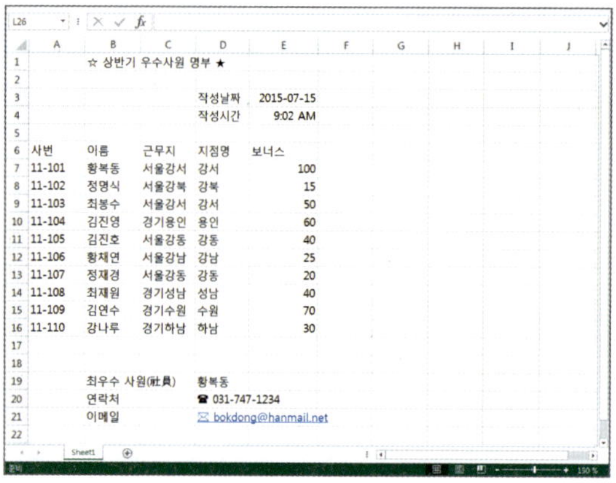

	A	B	C	D	E
1		☆ 상반기 우수사원 명부 ★			
2					
3				작성날짜	2015-07-15
4				작성시간	9:02 AM
5					
6	사번	이름	근무지	지점명	보너스
7	11-101	황복동	서울강서	강서	100
8	11-102	정명식	서울강북	강북	15
9	11-103	최봉수	서울강서	강서	50
10	11-104	김진영	경기용인	용인	60
11	11-105	김진호	서울강동	강동	40
12	11-106	황채연	서울강남	강남	25
13	11-107	정재경	서울강동	강동	20
14	11-108	최재원	경기성남	성남	40
15	11-109	김연수	경기수원	수원	70
16	11-110	강나루	경기하남	하남	30
17					
18					
19		최우수 사원(社員)		황복동	
20		연락처		☎ 031-747-1234	
21		이메일		✉ bokdong@hanmail.net	

2 새 통합 문서를 열어 다음과 같이 각 열의 첫 번째 데이터, 혹은 첫 번째와 두 번째 데이터만 입력한 후 자동 채우기 기능을 이용하여 '구구단' 표를 만드시오. 완성된 파일명을 '연습2-2(완성).xlsx'로 저장하시오.

|조건| ▶ 준비파일 : 없음

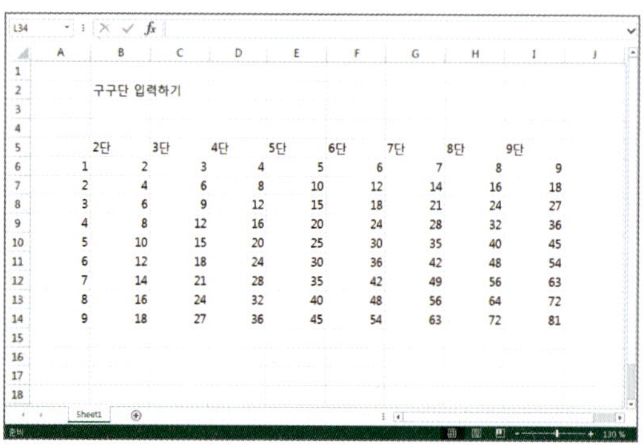

	A	B	C	D	E	F	G	H	I
2		구구단 입력하기							
5		2단	3단	4단	5단	6단	7단	8단	9단
6	1	2	3	4	5	6	7	8	9
7	2	4	6	8	10	12	14	16	18
8	3	6	9	12	15	18	21	24	27
9	4	8	12	16	20	24	28	32	36
10	5	10	15	20	25	30	35	40	45
11	6	12	18	24	30	36	42	48	54
12	7	14	21	28	35	42	49	56	63
13	8	16	24	32	40	48	56	64	72
14	9	18	27	36	45	54	63	72	81

SECTION ---------------- IT COOKBOOK

03 워크시트 편집 및 관리

이 장에서는 셀 범위를 지정하고 데이터를 이동 및 복사하는 다양한 방법을 알아본다. 또한 시트를 구성하는 행과 열의 크기 조절부터 각 시트의 이름 변경, 그리고 시트의 삭제/이동/복사 방법에 대하여 학습한다.

3.1 워크시트 편집

엑셀 작업은 워크시트를 위주로 이루어지며 워크시트의 내용을 꾸미고 편집하기 위해서는 셀을 잘 다룰 줄 알아야 한다. 셀 범위를 지정하는 방법과 워크시트 내의 데이터를 복사하고 이동하는 다양한 방법을 알아보자.

▶ **준비파일** : 실습3-1.xlsx

실습 3-1 셀 범위 지정하기

워크시트 내용을 꾸미고 편집하기 위해서는 해당 영역을 블록 설정해야 하며 셀을 선택할 때는 마우스나 키보드를 이용한다.

| 단계 1 | 연속적인 셀 범위 지정하기

01 '실습3-1.xlsx' 파일을 열고 [B4] 셀을 클릭한다.

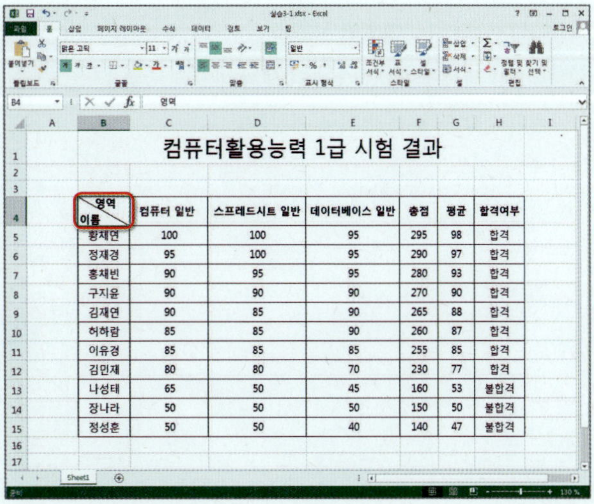

02 Shift를 누른 채로 [H15] 셀을 클릭한다.

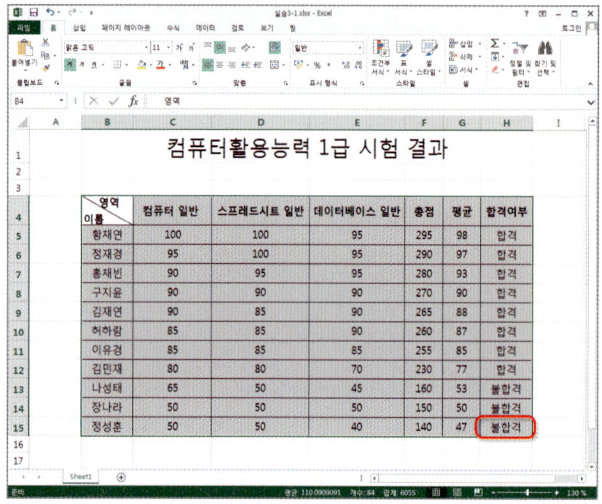

TIP 워크시트에 데이터가 많을 때는 마우스로 드래그하는 것보다 선택할 데이터의 첫 번째 셀을 클릭하고 Shift를 누른 채 셀 범위의 마지막 셀을 클릭하는 것이 더 편리하다.

NOTE 셀 범위 지정 방법

▶ **마우스 이용하기**

- 마우스로 원하는 범위를 드래그한다.
- 선택하고자 하는 영역의 첫 번째 셀을 클릭하고 Shift를 누른 상태에서 마지막 셀을 클릭한다.

▶ **키보드 이용하기**

- 첫 번째 셀에서 Shift를 누른 채로 방향키(←, →, ↑, ↓)와 Home, End, Page Up, Page Down을 상황에 맞게 이용하여 범위를 지정한다.
- Ctrl + Shift + 방향키(←, →, ↑, ↓) : 선택한 셀이 포함된 데이터의 첫 열, 마지막 열, 첫 행, 마지막 행까지 범위를 지정한다.
- Ctrl + Shift + End : 현재 셀에서 데이터가 입력된 마지막 셀까지의 범위를 지정한다.

| 단계 2 | 비연속적인 셀 범위 지정하기

01 [B5] 셀을 클릭하고 [B15] 셀까지 드래그하여 [B5:B15] 셀을 범위로 지정한다.

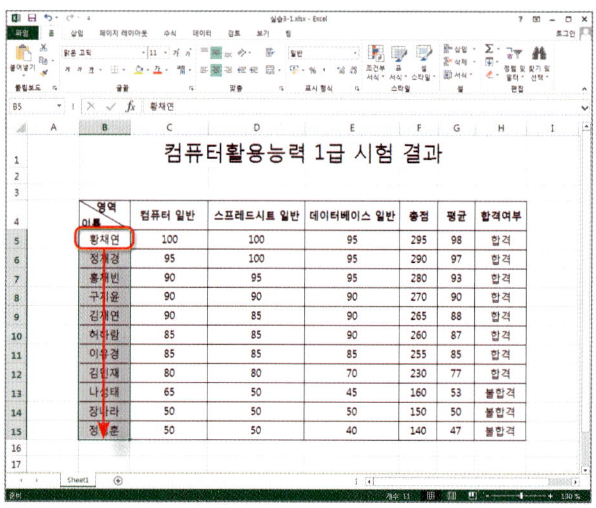

02 [F5:F15] 셀과 [H5:H15] 셀을 Ctrl을 누른 채로 드래그하여 범위로 지정한다.

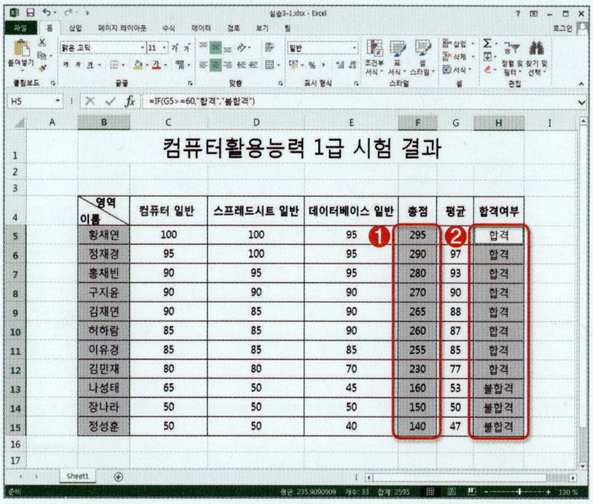

| 단계 3 | 복수의 행/열 범위 지정하기

01 B열의 열 머리글을 클릭하여 B열 전체를 선택한다.

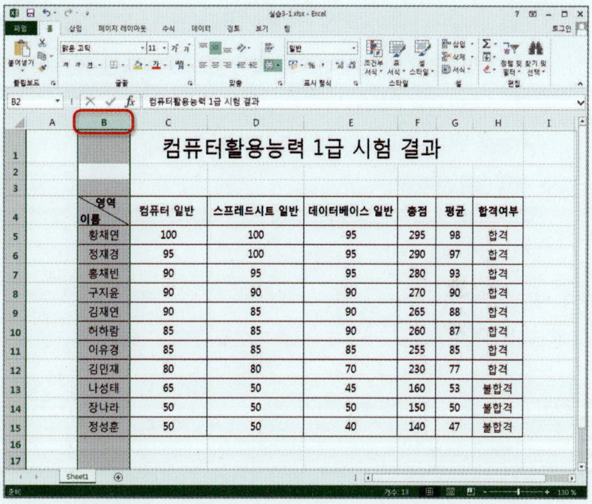

02 Shift를 누른 상태로 H열의 열 머리글을 클릭한다.

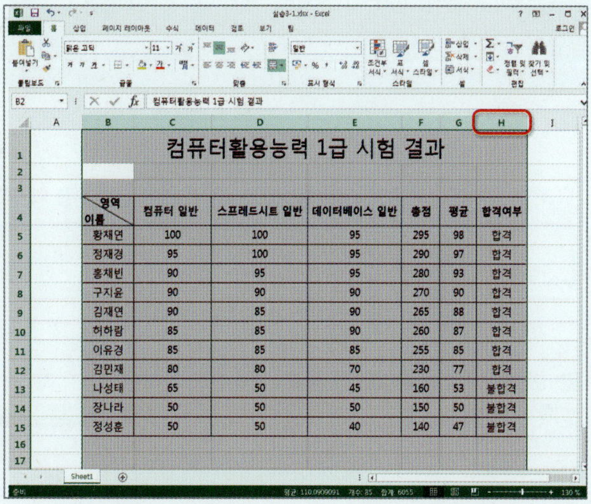

03 임의의 셀을 클릭하여 영역 지정을 해제한 후 Ctrl을 누른 상태에서 5, 7, 9, 11행의 행 머리글을 차례로 클릭한다.

> **NOTE 행/열 머리글을 이용하여 영역 선택하기**
>
> ▶ **연속적인 범위 선택하기**
> - 행 머리글이나 열 머리글을 클릭한 상태에서 원하는 부분까지 드래그한다.
> - 영역의 첫 번째 행/열 머리글이나 셀 하나를 클릭하고, Shift를 누른 채로 원하는 영역의 마지막 행/열 머리글을 클릭한다.
>
> ▶ **비연속적인 범위 선택하기**
> - Ctrl을 누른 상태로 선택할 행/열 머리글을 각각 클릭한다.
>
> ▶ **전체 범위 선택하기**
> - 행/열 머리글이 만나는 왼쪽 모서리에 있는 모두 선택 단추( )를 클릭하거나 단축키 Ctrl + A를 누르면 워크시트의 모든 셀이 선택된다.

▶ 준비파일 : 실습3-2.xlsx

실습 3-2 데이터 복사하기

01 '실습3-2.xlsx' 파일을 열고 [B6:H9] 셀을 범위로 지정한 후 마우스 오른쪽 버튼을 누르고 팝업메뉴에서 [복사]를 선택한다.

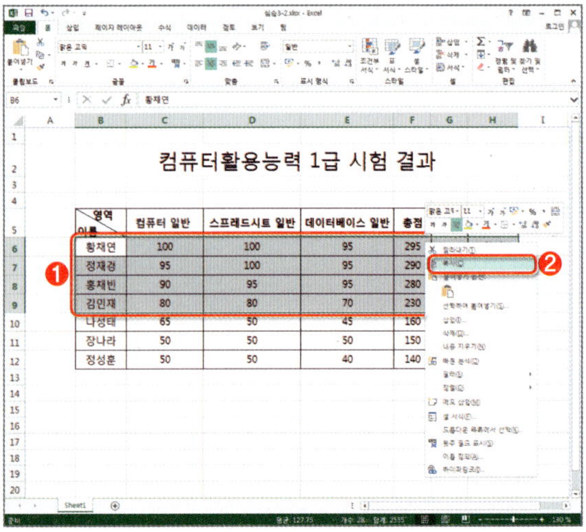

TIP [홈] 탭 – [클립보드] 그룹 – [복사]를 선택하거나 단축키 Ctrl + C를 눌러도 된다.

02 붙여 넣고자 하는 셀을 클릭하고 Enter를 누르거나 팝업메뉴에서 [붙여넣기 옵션] - [붙여넣기]를 클릭하면 데이터가 복사된다.

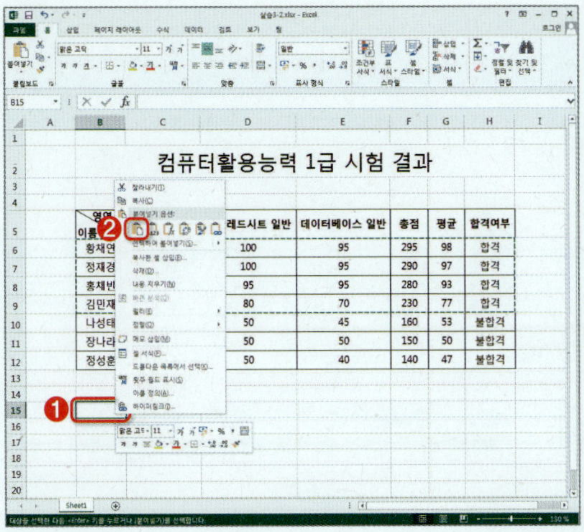

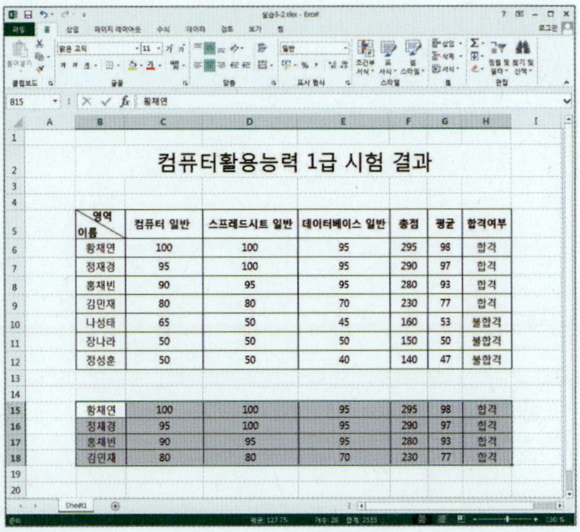

TIP [홈] 탭 - [클립보드] 그룹 - [붙여넣기]를 선택하거나 단축키 Ctrl + V를 눌러도 된다.

▶ 준비파일 : 실습3-3.xlsx

실습 3-3 데이터 이동하기

01 '실습 3-3.xlsx' 파일을 열고 [B10:H12] 셀을 범위로 지정한 후 팝업메뉴에서 [잘라내기]를 클릭한다.

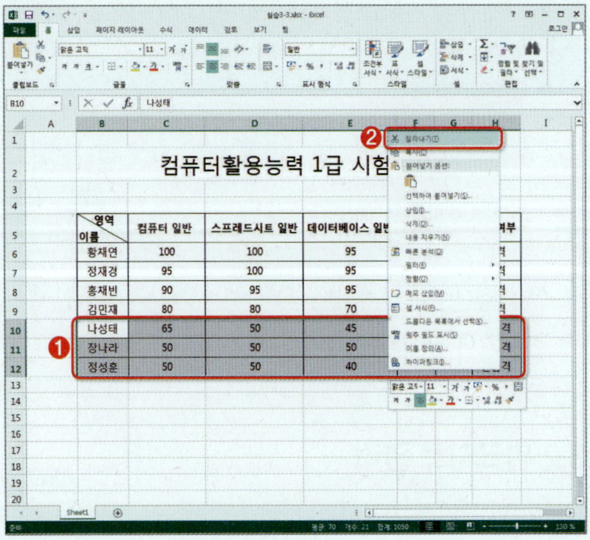

TIP [홈] 탭 - [클립보드] 그룹 - [잘라내기]를 선택하거나 단축키 Ctrl + X를 눌러도 된다.

02 붙여 넣고자 하는 셀을 클릭하고 Enter를 누르거나 마우스 오른쪽 버튼을 누르고 팝업메뉴에서 [붙여넣기 옵션] - [붙여넣기]를 클릭하면 데이터가 이동한다.

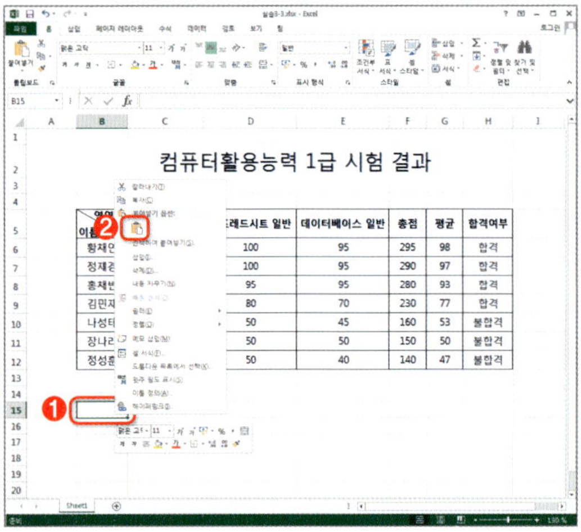

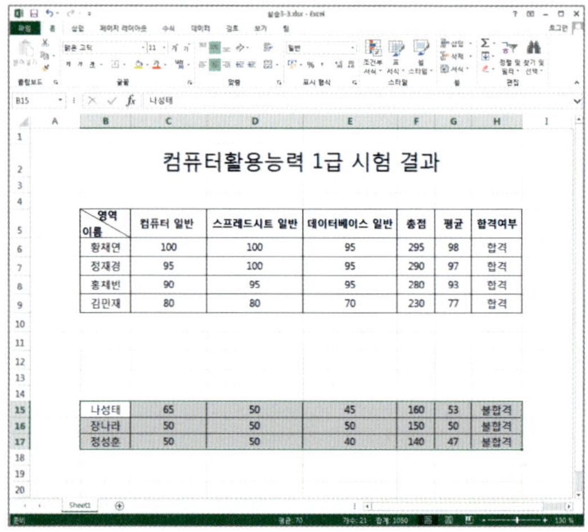

TIP [홈] 탭 - [클립보드] 그룹 - [붙여넣기]를 선택하거나 단축키 Ctrl + V를 눌러도 된다.

NOTE 마우스와 단축키를 이용하여 복사/이동하기

▶ **마우스 끌기**

복사할 범위를 선택하고 선택된 범위의 가장자리에 마우스를 가져가면 마우스 포인터가 ✥ 모양으로 바뀐다. 이 상태에서 원하는 곳으로 드래그하면 이동이 되고 Ctrl을 누른 채로 드래그하면 복사가 된다.

▶ **단축키와 아이콘**

명령	단축키	아이콘
복사하기	Ctrl + C	
잘라내기	Ctrl + X	
붙여넣기	Ctrl + V	붙여넣기

3.2 워크시트 관리

행과 열의 크기를 지정하거나 삽입/삭제하는 방법을 살펴보고, 워크시트의 이름을 변경하고 시트를 이동/복사하는 방법을 알아보자.

실습 3-4 행 높이와 열 너비 조절하기

01 '실습3-4.xlsx' 파일을 열고 D열과 E열의 머리글 경계를 마우스로 클릭한 채 오른쪽으로 드래그하여 D열의 너비를 넓힌다.

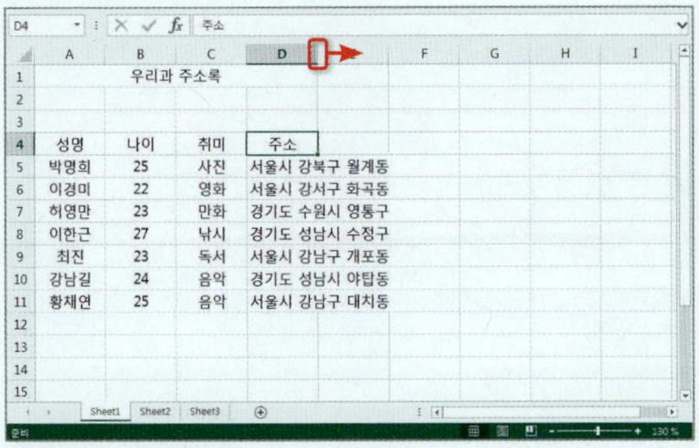

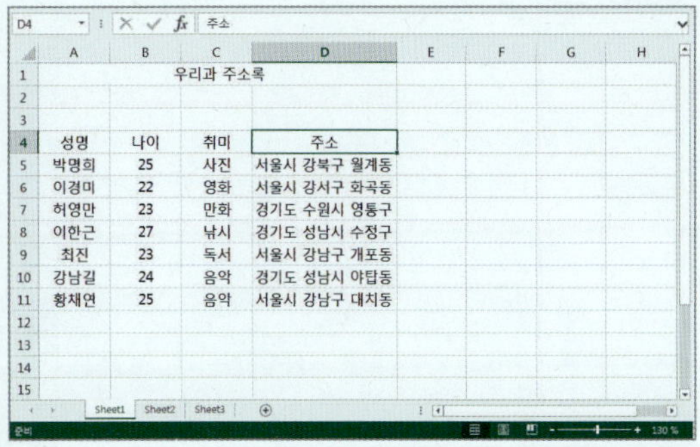

02 **열 너비 조절하기** A열부터 C열까지 열 머리글을 드래그하여 범위로 지정한 후 마우스 오른쪽 버튼을 누르고 팝업메뉴에서 [열 너비]를 선택한다. [열 너비] 대화상자가 열리면 숫자 '9'를 입력하고 [확인]을 클릭한다.

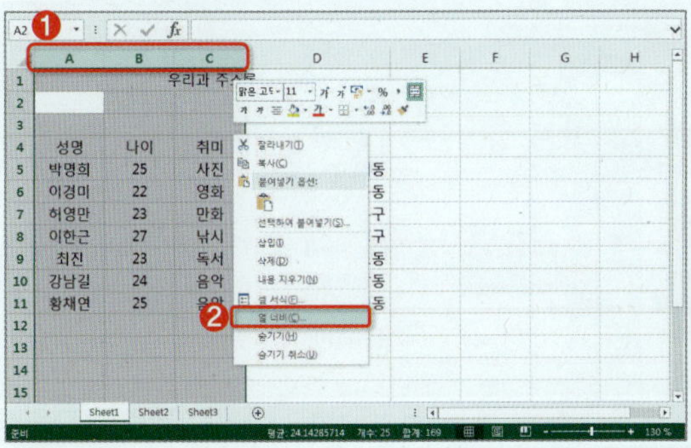

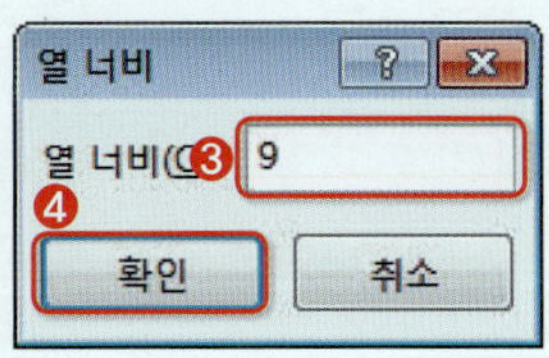

03 **행 높이 조절하기** 이번에는 4행부터 11행까지 행 머리글을 드래그하여 범위로 지정한 후 마우스 오른쪽 버튼을 누르고 팝업메뉴에서 [행 높이]를 선택한다. [행 높이] 대화상자가 열리면 숫자 '20'을 입력하고 [확인]을 클릭한다.

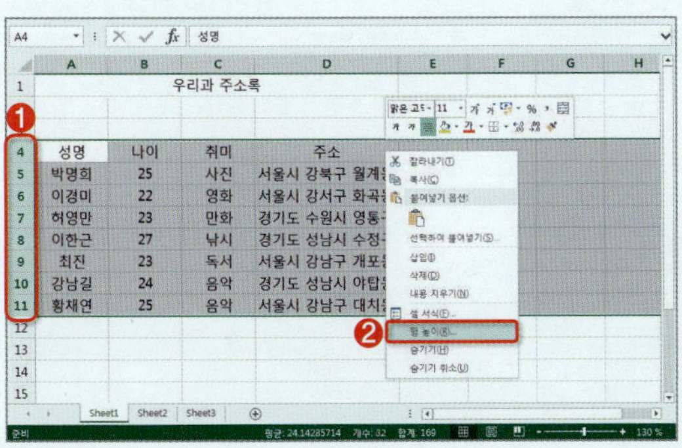

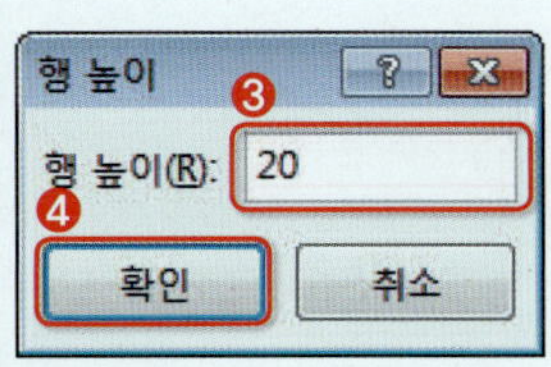

TIP ▶ 행 높이와 열 너비 지정은 [홈] 탭 – [셀] 그룹 – [서식] – [행 높이]나 [열 너비]를 선택하여 조절해도 되지만 팝업메뉴를 사용하는 것이 훨씬 편리하다.

▶ 준비파일 : 실습3-5.xlsx

실습 3-5 행과 열 삽입/삭제하기

01 '실습3-5.xlsx' 파일을 열고 B열을 선택한 후 마우스 오른쪽 버튼을 누르고 팝업메뉴에서 [삽입]을 클릭한다.

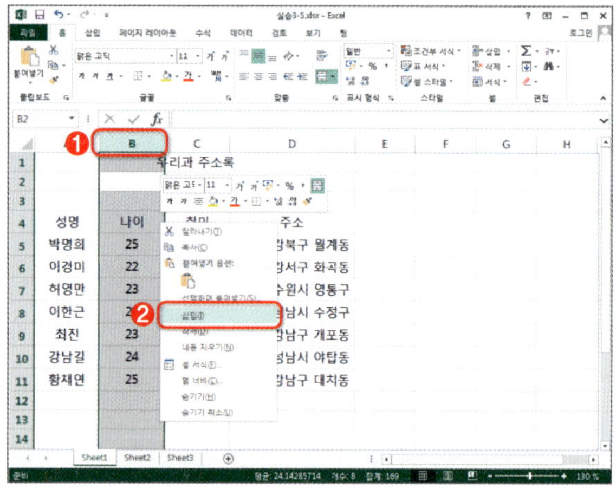

02 선택한 열의 왼쪽에 빈 열이 삽입된다. 삽입된 B열을 선택한 후 마우스 오른쪽 버튼을 누르고 팝업메뉴에서 [삭제]를 클릭한다.

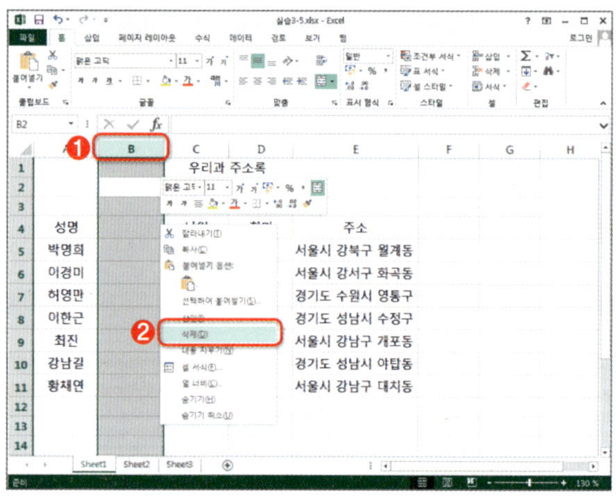

03 B열이 삭제되었다. 이번에는 6행과 7행을 범위로 지정한 후 마우스 오른쪽 버튼을 누르고 팝업메뉴에서 [삽입]을 선택하면 선택한 행 개수만큼 위쪽에 빈 행이 삽입된다.

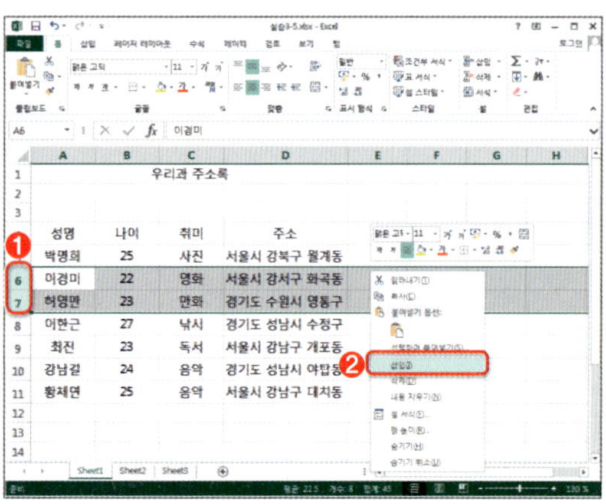

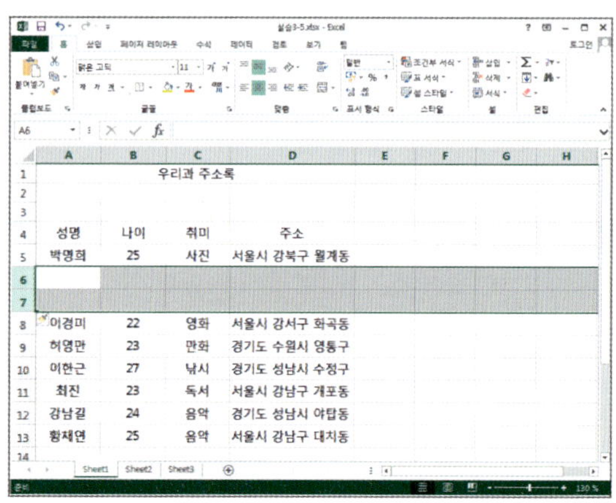

▶ 준비파일 : 실습3-6.xlsx

실습 3-6 시트 이름 변경하기

01 '실습3-6.xlsx' 파일을 열고 [Sheet1] 시트 탭에서 마우스 오른쪽 버튼을 클릭하고 팝업 메뉴에서 [이름 바꾸기]를 선택한 후 '국문과'라고 입력한다.

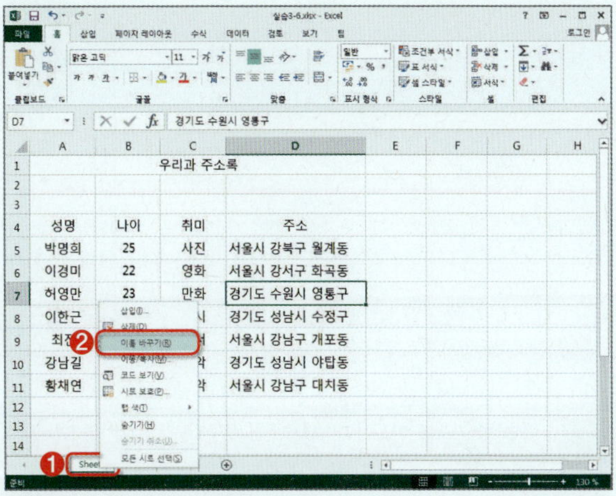

TIP [Sheet1] 시트 탭을 더블클릭하고 바로 시트 이름을 입력하거나 [Sheet1] 시트 탭을 클릭하고 [홈] 탭 - [셀] 그룹 - [서식] - [시트 이름 바꾸기]를 선택해도 된다.

02 [Sheet2] 시트와 [Sheet3] 시트의 이름을 각각 '아동과', '영문과'로 변경한다.

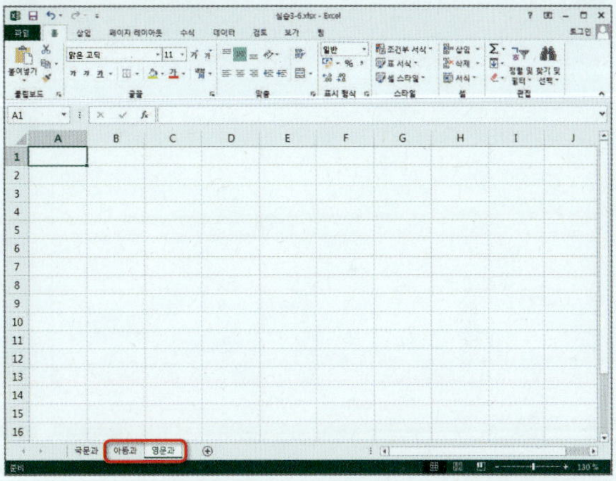

▶ 준비파일 : 실습3-7.xlsx

실습 3-7 시트 삽입/삭제하기

01 '실습3-7.xlsx' 파일을 열고 [영문과] 시트 탭에서 마우스 오른쪽 버튼을 클릭하고 팝업 메뉴에서 [삽입]을 선택한다.

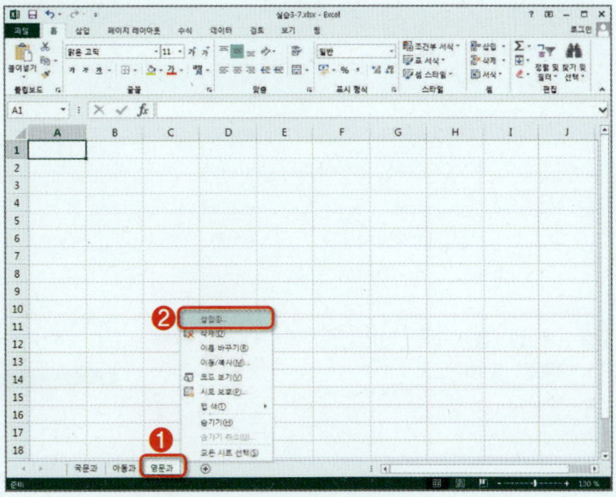

TIP [홈] 탭 - [셀] 그룹 - [삽입] - [시트 삽입]을 선택하면 워크시트가 바로 삽입된다.

02 [삽입] 대화상자의 [일반] 탭에서 [워크시트]를 선택하고 [확인]을 클릭하면 [영문과] 시트 앞에 새로운 시트가 삽입된다.

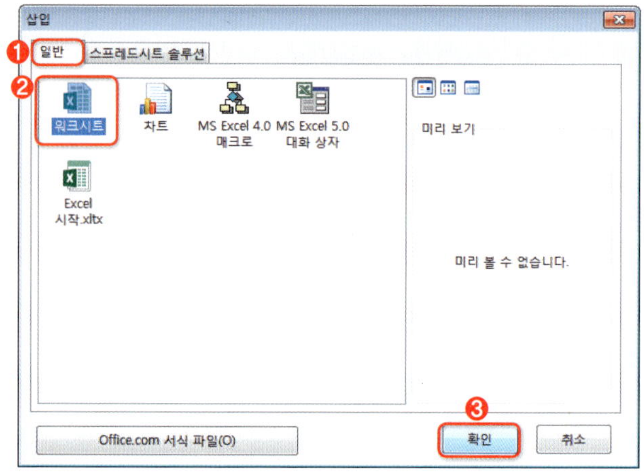

03 시트 탭 끝에 있는 [새 시트 ⊕]를 클릭하면 맨 뒤에 새로운 시트가 삽입된다.

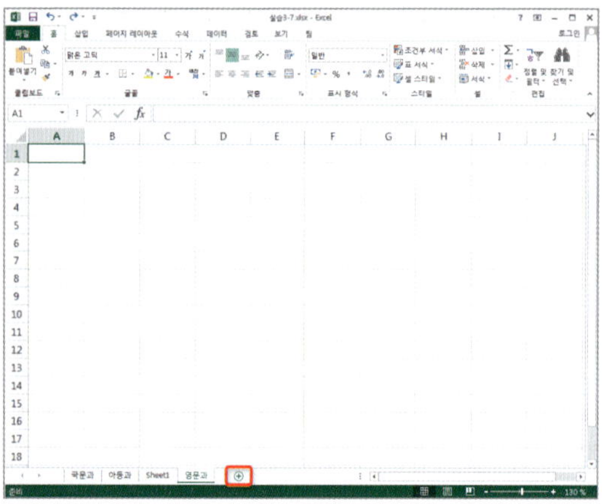

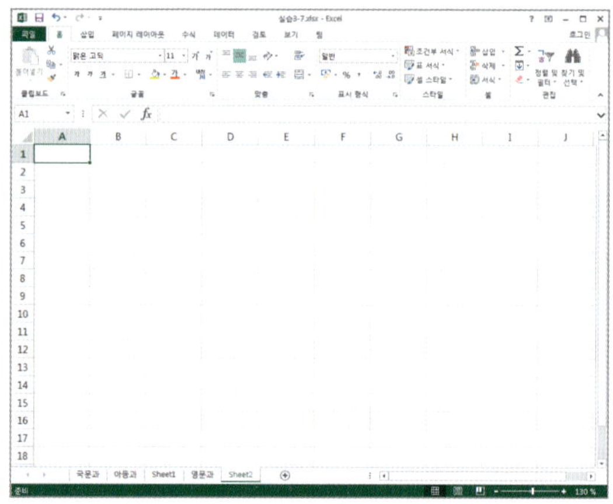

04 삽입한 시트 두 개를 삭제하기 위해 Ctrl을 누른 상태로 [Sheet1] 시트와 [Sheet2] 시트를 선택하고 마우스 오른쪽 버튼을 누른 후 팝업메뉴에서 [삭제]를 클릭한다.

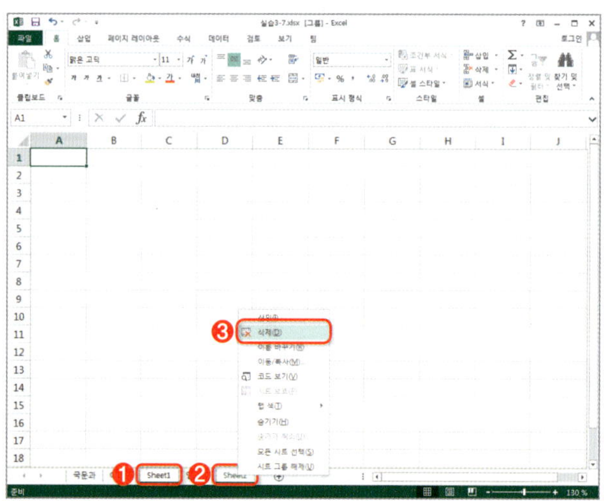

TIP [홈] 탭 – [셀] 그룹 – [삭제] – [시트 삭제]를 선택해도 된다.

NOTE 기본 워크시트 수 변경하기

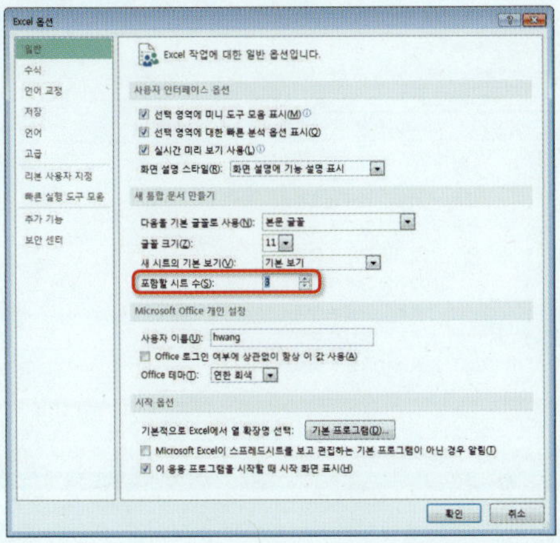

엑셀 2013은 기본적으로 1개의 워크시트를 가진 통합 문서로 시작된다. 이 기본 워크시트의 수는 [파일] 탭 - [옵션]을 선택한 후 [일반] 탭 - [새 통합 문서 만들기]의 [포함할 시트 수]에서 변경할 수 있다.

▶ 준비파일 : 실습3-8.xlsx

실습 3-8 시트 이동/복사하기

01 '실습3-8.xlsx' 파일을 열고 [영문과] 시트를 [아동과] 시트 앞으로 이동시키기 위해 [영문과] 시트 탭에서 마우스 오른쪽 버튼을 누른 후 팝업메뉴에서 [이동/복사]를 클릭한다.

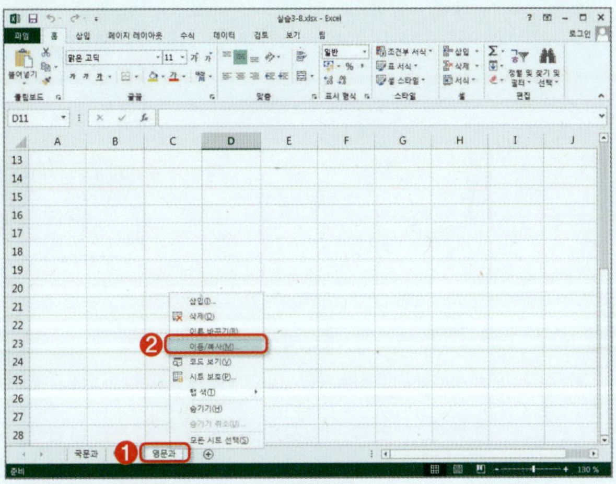

TIP [홈] 탭 - [셀] 그룹 - [서식] - [시트 이동/복사]를 선택해도 된다.

02 [이동/복사] 대화상자가 열리면 [아동과]를 선택한 후 [확인]을 클릭한다.

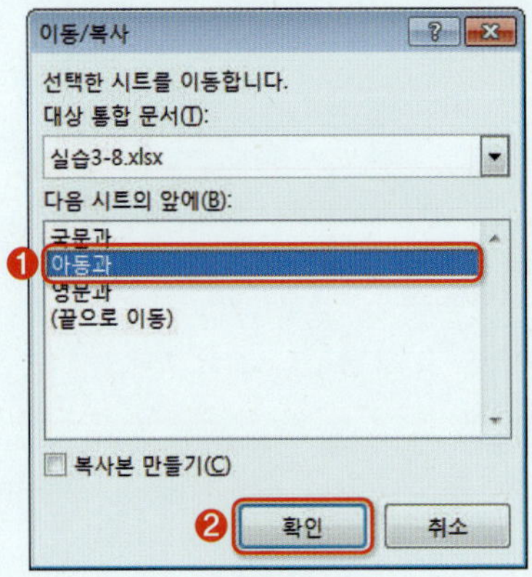

03 이번에는 시트 탭의 맨 끝에 [국문과] 시트의 복사본을 만들기 위해 [국문과] 시트에서 마우스 오른쪽 버튼을 누른 후 팝업메뉴에서 [이동/복사]를 클릭한다.

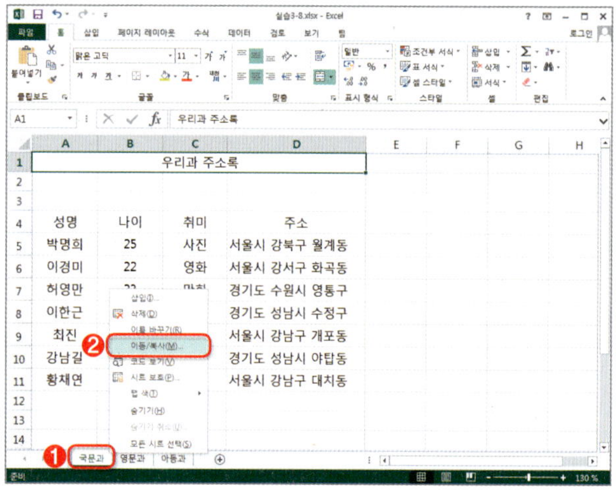

04 [이동/복사] 대화상자가 나타나면 '(끝으로 이동)'을 선택하고 [복사본 만들기]를 체크한 후 [확인]을 클릭한다.

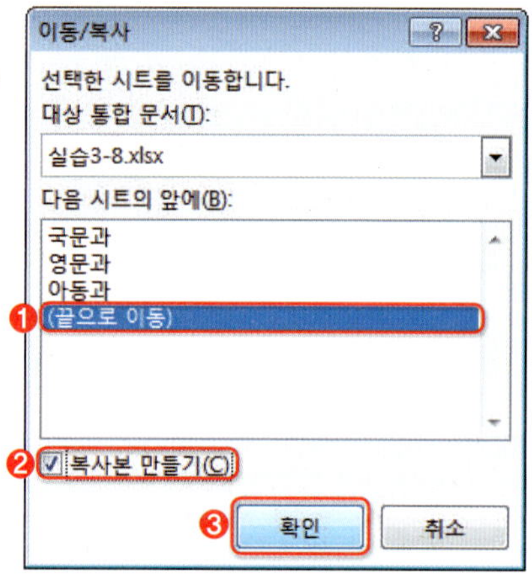

NOTE 워크시트를 빠르게 이동/복사하는 방법

- 워크시트를 이동할 때는 이동하고자 하는 시트를 클릭한 채 원하는 위치로 드래그한다.
- 워크시트를 복사할 때는 복사하고자 하는 시트를 Ctrl을 누른 채 원하는 위치로 드래그한다.

요약

IT COOKBOOK

1 셀 범위 지정

- **연속적인 셀 범위 지정하기 :** 마우스로 드래그하거나 Shift를 누른 상태에서 마지막 셀을 선택한다.
- **비연속적인 셀 범위 지정하기 :** Ctrl을 누른 상태로 셀들을 각각 선택한다.
- **워크시트의 전체 범위 지정하기 :** 모두 선택 단추( )를 누르거나 Ctrl + A를 누른다.

2 데이터 복사 및 이동

- **복사하기 :** 해당 범위를 지정한 후 팝업메뉴에서 [복사]를 선택하거나 Ctrl + C를 눌러 데이터를 복사한 후, 붙여 넣으려는 셀의 팝업메뉴에서 [붙여넣기]를 선택하거나 Ctrl + V를 누른다.
- **이동하기 :** 해당 범위를 지정한 후 팝업메뉴에서 [잘라내기]를 선택하거나 Ctrl + X를 눌러 데이터를 잘라낸 후, 이동하려는 셀의 팝업메뉴에서 [붙여넣기]를 선택하거나 Ctrl + V를 누른다.

3 행 높이와 열 너비 조절

- **행 높이 조절하기 :** 행 머리글을 클릭하고 [홈] 탭 – [셀] 그룹 – [서식] – [행 높이]를 선택하거나 팝업메뉴에서 [행 높이]를 선택한 후 행 높이를 입력한다.
- **열 너비 조절하기 :** 열 머리글을 클릭하고 [홈] 탭 – [셀] 그룹 – [서식] – [열 너비]를 선택하거나 팝업메뉴에서 [열 너비]를 선택한 후 열 너비를 입력한다.

4 행과 열 삽입 및 삭제

- **행/열 삽입하기 :** 삽입할 행/열 위치의 행/열 머리글을 선택한 후 [홈] 탭 – [셀] 그룹 – [삽입] – [시트 행 삽입]/[시트 열 삽입]을 선택하거나 팝업메뉴에서 [삽입]을 클릭한다.
- **행/열 삭제하기 :** 삭제할 행/열 머리글을 선택한 후 [홈] 탭 – [셀] 그룹 – [삽입] – [시트 행 삭제]/[시트 열 삭제]를 선택하거나 팝업메뉴에서 [삭제]를 클릭한다.

5 워크시트 관리

- **시트 이름 변경하기 :** 해당 시트 탭을 더블클릭하거나 시트 탭을 선택하고 팝업메뉴에서 [이름 바꾸기]를 클릭한 후 바꿀 이름을 입력한다. [홈] 탭 – [셀] 그룹 – [서식] – [시트 이름 바꾸기]를 이용해도 된다.
- **시트 삽입하기 :** 삽입할 위치에 있는 시트 탭을 선택하고 팝업메뉴의 [삽입]을 이용한다. 또는 [홈] 탭 – [셀] 그룹 – [삽입] – [시트 삽입]을 선택하거나 [새 시트 ⊕]를 클릭한다.
- **시트 삭제하기 :** 팝업메뉴에서 [삭제]를 클릭하거나 [홈] 탭 – [셀] 그룹 – [삭제] – [시트 삭제]를 선택한다.
- **시트 이동하기 :** 시트를 해당 위치로 드래그하거나 팝업메뉴의 [이동/복사]를 이용한다.
- **시트 복사하기 :** Ctrl을 누른 채 해당 위치로 드래그하거나 팝업메뉴의 [이동/복사]를 이용한다.

연습문제

IT COOKBOOK

1 '연습3-1.xlsx' 파일을 열어 아래 조건에 맞게 완성하고 '연습3-1(완성).xlsx'로 저장하시오.

| 조건 | ▶ 준비파일 : 연습3-1.xlsx

① 시트 3개를 삽입하고, 시트 이름을 각각 'A 여대', 'B 여대', 'C 여대'로 변경하시오.

② [직업선호도] 시트에서 각각의 시트로 해당 여대의 데이터를 복사하여 붙여 넣으시오(붙여 넣을 위치 : 제목은 [B1] 셀, 표는 [D4] 셀).

③ 삽입한 시트들의 모든 행 높이와 열 너비를 동일한 값으로 지정하시오(행 높이 : 20, 열 너비 : 10).

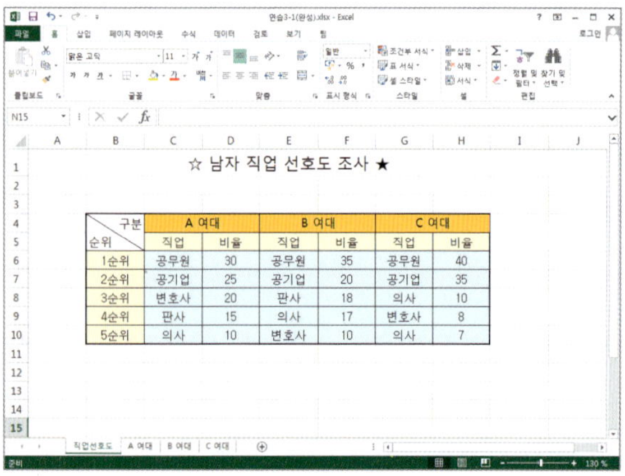

☆ 남자 직업 선호도 조사 ★

구분 / 순위	A 여대		B 여대		C 여대	
	직업	비율	직업	비율	직업	비율
1순위	공무원	30	공무원	35	공무원	40
2순위	공기업	25	공기업	20	공기업	35
3순위	변호사	20	판사	18	의사	10
4순위	판사	15	의사	17	변호사	8
5순위	의사	10	변호사	10	의사	7

2 '연습3-2.xlsx' 파일을 열어 아래 조건에 맞게 완성하고 '연습3-2(완성).xlsx'로 저장하시오.

| 조건 | ▶ 준비파일 : 연습3-2.xlsx

① [A3:D3] 셀을 복사하여 다음과 같이 [F3], [F8], [F14] 셀에 각각 붙여 넣으시오.

② 위에서부터 '초등학교', '중학교', '고등학교'라고 표 제목을 입력하고 해당되는 데이터를 복사하여 붙여 넣으시오.

③ 모든 행 높이를 '15'로 동일하게 변경하시오.

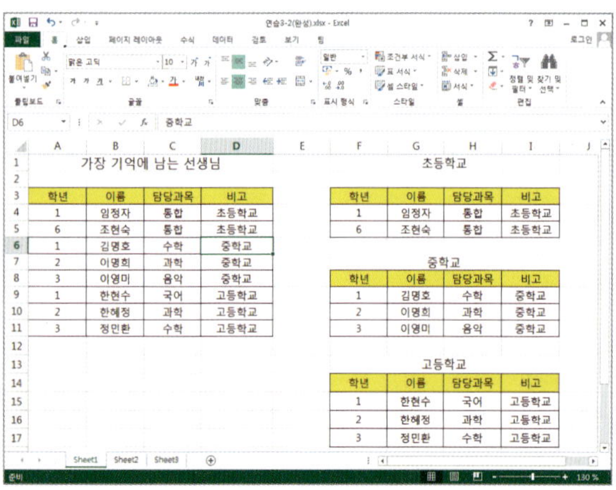

가장 기억에 남는 선생님

학년	이름	담당과목	비고
1	임정자	통합	초등학교
6	조현숙	통합	초등학교
1	김명호	수학	중학교
2	이영희	과학	중학교
3	이영미	음악	중학교
1	한현수	국어	고등학교
2	한혜정	과학	고등학교
3	정민환	수학	고등학교

초등학교

학년	이름	담당과목	비고
1	임정자	통합	초등학교
6	조현숙	통합	초등학교

중학교

학년	이름	담당과목	비고
1	김명호	수학	중학교
2	이영희	과학	중학교
3	이영미	음악	중학교

고등학교

학년	이름	담당과목	비고
1	한현수	국어	고등학교
2	한혜정	과학	고등학교
3	정민환	수학	고등학교

SECTION -- IT COOKBOOK

04 셀 서식

데이터의 글꼴, 맞춤, 테두리, 음영 등을 지정하는 방법과 다양한 데이터 표시 형식을 바꾸는 방법을 알아본다. 또한 조건부 서식을 지정하여 특정 조건에 맞는 셀 서식을 설정하는 방법에 대하여 학습한다.

4.1 셀 서식 설정

셀 서식이란 데이터의 글꼴, 맞춤, 테두리, 음영 등을 바꾸는 것을 말한다. [홈] 탭의 [글꼴], [맞춤], [표시 형식] 그룹에서 바꿀 수 있으며, [셀 서식] 대화상자에서도 데이터의 서식을 바꿀 수 있다. 셀 서식을 설정하는 방법을 알아보자.

▶ 준비파일 : 실습4-1.xlsx

실습 4-1 그룹에서 셀 서식 설정하기

01 '실습4-1.xlsx' 파일을 열고 [B2:F2] 셀을 범위로 지정한 후 [홈] 탭 - [맞춤] 그룹 - [병합하고 가운데 맞춤 ▾] - [병합하고 가운데 맞춤]을 클릭한다.

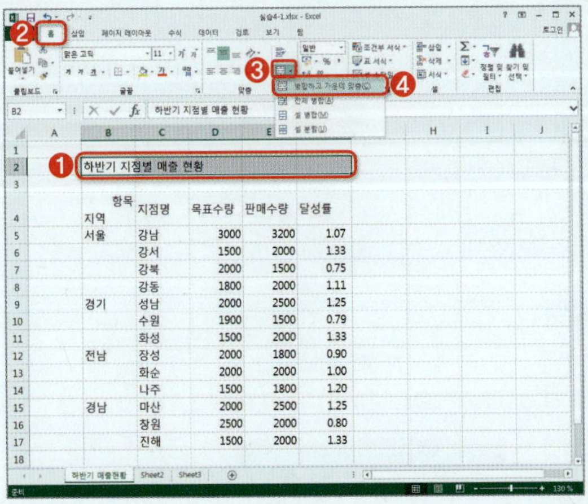

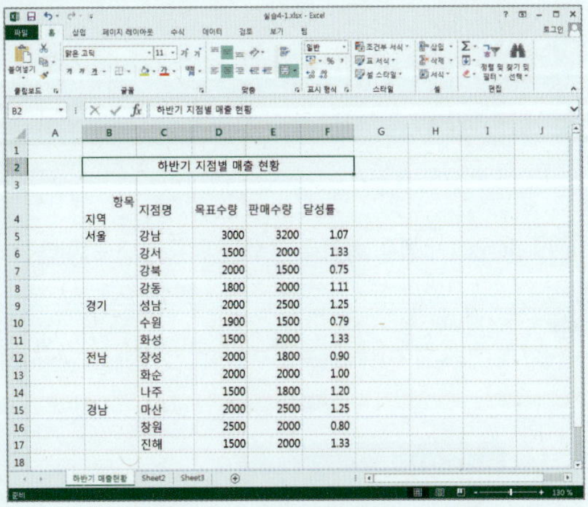

02 [홈] 탭 – [글꼴] 그룹에서 [글꼴 크기]는 '20', [채우기 색]은 '파랑, 강조1', [글꼴 색]은 '흰색, 배경1'을 선택한다.

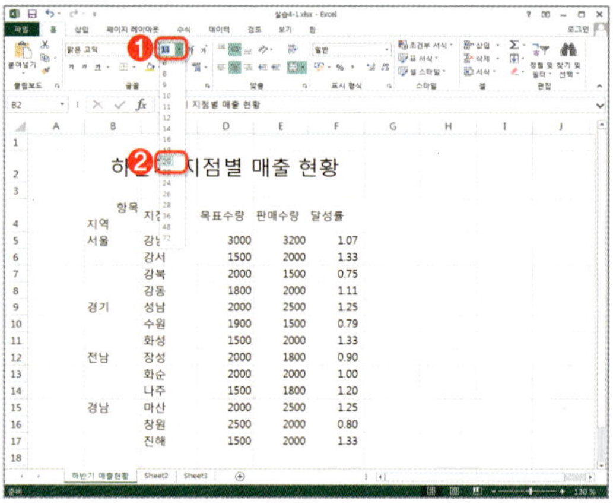

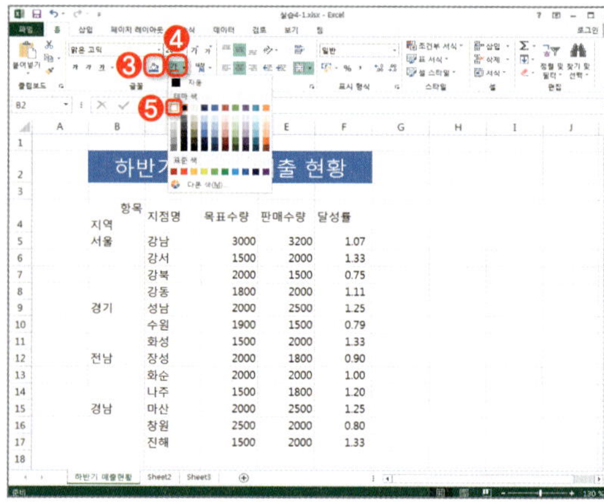

03 [B5:B8] 셀을 범위로 지정하고 Ctrl을 누르면서 [B9:B11] 셀, [B12:B14] 셀, [B15:B17] 셀을 각각 범위로 지정한 후 [홈] 탭 – [맞춤] 그룹 – [병합하고 가운데 맞춤]을 클릭한다.

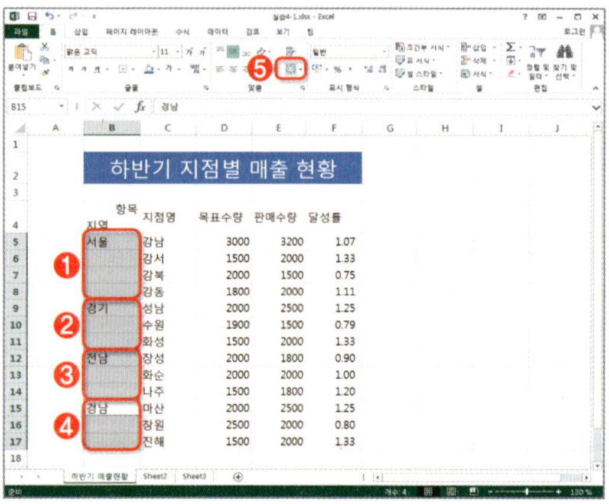

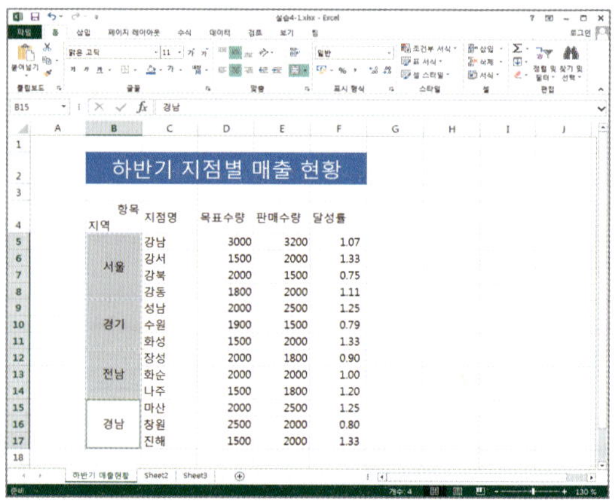

04 [C4:C17] 셀을 범위로 지정한 후 [홈] 탭 – [맞춤] 그룹 – [가운데 맞춤]을 클릭한다.

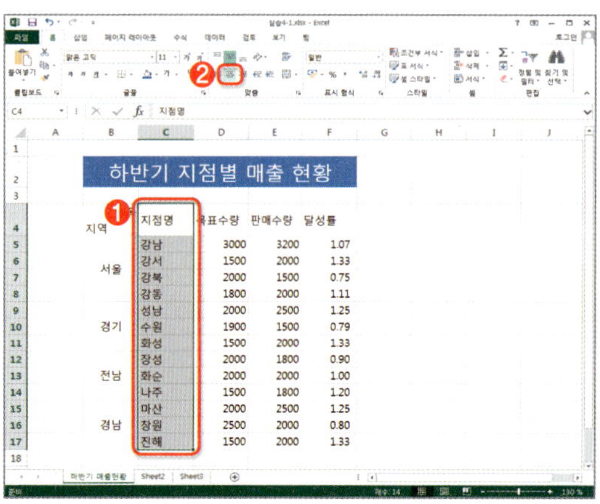

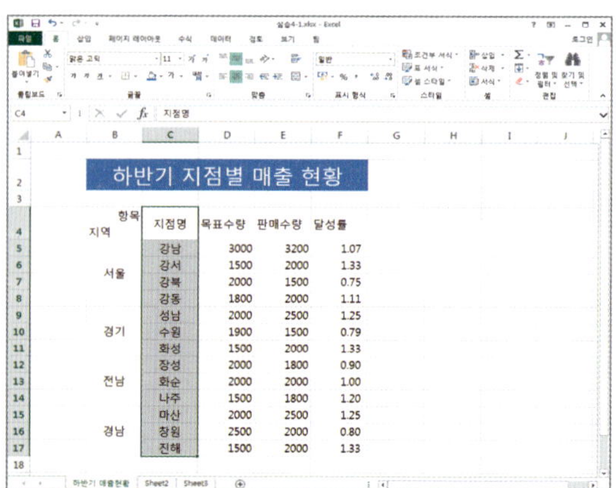

05 이번에는 [B4:F17] 셀을 범위로 지정한 후 [홈] 탭 - [글꼴] 그룹 - [테두리 ⊞ ▾] - [모든 테두리]를 선택한다.

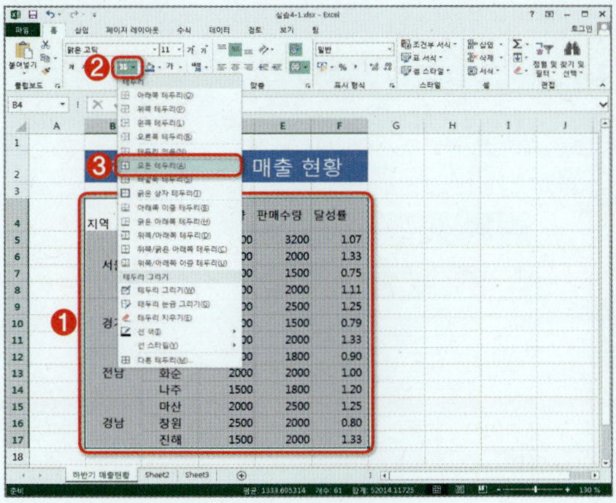

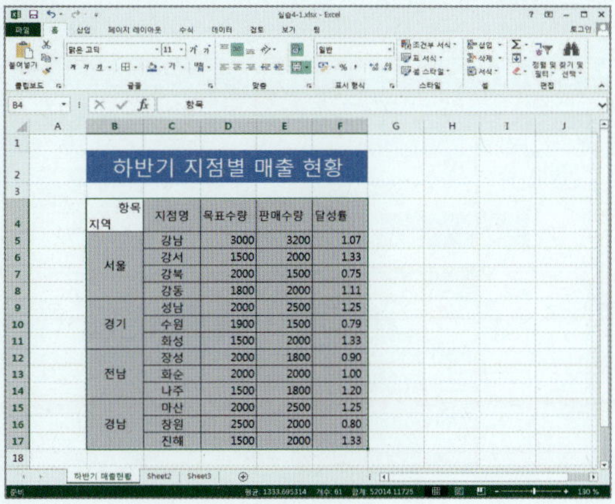

06 [홈] 탭 - [글꼴] 그룹 - [테두리 ⊞ ▾] - [테두리 그리기]를 클릭하여 마우스 포인터가 연필 모양(✐)으로 바뀌면 [B4] 셀에 대각선을 그려 넣는다.

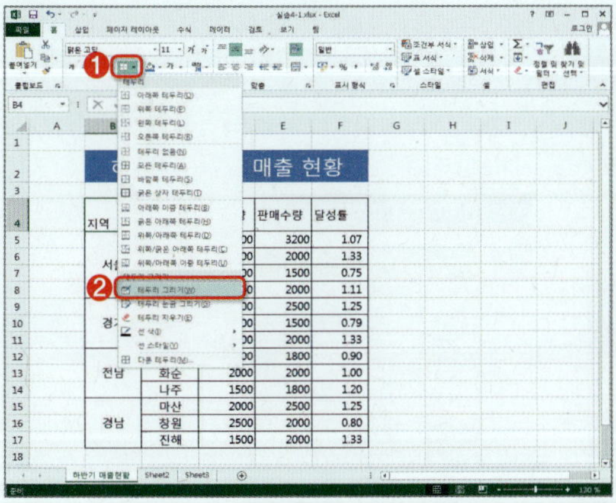

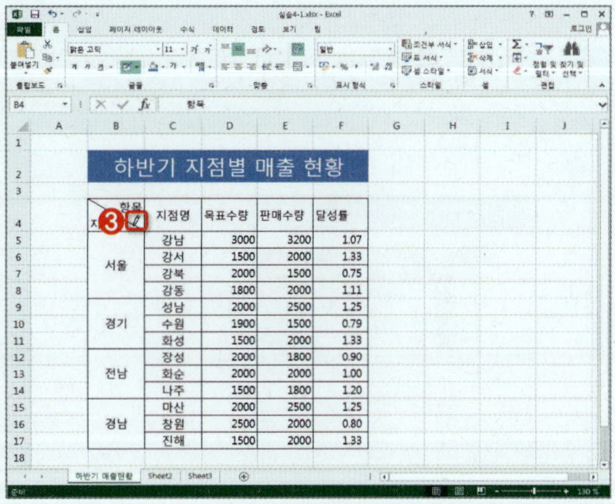

07 [C4:F17] 셀을 범위로 지정한 후 [홈] 탭 - [스타일] 그룹 - [표 서식] - [보통:표 스타일 보통 4]를 선택하고 [표 서식] 대화상자에서 [확인]을 클릭한다.

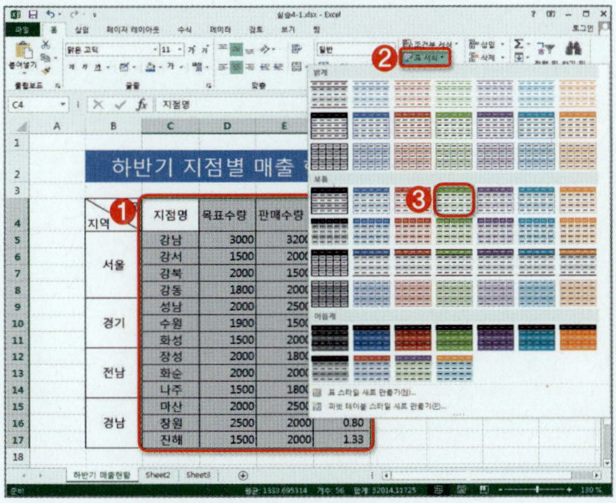

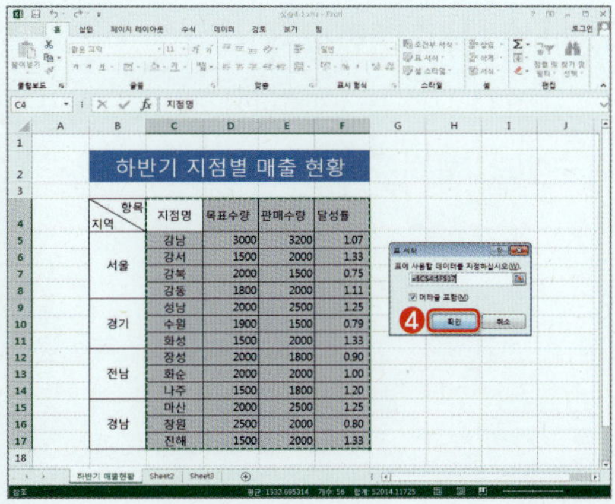

08 [D5:E17] 셀을 범위로 지정한 후 [홈] 탭 – [표시 형식] 그룹 – [쉼표 스타일 ,]을 선택하여 수량에 천 단위 구분 쉼표를 표시한다.

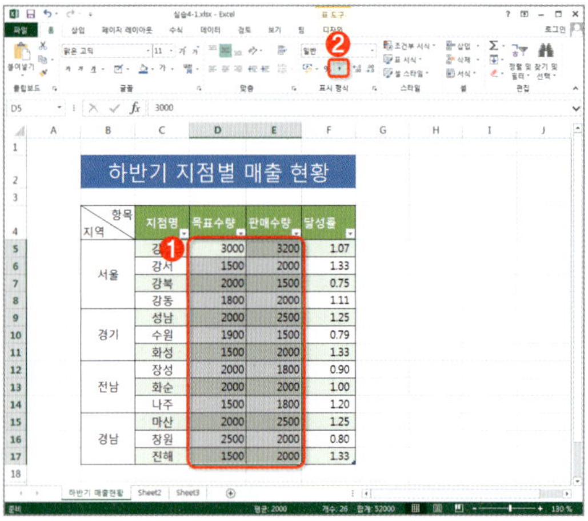

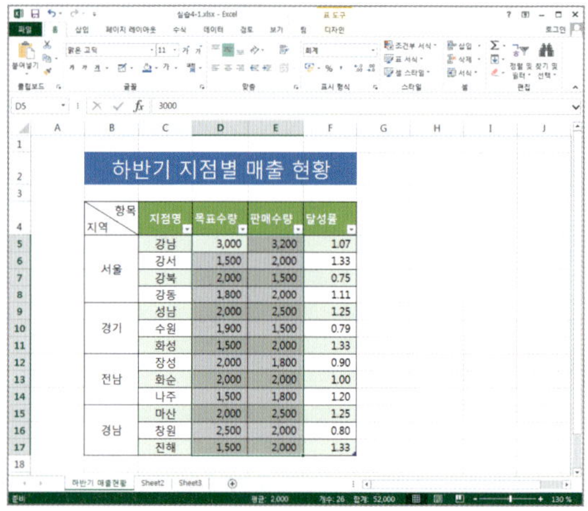

09 [F5:F17] 셀을 범위로 지정한 후 [홈] 탭 – [표시 형식] 그룹 – [백분율 스타일 %]을 선택한다.

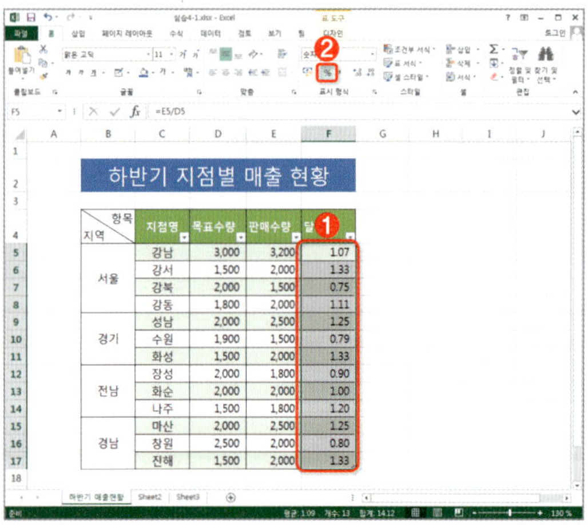

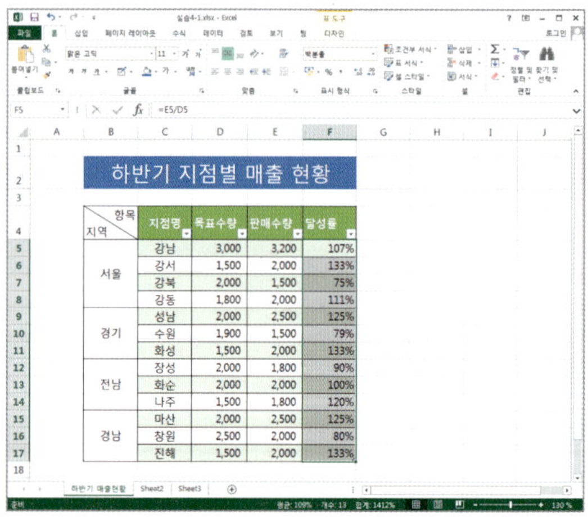

4.2 [셀 서식] 대화상자

[셀 서식] 대화상자를 이용하면 데이터 표시 형식, 맞춤, 글꼴, 테두리, 채우기, 보호와 관련된 서식을 바꿀 수 있다. [셀 서식] 대화상자에 대하여 알아보자.

[셀 서식] 대화상자

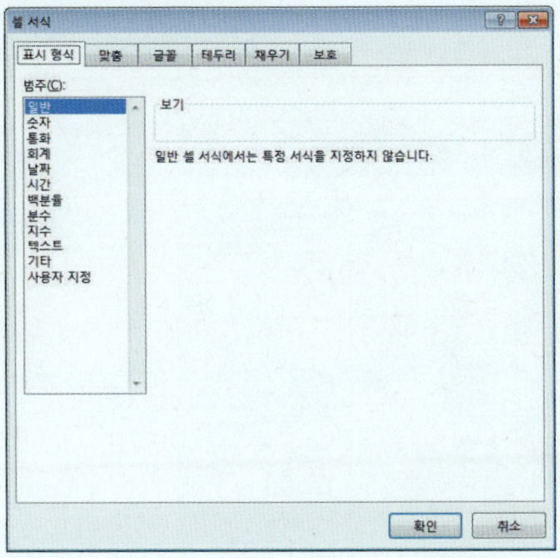

❶ **[표시 형식] 탭** : 숫자, 날짜, 백분율, 사용자 지정 등 데이터 종류별로 표시되는 형식을 지정한다.

❷ **[맞춤] 탭** : 텍스트 맞춤, 텍스트 조정 등을 지정한다.

❸ **[글꼴] 탭** : 입력한 데이터의 글꼴, 글꼴 스타일 등을 지정한다.

❹ **[테두리] 탭** : 특정 셀 범위의 테두리 스타일 등을 지정한다.

❺ **[채우기] 탭** : 셀에 다양한 색상과 무늬 색 등을 지정한다.

❻ **[보호] 탭** : 특정 셀의 내용을 수정하지 못하도록 보호한다.

NOTE [셀 서식] 대화상자를 여는 방법

① 해당 셀에 마우스 오른쪽 버튼을 누르고 팝업메뉴에서 [셀 서식]을 선택한다.

② [홈] 탭의 [글꼴], [맞춤], [표시 형식] 그룹의 오른쪽 아래에 있는 대화상자 표시 단추(⧉)를 클릭한다.

③ [홈] 탭의 [셀] 그룹에 있는 [서식]에서 [셀 서식]을 선택한다.

④ [홈] 탭의 [표시 형식] 그룹에 있는 [표시 형식]에서 [기타 표시 형식]을 선택한다.

⑤ 단축키 Ctrl + 1을 누른다.

▶ 준비파일 : 실습4-2.xlsx

실습 4-2 [셀 서식] 대화상자로 셀 서식 설정하기

01 '실습4-2.xlsx' 파일을 열고 Ctrl을 누르면서 [B1], [B4:B12], [C3:H12] 셀을 범위로 지정한 후 [홈] 탭 – [맞춤] 그룹의 대화상자 표시 단추(⧉)를 클릭한다.

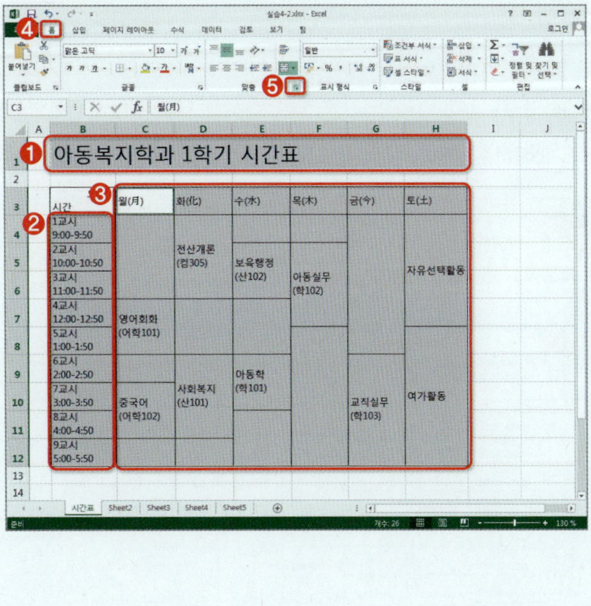

02 [셀 서식] 대화상자의 [맞춤] 탭에서 [텍스트 맞춤] – [가로]를 '가운데'로 설정한 후 [확인]을 클릭하면 범위로 지정한 셀의 텍스트가 가운데로 맞춰진다.

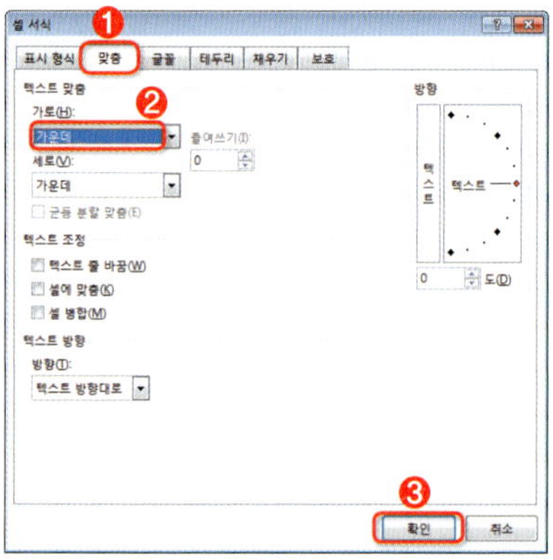

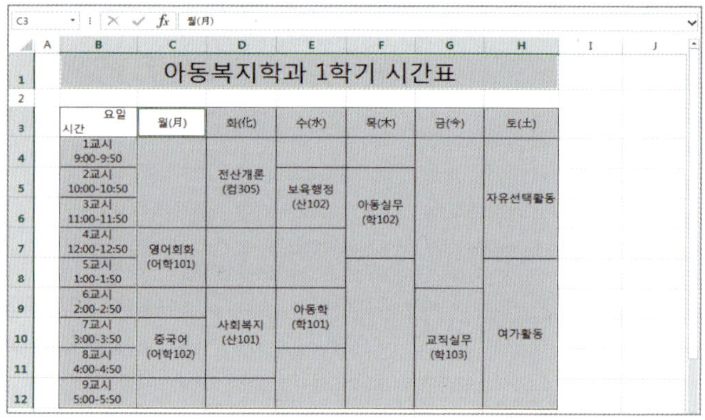

03 [H4:H12] 셀을 범위로 지정한 후 마우스 오른쪽 버튼을 누르고 팝업메뉴에서 [셀 서식]을 클릭한다. [셀 서식] 대화상자가 열리면 [맞춤] 탭에서 [방향]을 '45'도로 입력한 후 [확인]을 클릭한다.

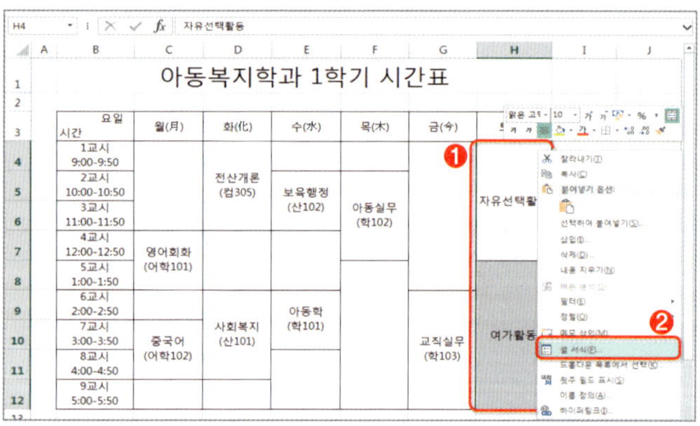

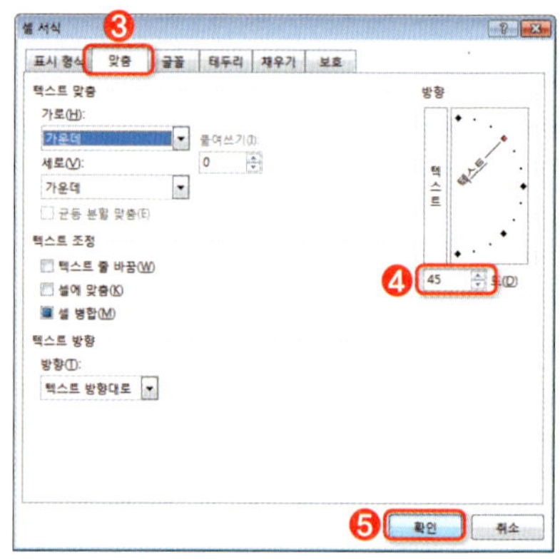

04 [B1] 셀을 선택하고 [홈] 탭 – [글꼴] 그룹의 대화상자 표시 단추(◲)를 클릭한 후 [셀 서식] 대화상자의 [글꼴] 탭에서 [글꼴]은 '맑은 고딕(제목)', [글꼴 스타일]은 '굵게', [색]은 '진한 파랑'을 선택하고 [확인]을 클릭한다.

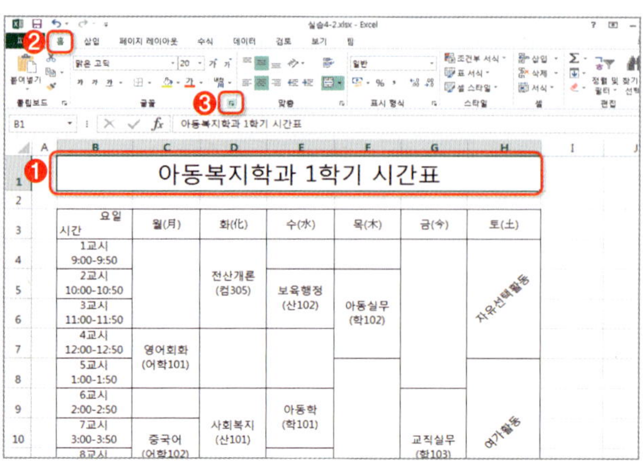

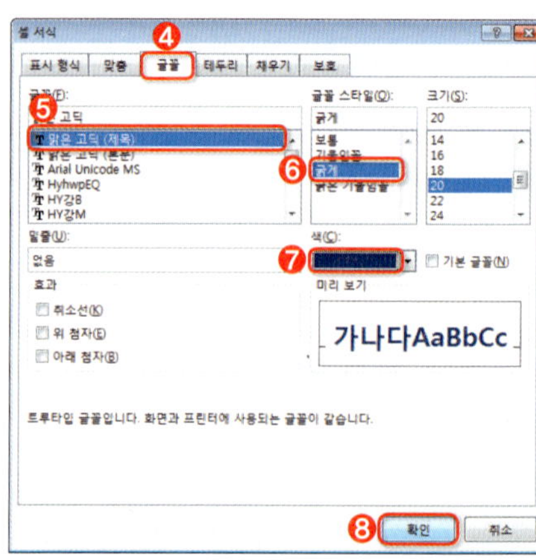

05 대각선을 넣을 [B3] 셀을 선택하고 [홈] 탭 - [표시 형식] 그룹의 대화상자 표시 단추(◲)를 클릭한다. [셀 서식] 대화상자가 열리면 [테두리] 탭에서 [테두리]는 '대각선(◪)'을 선택한 후 [확인]을 클릭한다.

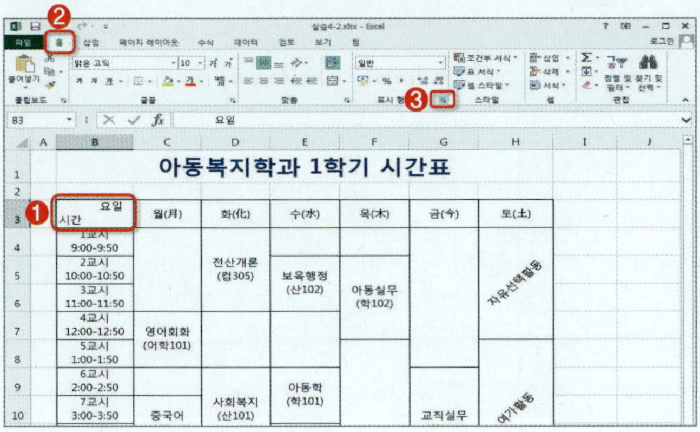

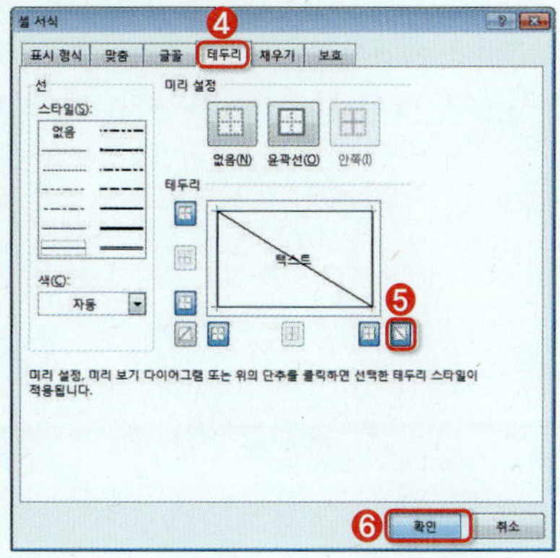

06 이번에는 [B3:H3] 셀을 범위로 지정한 후 [셀 서식] 대화상자를 연다. [테두리] 탭에서 [선] - [스타일]은 '이중선'을, [테두리]는 '아래(◫)'를 선택하고 [확인]을 클릭한다.

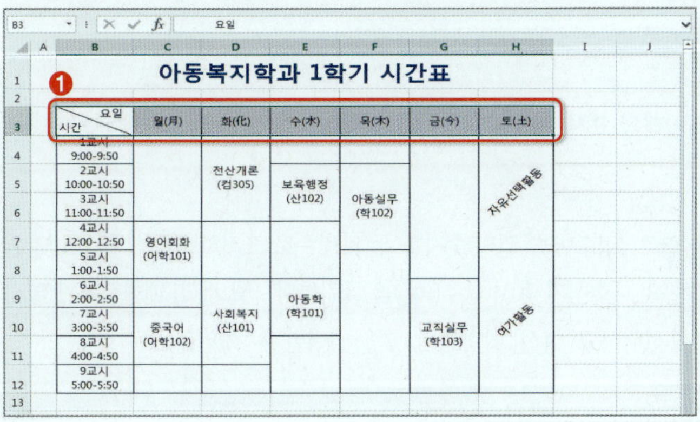

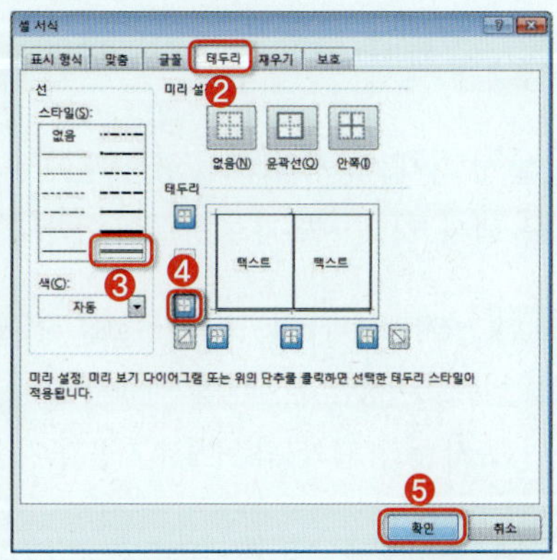

07 [B3:H12] 셀을 범위로 지정하고 [셀 서식] 대화상자를 연다. [테두리] 탭에서 [선]의 [스타일]은 '굵은선', [색]은 '파랑, 강조 1', [미리 설정]은 '윤곽선'을 선택한 후 [확인]을 클릭한다.

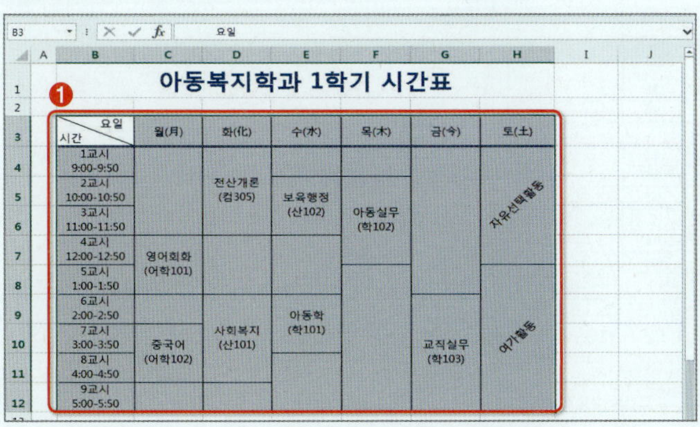

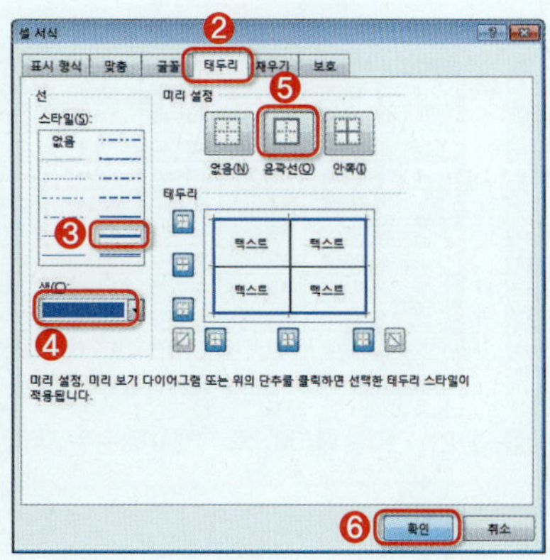

08 [셀 서식] 대화상자의 [채우기] 탭을 이용하여 다음과 같이 셀에 임의의 색을 넣어보자.

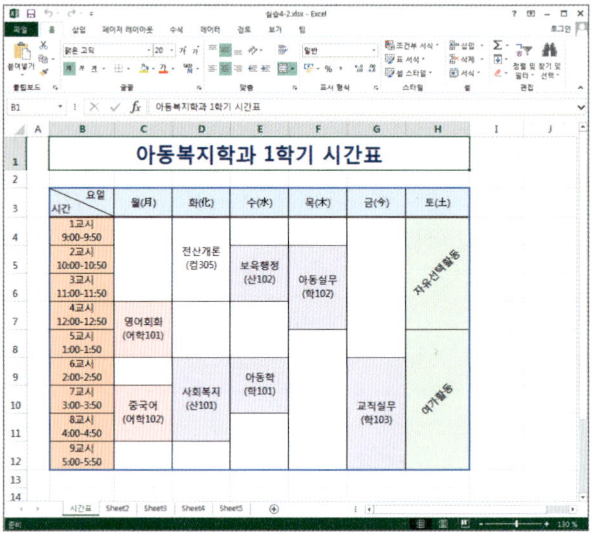

▶ 준비파일 : 실습4-3.xlsx

실습 4-3 데이터 표시 형식 바꾸기

[셀 서식] 대화상자의 [표시 형식] 탭에서 데이터의 표시 형식을 다양하게 바꿀 수 있다. 표시 형식에는 숫자, 통화, 날짜, 시간, 사용자 지정 등이 있다.

01 **숫자 서식 바꾸기** '실습4-3.xlsx' 파일을 열고, '접수번호' 열의 숫자를 두 자릿수로 표시하기 위해 [B6:B15] 셀을 범위로 지정한 후 [홈] 탭 - [표시 형식] 그룹의 대화상자 표시 단추(⊡)를 클릭한다. [셀 서식] 대화상자가 열리면 [표시 형식] 탭의 [범주]에서 '사용자 지정'을 선택하고 [형식] 입력란에 '00'을 입력한 후 [확인]을 클릭한다.

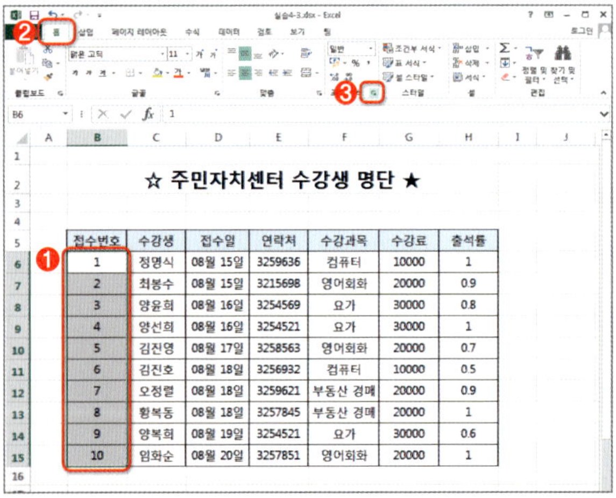

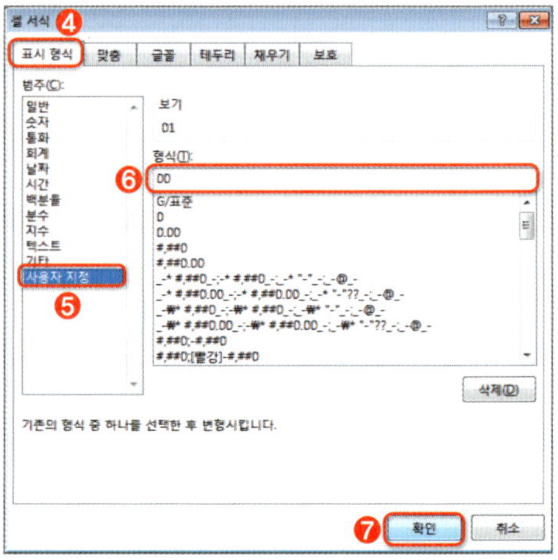

TIP 1, 2……10일 때 '00'으로 지정할 경우 두 자리인 01, 02……10으로 표시된다.

02 텍스트 서식 바꾸기 '수강생' 열의 이름 뒤에 '님'을 붙이기 위해 [C6:C15] 셀을 범위로 지정한 후 [셀 서식] 대화상자를 열어 [표시 형식] 탭의 [범주]에서 '사용자 지정'을 선택하고 [형식]에 '@님'을 입력하고 [확인]을 클릭한다.

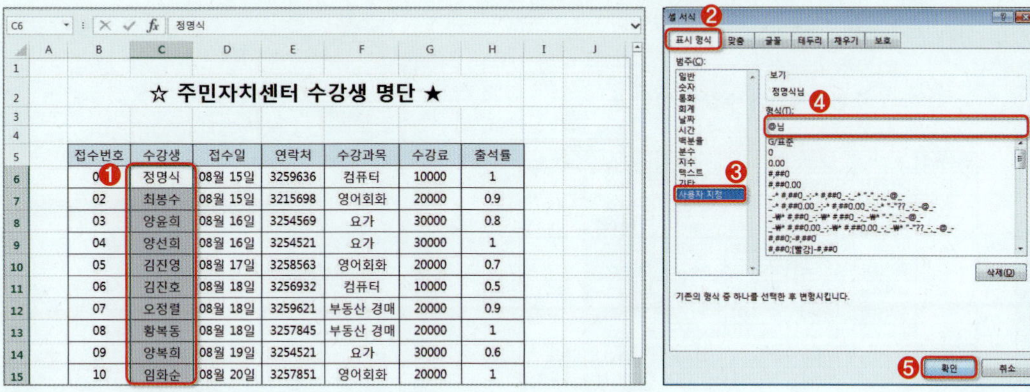

TIP 서식 코드 '@'을 사용하면 현재 셀이 입력된 내용 뒤에 자동으로 텍스트를 표시한다.

03 날짜 표시 형식 바꾸기 날짜 표시 형식을 수정하기 위해 [D6:D15] 셀을 범위로 지정하고 [셀 서식] 대화상자를 열어 [표시 형식] 탭의 [범주]에서 '날짜'를 선택한 후 [형식]을 아래와 같이 선택하고 [확인]을 클릭한다.

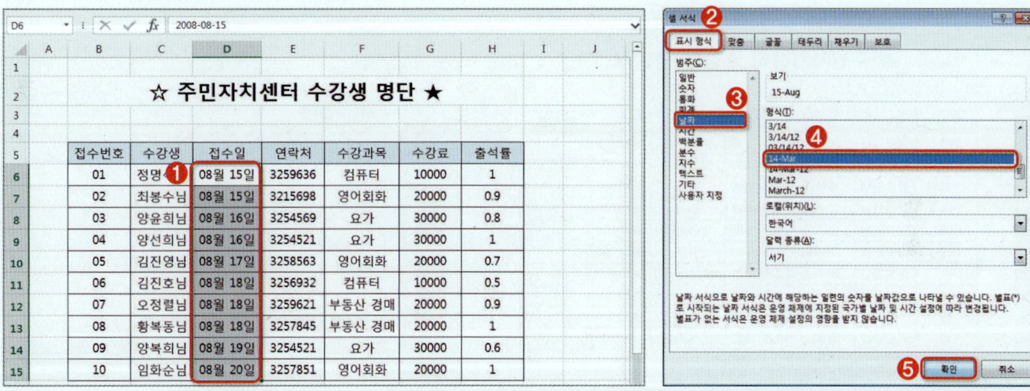

04 전화 번호 표시 형식 바꾸기 전화 번호를 국번과 구분하여 표시하기 위해 [E6:E15] 셀을 범위로 지정하고 [셀 서식] 대화상자를 열어 [표시 형식] 탭의 [범주]는 '기타'를, [형식]은 '전화 번호 (국번 3자리)'를 선택한 후 [확인]을 클릭한다.

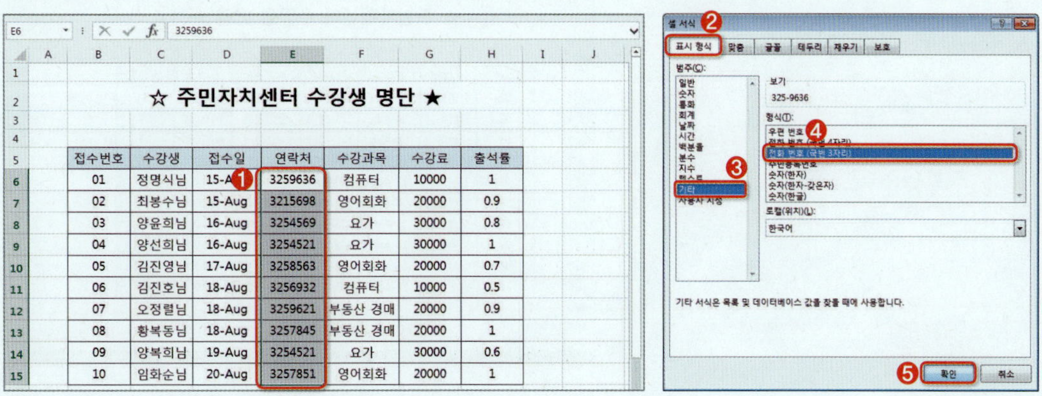

05 **통화 표시 형식 바꾸기** 통화 표시 형식을 설정하기 위해 [G6:G15] 셀을 범위로 지정한 후 [셀 서식] 대화상자의 [표시 형식] 탭의 [범주]에서 '통화'를 선택하고 [음수]는 다음과 같이 지정한 후 [확인]을 클릭한다.

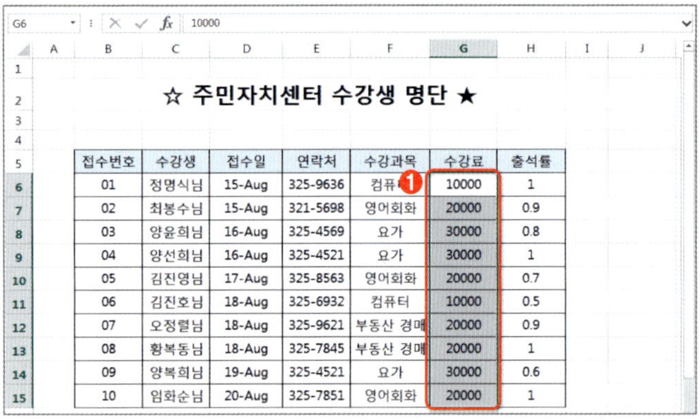

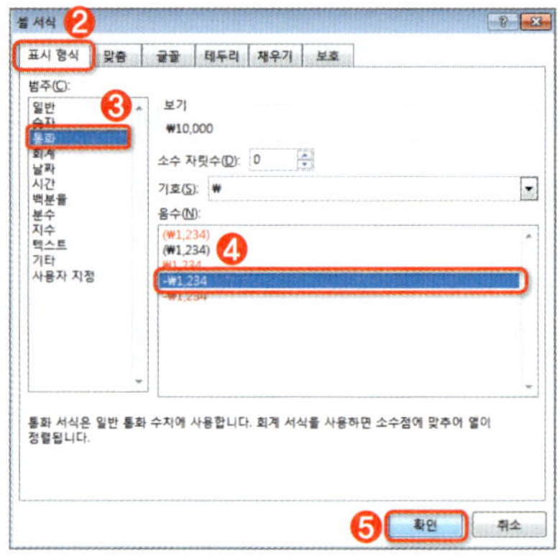

06 **백분율 표시 형식 바꾸기** 출석률을 백분율 형식으로 표시하기 위해 [H6:H15] 셀을 범위로 지정한 후 [셀 서식] 대화상자의 [표시 형식] 탭의 [범주]에서 '백분율'을 선택하고 [확인]을 클릭한다.

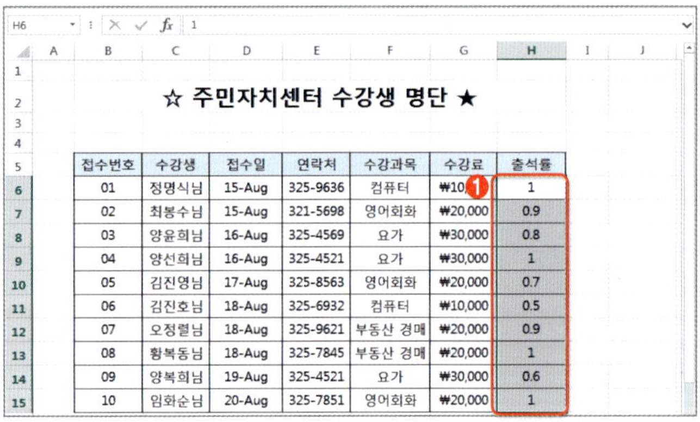

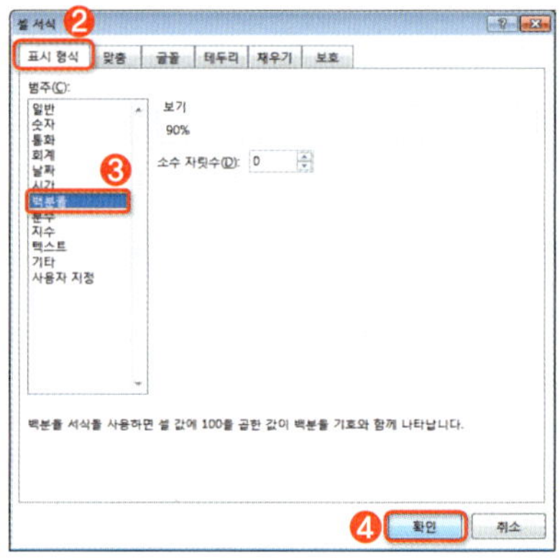

07 데이터 표시 형식을 모두 적용한 결과를 확인한다.

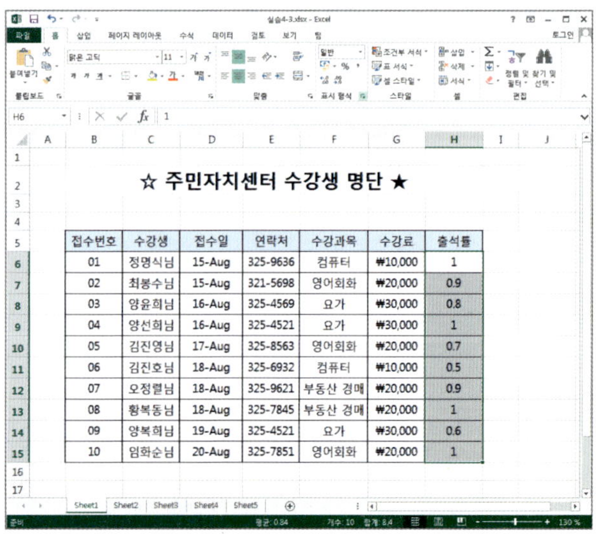

NOTE [셀 서식] 대화상자의 [표시 형식] 탭

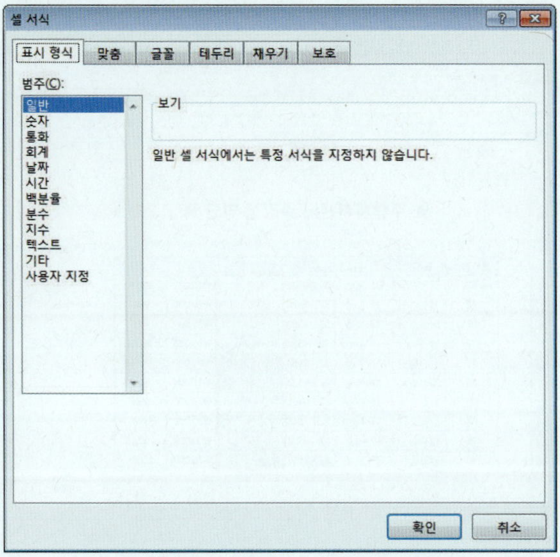

❶ **일반** : 기본값으로 아무 서식도 지정하지 않는다.

❷ **숫자** : 숫자 데이터의 1000단위 구분 기호, 소수 자릿수, 음수 표시 방법 등을 지정한다.

❸ **통화** : 숫자 데이터에 소수 자릿수, 통화 기호 등을 지정한다.

❹ **회계** : 통화 기호와 소수점에 맞추어 열이 정렬되며, 소수 자릿수, 통화 기호 등을 지정한다.

❺ **날짜** : 날짜 데이터의 표시 형식을 지정한다.

❻ **시간** : 시간 데이터의 표시 형식을 지정한다.

❼ **백분율** : 숫자 데이터를 백분율(%) 형식으로 지정하고 소수 자릿수를 지정한다.

❽ **분수** : 숫자 데이터를 분수 형식으로 표시하고 분수 형식을 지정한다.

❾ **지수** : 숫자 데이터를 지수 형식으로 표시하고 소수 자릿수를 지정한다.

❿ **텍스트** : 데이터를 텍스트 형식으로 표시한다.

⓫ **기타** : 우편 번호, 주민등록번호, 전화 번호 등을 지정하여 표시한다.

⓬ **사용자 지정** : 데이터 표시 형식을 사용자가 직접 지정한다.

4.3 조건부 서식 설정

조건부 서식은 특정 조건에 맞으면 서식을 지정하는 기능이다. [홈] 탭 - [스타일] 그룹 - [조건부 서식]을 클릭하여 사용할 수 있으며 5가지의 기능이 제공된다. 조건부 서식 설정에 대하여 알아보자.

▶ 준비파일 : 실습4-4.xlsx

실습 4-4 셀 값으로 조건부 서식 설정하기

01 '실습4-4.xlsx' 파일을 열고 조건부 서식을 지정할 [F6:F15] 셀을 범위로 지정한다.

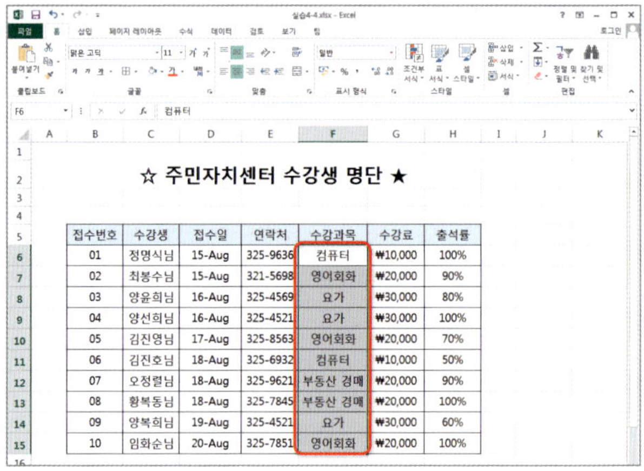

TIP 셀 값의 크기에 따라 서식을 지정하며, 특정 텍스트를 포함한 셀이나 중복된 셀 등에 서식을 설정한다. 셀 강조 규칙, 상위/하위 규칙, 데이터 막대, 색조, 아이콘 집합에서 서식을 지정할 수 있다.

02 [홈] 탭 – [스타일] 그룹 – [조건부 서식] – [셀 강조 규칙] – [같음]을 선택한다.

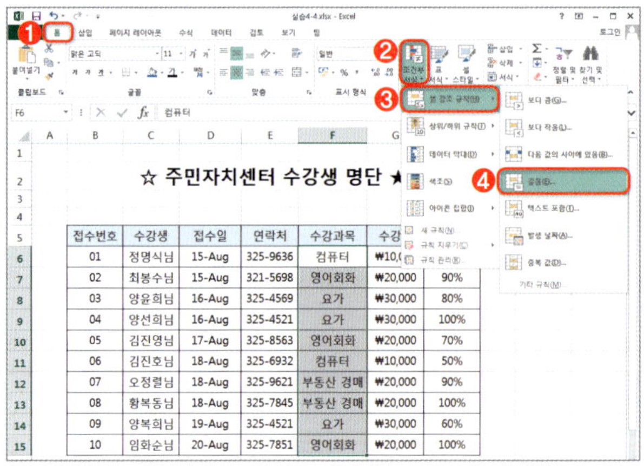

TIP 엑셀에서 제공하는 규칙이 만족스럽지 않다면 [기타 규칙]을 선택해서 자신만의 규칙을 만들 수 있다.

03 '요가'가 입력되어 있는 셀에 서식을 지정하기 위해 [F8] 셀을 클릭하고 [적용할 서식]의 목록 단추를 눌러 '진한 녹색 텍스트가 있는 녹색 채우기'를 선택한 후 [확인]을 클릭한다.

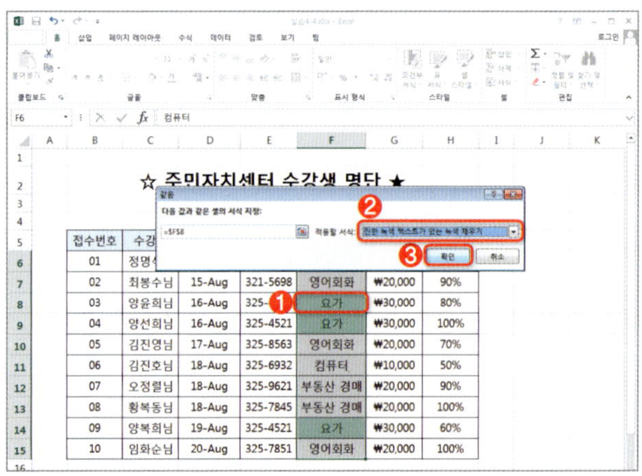

04 선택한 범위에서 '요가'가 입력되어 있는 셀에만 서식이 적용된다.

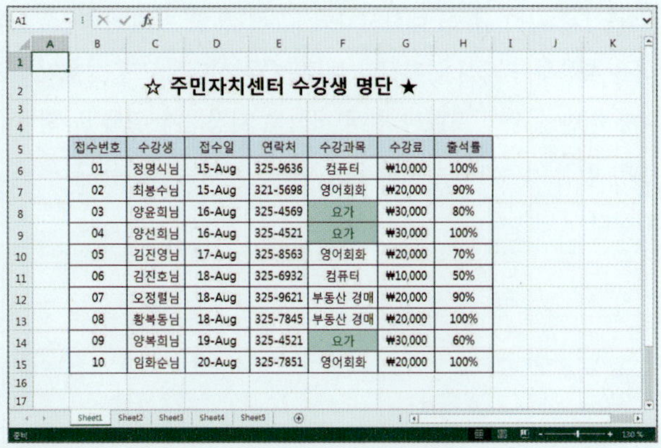

05 조건부 서식을 지정할 [H6:H15] 셀을 범위로 지정한 후 [홈] 탭 - [스타일] 그룹 - [조건부 서식] - [데이터 막대] - [그라데이션 채우기:주황 데이터 막대]를 선택한다.

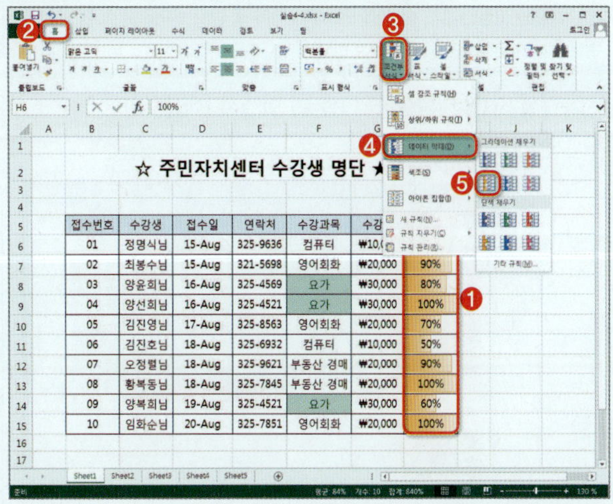

TIP 셀에 지정한 조건부 서식을 해제하려면 해당 셀을 범위로 지정하고 [홈] 탭 - [스타일] 그룹 - [조건부 서식] - [규칙 지우기] - [선택한 셀의 규칙 지우기]를 선택한다.

▶ 준비파일 : 실습4-5.xlsx

실습 4-5 수식으로 조건부 서식 설정하기

01 '실습4-5.xlsx' 파일을 열고 조건부 서식을 지정할 [B6:H15] 셀을 범위로 지정한 후 [홈] 탭 - [스타일] 그룹 - [조건부 서식] - [새 규칙]을 선택한다.

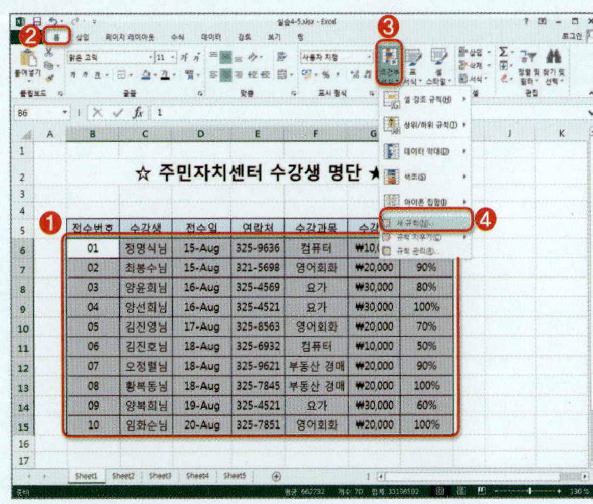

02 [새 서식 규칙] 대화상자의 [규칙 유형 선택]에서 '수식을 사용하여 서식을 지정할 셀 결정'을 선택하고 출석률이 80% 미만인 셀이 포함된 열에 서식을 지정하기 위해 [규칙 설명 편집]에 '=$H6 < 80%'라는 식을 입력한 후 [서식]을 클릭한다.

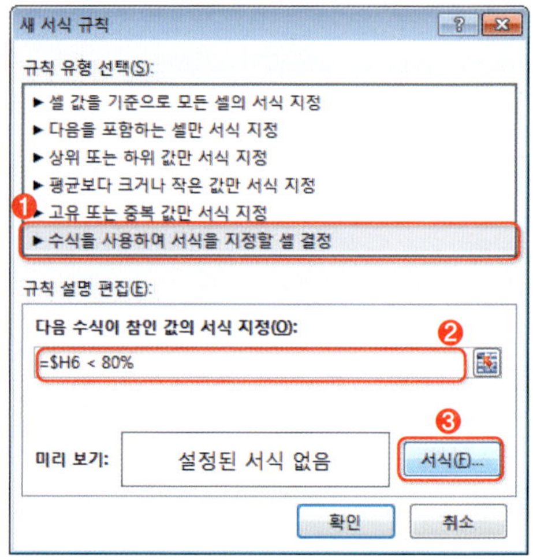

TIP▸ 수식을 사용하여 조건부 서식을 적용할 때는 셀의 참조 형태를 반드시 열 이름만 고정된 혼합 참조 형태로 해야 하며 표 범위는 머리글(첫 행)을 제외하고 전체 범위로 지정해야 한다.

03 [셀 서식] 대화상자의 [글꼴] 탭에서 [색]은 '진한 빨강'을 선택하고 [확인]을 클릭한 후 [새 서식 규칙] 대화상자에서도 [확인]을 클릭한다.

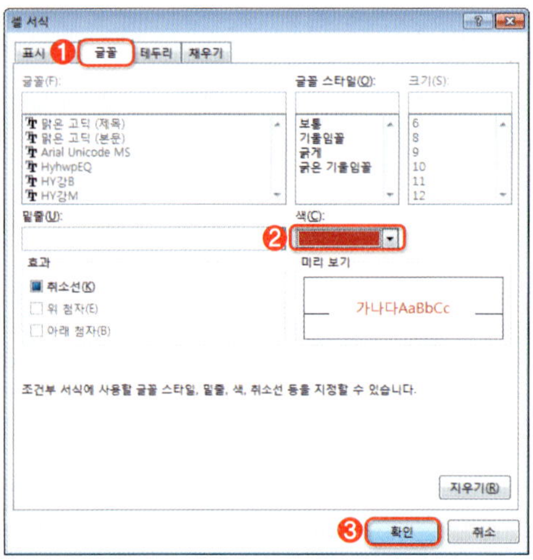

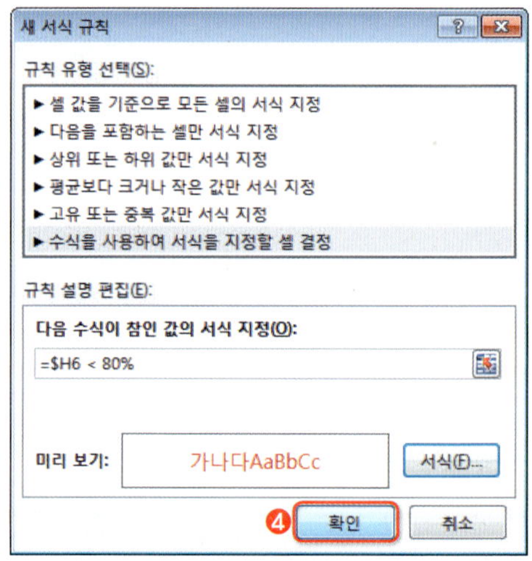

04 조건부 서식을 모두 적용한 결과를 확인한다.

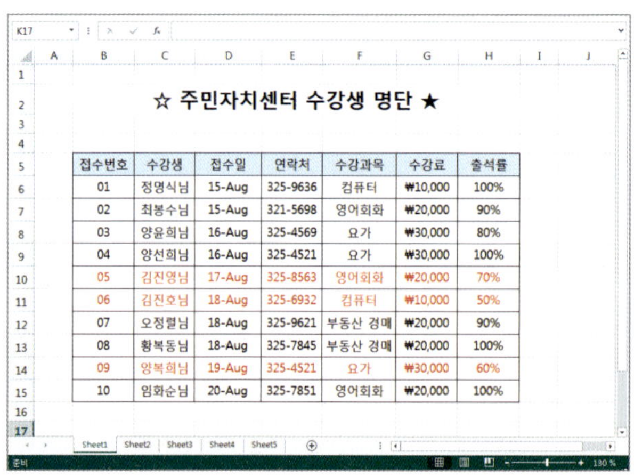

☆ 주민자치센터 수강생 명단 ★

접수번호	수강생	접수일	연락처	수강과목	수강료	출석률
01	정명식님	15-Aug	325-9636	컴퓨터	₩10,000	100%
02	최봉수님	15-Aug	321-5698	영어회화	₩20,000	90%
03	양윤희님	16-Aug	325-4569	요가	₩30,000	80%
04	양선희님	16-Aug	325-4521	요가	₩30,000	100%
05	김진영님	17-Aug	325-8563	영어회화	₩20,000	70%
06	김진호님	18-Aug	325-6932	컴퓨터	₩10,000	50%
07	오정렬님	18-Aug	325-9621	부동산 경매	₩20,000	90%
08	황복동님	18-Aug	325-7845	부동산 경매	₩20,000	100%
09	양복희님	19-Aug	325-4521	요가	₩30,000	60%
10	임화순님	20-Aug	325-7851	영어회화	₩20,000	100%

요약

IT COOKBOOK

1 셀 서식 설정

- 셀 서식이란 데이터의 글꼴, 맞춤, 테두리, 음영 등을 바꾸는 것을 말한다.
- [홈] 탭의 [글꼴], [맞춤], [표시 형식] 그룹에서 바꿀 수 있다.
- [셀 서식] 대화상자를 이용하면 셀 서식을 좀 더 자세하게 설정할 수 있다.

2 조건부 서식 설정

- 특정한 조건을 설정하고 그 조건에 맞는 셀을 검색하여 셀의 색, 글꼴, 무늬 등을 설정할 수 있다
- 조건부 서식은 [홈] 탭 - [스타일] 그룹 - [조건부 서식]을 클릭하여 사용할 수 있으며, 5가지의 기능이 제공된다.
- 행 단위로 조건부 서식을 적용하려면 수식을 사용한다. 이때 수식은 반드시 '='로 시작해야 한다.

연습문제

IT COOKBOOK

1 '연습4-1.xlsx' 파일을 열어 아래 조건에 맞게 완성한 후 '연습4-1(완성).xlsx'로 저장하시오.

| 조건 | ▶ 준비파일 : 연습4-1.xlsx

① 셀 서식을 이용하여 글꼴, 테두리, 맞춤, 채우기 색을 설정하시오

② 제목은 [B2:G2] 셀을 범위로 지정한 후 '병합하고 가운데 맞춤', 글꼴은 'HY견고딕', 크기는 '20', '굵게'로 지정하고, 셀에 그라데이션 채우기 효과를 설정하시오(색은 임의로 지정한다).

③ [B5:G15] 셀 영역의 텍스트를 '가운데 맞춤'하고, 테두리는 아래 화면과 같이 지정하시오(테두리 색은 임의로 지정한다).

④ [B5:G5] 셀 영역의 채우기 색을 '바다색'으로 지정하고 글꼴은 굵게 지정하시오.

⑤ 5행에서 15행까지의 행 높이는 '20'으로 지정하시오.

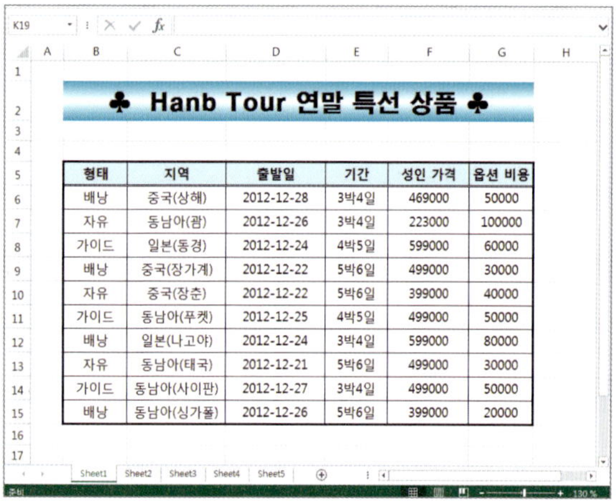

♣ Hanb Tour 연말 특선 상품 ♣

형태	지역	출발일	기간	성인 가격	옵션 비용
배낭	중국(상해)	2012-12-28	3박4일	469000	50000
자유	동남아(괌)	2012-12-26	3박4일	223000	100000
가이드	일본(동경)	2012-12-24	4박5일	599000	60000
배낭	중국(장가계)	2012-12-22	5박6일	499000	30000
자유	중국(장춘)	2012-12-22	5박6일	399000	40000
가이드	동남아(푸켓)	2012-12-25	4박5일	499000	50000
배낭	일본(나고야)	2012-12-24	3박4일	599000	80000
자유	동남아(태국)	2012-12-21	5박6일	499000	30000
가이드	동남아(사이판)	2012-12-27	3박4일	499000	50000
배낭	동남아(싱가폴)	2012-12-26	5박6일	399000	20000

2 '연습4-2.xlsx' 파일을 열어 B열, D열, F열, G열의 데이터 표시 형식을 다음과 같이 설정하고 '연습4-2(완성).xlsx'로 저장하시오.

| 조건 | ▶ 준비파일 : 연습4-2.xlsx

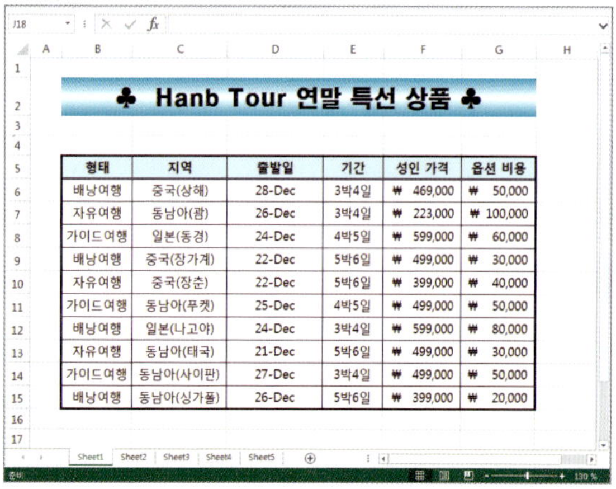

♣ Hanb Tour 연말 특선 상품 ♣

형태	지역	출발일	기간	성인 가격	옵션 비용
배낭여행	중국(상해)	28-Dec	3박4일	₩ 469,000	₩ 50,000
자유여행	동남아(괌)	26-Dec	3박4일	₩ 223,000	₩ 100,000
가이드여행	일본(동경)	24-Dec	4박5일	₩ 599,000	₩ 60,000
배낭여행	중국(장가계)	22-Dec	5박6일	₩ 499,000	₩ 30,000
자유여행	중국(장춘)	22-Dec	5박6일	₩ 399,000	₩ 40,000
가이드여행	동남아(푸켓)	25-Dec	4박5일	₩ 499,000	₩ 50,000
배낭여행	일본(나고야)	24-Dec	3박4일	₩ 599,000	₩ 80,000
자유여행	동남아(태국)	21-Dec	5박6일	₩ 499,000	₩ 30,000
가이드여행	동남아(사이판)	27-Dec	3박4일	₩ 499,000	₩ 50,000
배낭여행	동남아(싱가폴)	26-Dec	5박6일	₩ 399,000	₩ 20,000

연습문제

3 '연습4-3.xlsx' 파일을 열어 아래 조건에 맞게 조건부 서식을 설정하고 '연습4-3(완성).xlsx'로 저장하시오.

| 조건 | ▶ 준비파일 : 연습4-3.xlsx

① F열 : 셀 값이 400,000 미만인 셀은 글꼴 색을 '빨강'으로 지정하시오.

② G열 : 다음 화면과 같이 각 셀에 '3색 플래그' 아이콘으로 서식을 지정하시오.

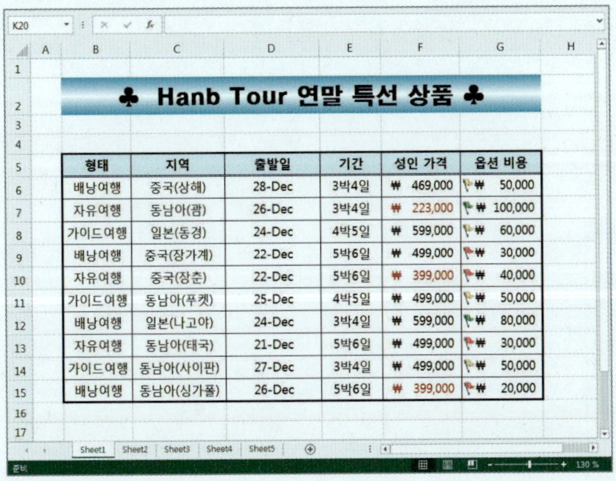

♣ Hanb Tour 연말 특선 상품 ♣

형태	지역	출발일	기간	성인 가격	옵션 비용
배낭여행	중국(상해)	28-Dec	3박4일	₩ 469,000	₩ 50,000
자유여행	동남아(괌)	26-Dec	3박4일	₩ 223,000	₩ 100,000
가이드여행	일본(동경)	24-Dec	4박5일	₩ 599,000	₩ 60,000
배낭여행	중국(장가계)	22-Dec	5박6일	₩ 499,000	₩ 30,000
자유여행	중국(장춘)	22-Dec	5박6일	₩ 399,000	₩ 40,000
가이드여행	동남아(푸켓)	25-Dec	4박5일	₩ 499,000	₩ 50,000
배낭여행	일본(나고야)	24-Dec	3박4일	₩ 599,000	₩ 80,000
자유여행	동남아(태국)	21-Dec	5박6일	₩ 499,000	₩ 30,000
가이드여행	동남아(사이판)	27-Dec	3박4일	₩ 499,000	₩ 50,000
배낭여행	동남아(싱가폴)	26-Dec	5박6일	₩ 399,000	₩ 20,000

4 '연습4-4.xlsx' 파일을 열어 아래 조건에 맞게 조건부 서식을 설정하고 '연습4-4(완성).xlsx'로 저장하시오.

| 조건 | ▶ 준비파일 : 연습4-4.xlsx

① 사원의 '부서'가 '총무'인 행 전체의 채우기 색을 '노랑'으로 지정하시오.

② 사원의 '등급'이 1, 2, 3 등급인 행 전체의 글꼴 색을 '빨강'으로 지정하시오.

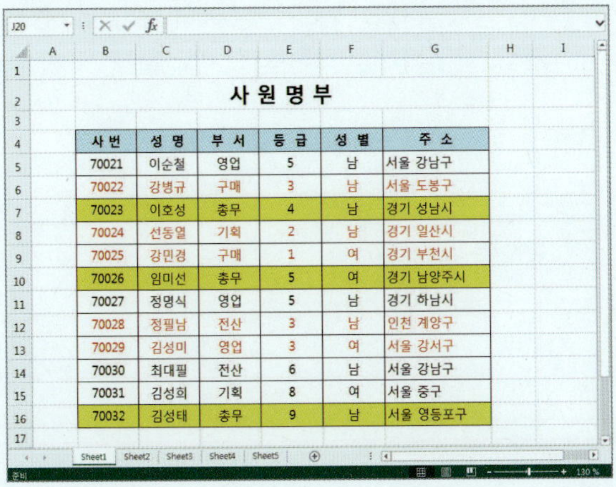

사 원 명 부

사 번	성 명	부 서	등 급	성 별	주 소
70021	이순철	영업	5	남	서울 강남구
70022	강병규	구매	3	남	서울 도봉구
70023	이호성	총무	4	남	경기 성남시
70024	선동열	기획	2	남	경기 일산시
70025	강민경	구매	1	여	경기 부천시
70026	임미선	총무	5	여	경기 남양주시
70027	정명식	영업	5	남	경기 하남시
70028	정필남	전산	3	남	인천 계양구
70029	김성미	영업	3	여	서울 강서구
70030	최대필	전산	6	남	서울 강남구
70031	김성희	기획	8	여	서울 중구
70032	김성태	총무	9	남	서울 영등포구

연습문제

5 '연습4-5.xlsx' 파일을 열어 아래 조건에 맞게 조건부 서식을 설정하고 '연습4-5(완성).xlsx'로 저장하시오.

| 조건 | ▶ 준비파일 : 연습4-5.xlsx

① C, D열 : '회계' 표시 형식을 지정하시오.

② E, F열 : '쉼표 스타일'을 지정하시오.

③ E열 : '데이터 막대(녹색 데이터 막대)'를 지정하시오.

④ F열 : 하반기 판매량에 '상위/하위 규칙 – 상위 30%'에 대해 글꼴 색을 '빨강'으로 지정하시오.

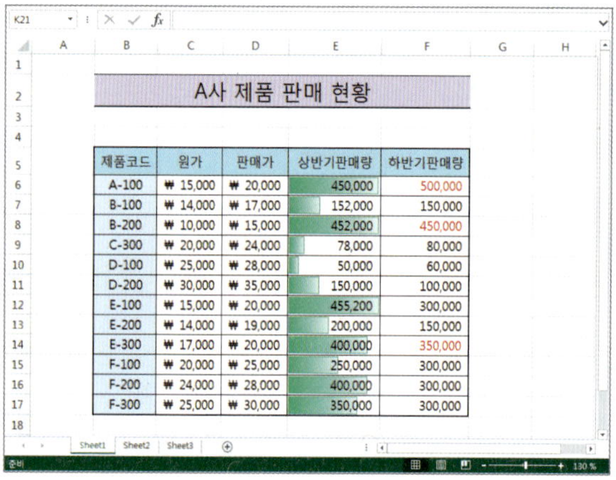

A사 제품 판매 현황

제품코드	원가	판매가	상반기판매량	하반기판매량
A-100	₩ 15,000	₩ 20,000	450,000	500,000
B-100	₩ 14,000	₩ 17,000	152,000	150,000
B-200	₩ 10,000	₩ 15,000	452,000	450,000
C-300	₩ 20,000	₩ 24,000	78,000	80,000
D-100	₩ 25,000	₩ 28,000	50,000	60,000
D-200	₩ 30,000	₩ 35,000	150,000	100,000
E-100	₩ 15,000	₩ 20,000	455,200	300,000
E-200	₩ 14,000	₩ 19,000	200,000	150,000
E-300	₩ 17,000	₩ 20,000	400,000	350,000
F-100	₩ 20,000	₩ 25,000	250,000	300,000
F-200	₩ 24,000	₩ 28,000	400,000	300,000
F-300	₩ 25,000	₩ 30,000	350,000	300,000

IT COOKBOOK

PART 2 엑셀 2013 활용

SECTION -- IT COOKBOOK

05 수식 입력과 셀 참조

이 장에서는 수식을 직접 입력하여 계산 결과를 얻는 방법과 셀 참조에 대하여 살펴보고, 함수의 기본 개념과 사용 형식을 알아본다. 또한 함수 마법사를 이용하여 함수를 입력하는 방법에 대하여 학습한다.

5.1 수식 입력

엑셀은 셀 주소를 이용하여 수식을 입력해서 결과를 얻는다. 셀 주소를 이용하기 때문에 수식에 관련된 셀 값이 변경되면 자동으로 수식이 바뀌어 편하게 사용할 수 있다. 엑셀에서 수식을 사용하기 위한 몇 가지 규칙과 수식 사용법을 알아보자.

▶ 준비파일 : 실습5-1.xlsx

실습 5-1 수식 입력하기

01 '실습5-1.xlsx' 파일을 열고 [F5] 셀에 '잔여수량'을 구하는 식 '=D5-E5'를 입력하고 Enter 를 누른다.

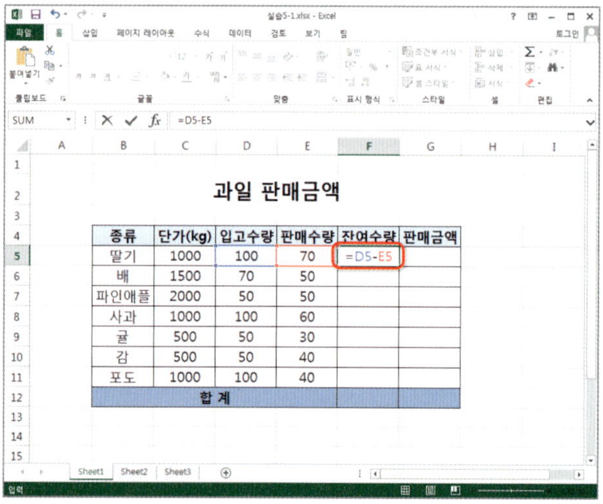

NOTE 수식 입력의 일반적인 방식

- 엑셀의 수식은 '='나 '+'로 시작한다(주로 '='를 많이 사용한다).
- 엑셀에서 수식을 사용하는 방법은 크게 두 가지가 있는데, 첫 번째는 산술, 논리, 관계 연산자를 이용하는 방법이고 두 번째는 함수를 이용하는 방법이다.
- 셀 주소는 직접 입력하거나 마우스로 해당 셀을 클릭하여 지정할 수 있다.
- 입력한 수식은 셀에 표시되지 않고 결과값만 나타난다. 입력한 수식을 보려면 셀을 선택한 후 수식 입력줄을 보거나 단축키 Ctrl + ~를 이용한다.

02 [F5] 셀에 결과값이 나타난다. 수식이 입력된 셀을 선택하면 수식 입력줄에 입력된 수식이 표시된다.

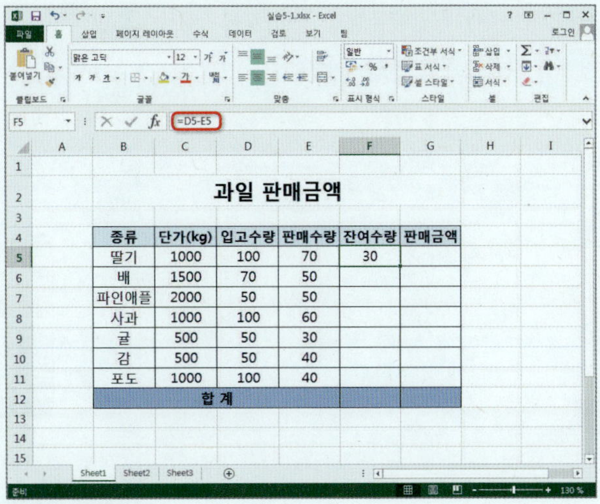

03 [F5] 셀에서 채우기 핸들을 이용하여 [F11] 셀까지 드래그한다.

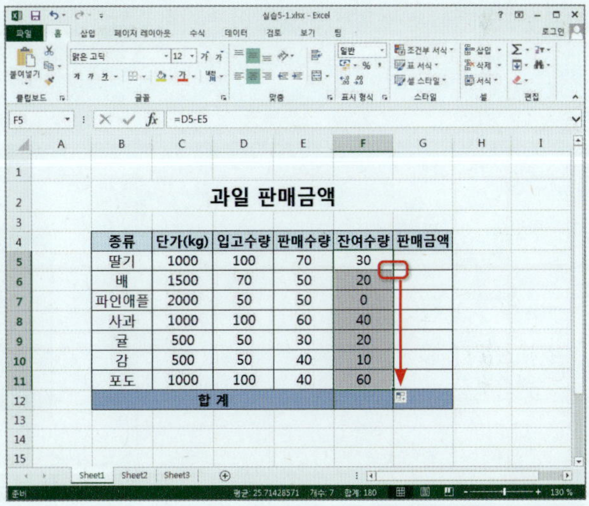

TIP 수식이 입력된 셀을 자동 채우기하면 셀 주소가 자동으로 변경되면서 올바른 계산 결과가 나타난다.

04 [E5] 셀의 값을 '60'으로 바꾸면 [F5] 셀의 결과값이 달라지는 것을 확인할 수 있다.

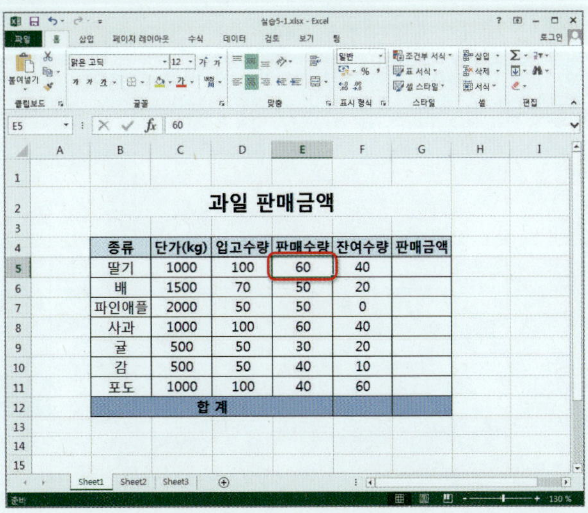

TIP 셀의 데이터가 바뀌면 수식의 결과값도 자동으로 변경된다.

05 [G5] 셀에 '판매금액'을 구하는 식 '=C5*E5'를 입력한 후 Enter를 누른다.

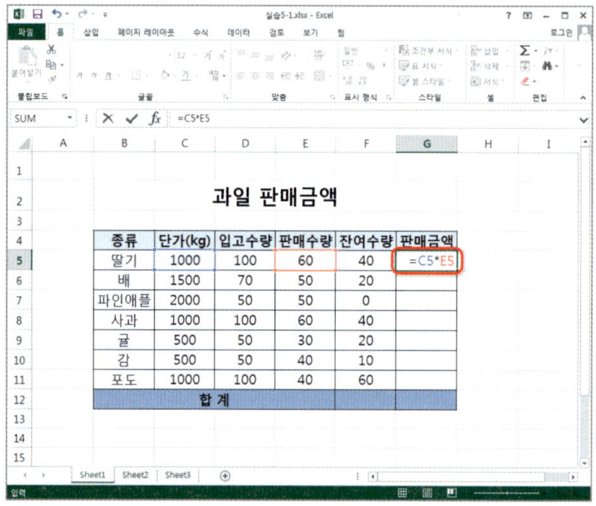

06 [G5] 셀에서 채우기 핸들을 이용하여 [G11] 셀까지 드래그하여 수식을 복사한다.

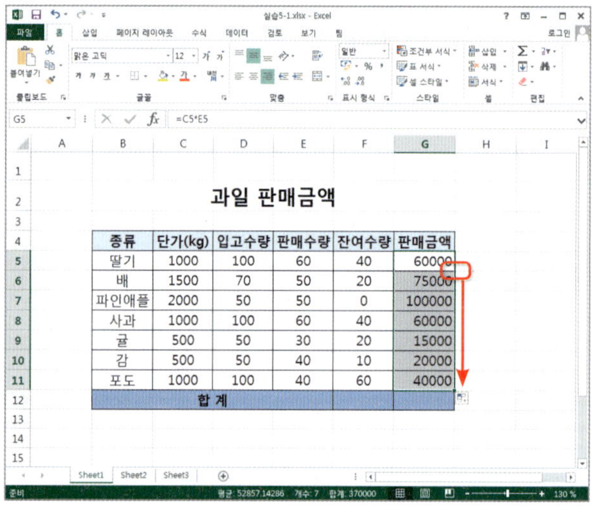

07 [F5:G11] 셀을 범위로 지정하고 [수식] 탭 - [함수 라이브러리] 그룹 - [자동 합계]를 클릭한다.

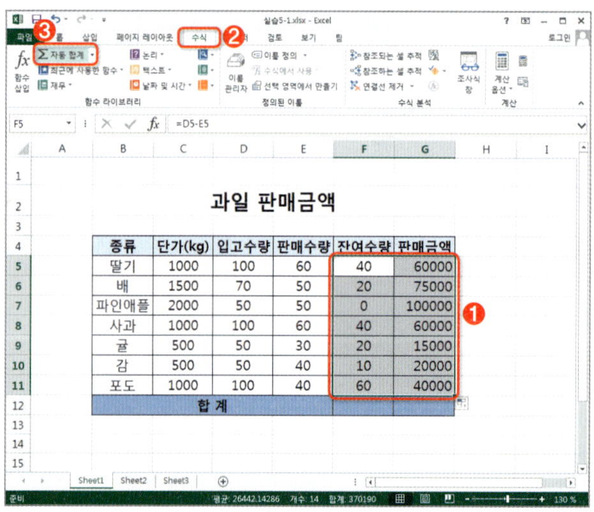

08 [F12] 셀과 [G12] 셀에 합계가 표시된다.

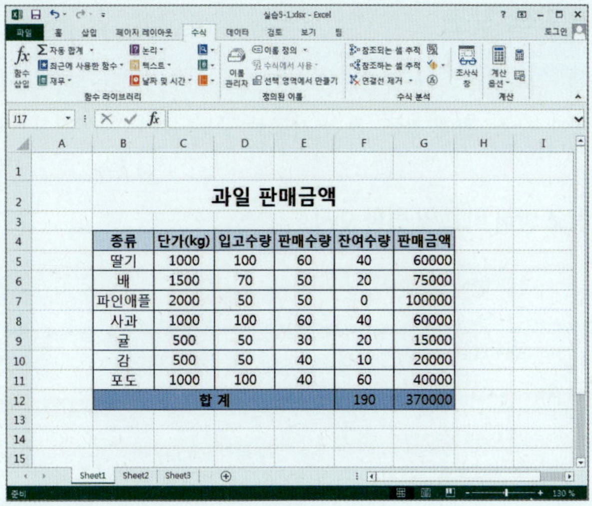

종류	단가(kg)	입고수량	판매수량	잔여수량	판매금액
딸기	1000	100	60	40	60000
배	1500	70	50	20	75000
파인애플	2000	50	50	0	100000
사과	1000	100	60	40	60000
귤	500	50	30	20	15000
감	500	50	40	10	20000
포도	1000	100	40	60	40000
합 계				190	370000

NOTE 수식에 사용되는 연산자

① **산술 연산자 :** 사칙연산 등의 기본적인 연산을 수행하기 위해 사용하며, 수식에서 가장 많이 사용하는 연산 방법이다.

연산자	의미	사용 예
+	더하기	=A1+B1
–	빼기	=A1–B1
*	곱하기	=A1*B1
/	나누기	=A1/2
%	백분율	=A1*20%

② **비교 연산자 :** 두 개의 값을 비교하여 논리값을 True와 False로 표시한다.

연산자	의미	사용 예
>	크다	=A1>B1
>=	크거나 같다	=A1>=B1
<	작다	=A1<B1
<=	작거나 같다	=A1<=B1
=	같다	=A1=B1
<>	같지 않다	=A1<>B1

③ **문자열 연산자 :** 두 개의 문자열을 연결하여 하나의 문자열로 만들며 연산자는 '&'다. 수식에 직접 문자열을 사용할 때는 반드시 큰따옴표(" ")로 묶어 주어야 한다.

연산자	의미	사용 예
&	연결	="대한"&"민국"

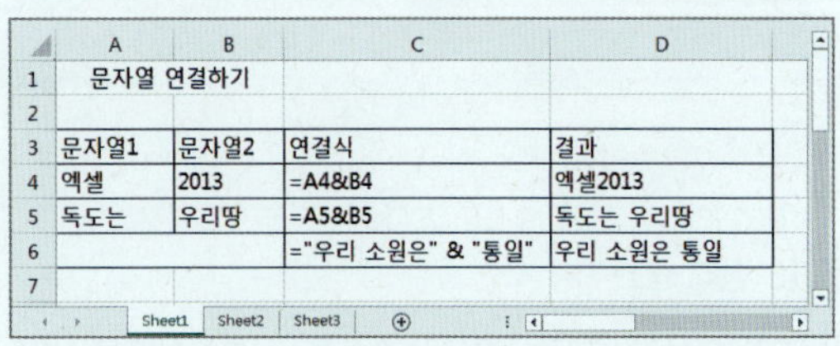

문자열 연결하기

문자열1	문자열2	연결식	결과
엑셀	2013	=A4&B4	엑셀2013
독도는	우리땅	=A5&B5	독도는 우리땅
		="우리 소원은" & "통일"	우리 소원은 통일

5.2 셀 참조

셀 주소가 참조된 수식을 복사하거나 채우기 핸들로 채웠을 때 참조된 주소가 어떻게 변하는지에 따라 상대 참조, 절대 참조, 혼합 참조로 구분된다.

참조 방식 비교 및 변환 순서

참조 방식	설 명
상대 참조	• 기본적으로 적용되는 참조 방식으로, 셀 주소값이 복사하는 방향에 따라 변경된다. • 행/열 주소 앞에 $를 붙이지 않는다.
절대 참조	• 수식을 복사하더라도 수식에 포함된 참조한 셀 주소값은 변하지 않는다. • 행/열 주소 앞에 각각 $를 붙인다.
혼합 참조	• 상대 참조와 절대 참조를 혼합한 방식으로, 복사하는 방향에 따라 $가 없는 행/열 주소만 변경된다. • 행 또는 열 주소 하나에만 $를 붙인다.

※ 참조 변환 순서(단축키 : F4)

상대 참조(기본) → 절대 참조 → 혼합 참조(행만 절대 참조) → 혼합 참조(열만 절대 참조)

▶ 준비파일 : 실습5-2.xlsx

실습 5-2 상대 참조 사용하기

01 '실습5-2.xlsx' 파일을 열고 [F5] 셀에 수식 '=D5+E5'를 입력한 후 Enter를 누른다.

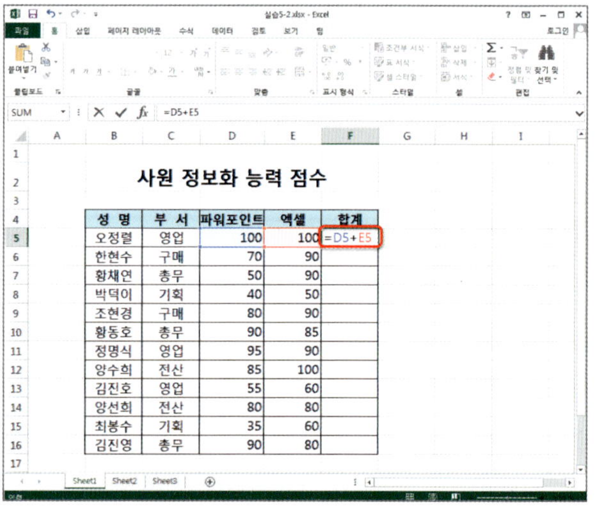

NOTE 상대 참조

엑셀에서 가장 일반적으로 사용하는 주소 형식으로 수식을 복사하면 피연산자로 사용한 셀 주소값이 알맞은 상대적인 주소로 변한다. 행과 열을 고정시키지 않을 때 사용한다.

02 셀 포인터를 [F5] 셀에 두고 채우기 핸들을 더블클릭하면 [F16] 셀까지 수식이 자동으로 복사된다.

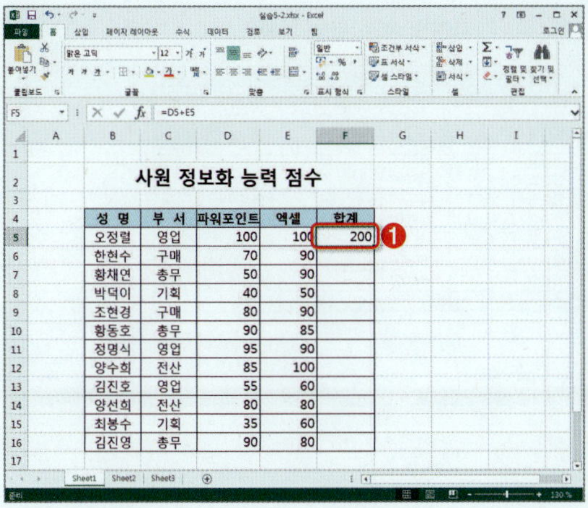

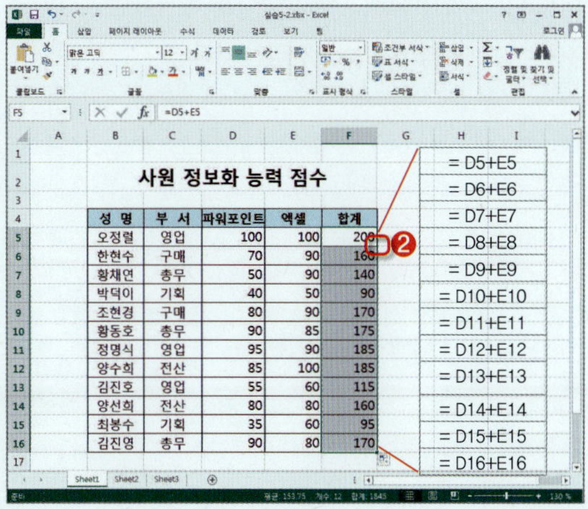

▶ 준비파일 : 실습5-3.xlsx

실습 5-3 절대 참조 사용하기

01 '실습5-3.xlsx' 파일을 열고 [G5] 셀에 수식 '=F5*G17'을 입력한다.

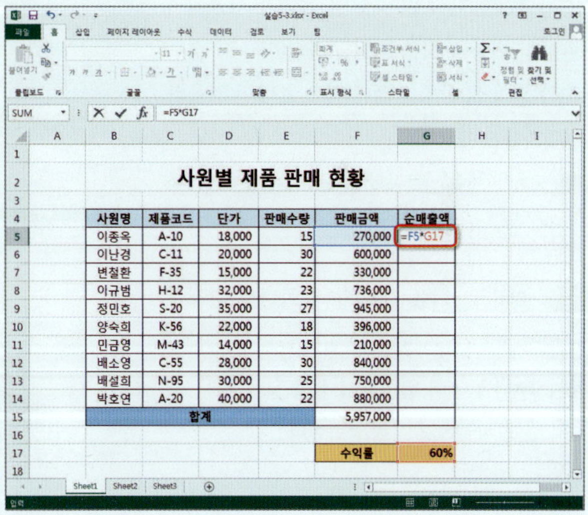

NOTE 절대 참조

절대 참조는 수식에서 언제나 같은 셀을 참조하도록 지정하며, 수식을 복사해도 셀 주소값이 변경되지 않는다. 행과 열 머리글 모두 $ 기호가 붙는 주소로, 행과 열 모두를 고정시킬 때 사용한다.

02 [G5] 셀의 채우기 핸들을 더블클릭하거나 [G14] 셀까지 드래그하여 수식을 복사하면 다음과 같이 예상하지 못한 결과가 나타난다.

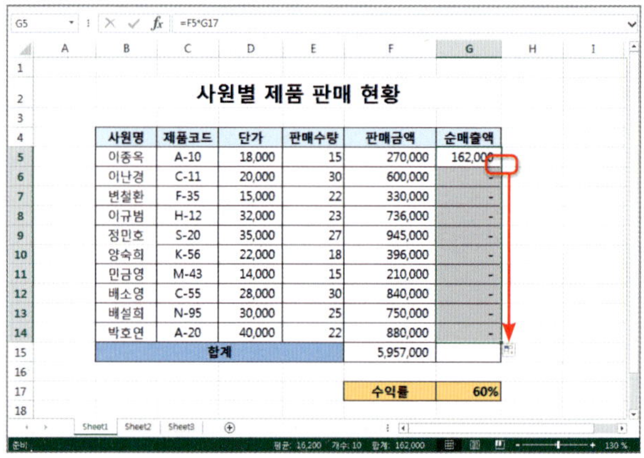

03 Ctrl + ~을 눌러 셀에 적용된 수식을 보면 다음과 같다. G열의 '순매출액'을 구하기 위해서는 F열의 '판매금액'과 [G17] 셀의 '수익률'을 곱해야 하는데 적용된 수식을 보면 [G17] 셀이 고정되어 있지 않고 상대 참조가 적용되어 셀 값이 변하는 것을 확인할 수 있다. 이 경우 [G17] 셀의 셀 참조를 절대 참조로 바꿔야 올바른 결과를 얻을 수 있다.

TIP 단축키 Ctrl + ~을 누르면 사용된 수식을 확인할 수 있다.

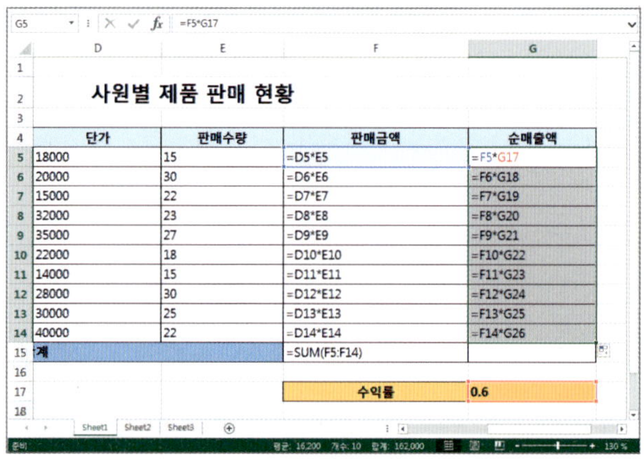

04 Ctrl + ~을 다시 눌러 화면을 원래대로 되돌리고 [G5:G14] 셀을 범위로 지정한 상태에서 Delete를 눌러 입력된 수식을 모두 지운 후 [G5] 셀에 '=F5*$G$17'을 입력한다.

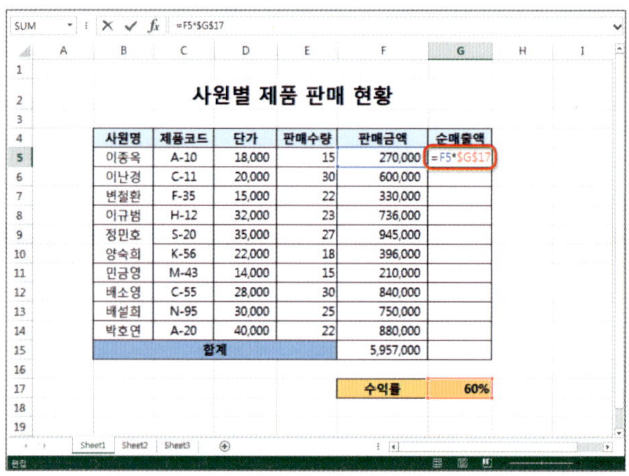

TIP '=G17'을 입력한 후 단축키 F4를 누르면 상대 참조 → 절대 참조 → 혼합 참조 순서로 변환되어 쉽게 참조 방식을 바꿀 수 있다.

05 [G5] 셀의 채우기 핸들을 [G15] 셀까지 드래그하면 다음과 같이 올바른 결과값을 얻을 수 있다.

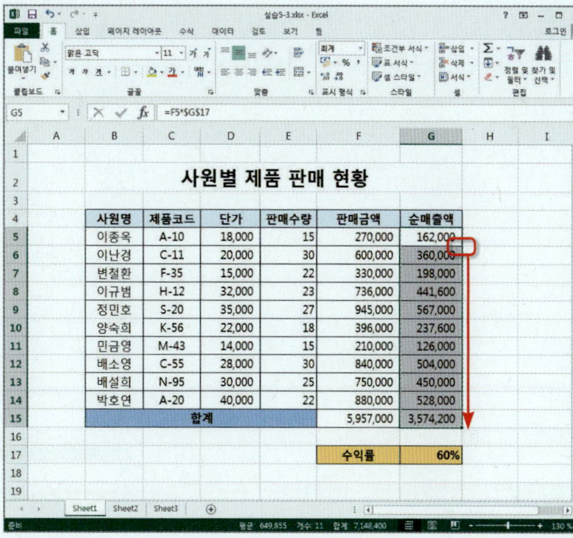

▶ 준비파일 : 실습5-4.xlsx

실습 5-4 혼합 참조 사용하기

01 '실습5-4.xlsx' 파일을 열고 [E5] 셀에 수식 '=$D5+$D5*E$4'를 입력한다.

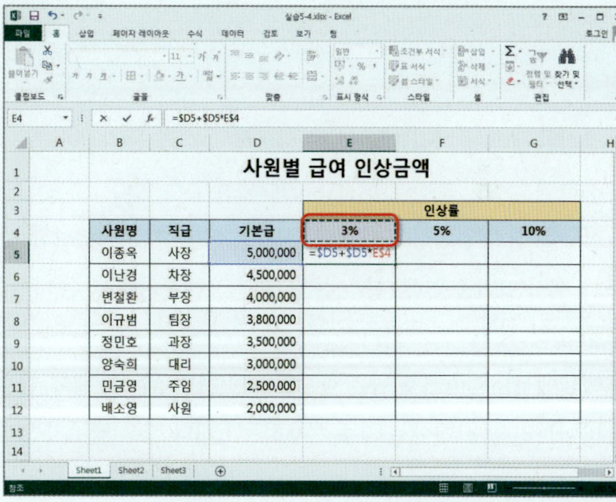

NOTE 혼합 참조

혼합 참조는 상대 참조와 절대 참조를 혼합한 방식으로, 혼합 참조의 $ 기호가 붙는 부분은 수식을 복사해도 변경되지 않으며 $ 기호가 붙지 않은 부분은 수식을 복사하면 셀 주소가 변경된다. $ 기호는 행과 열 중 하나만 고정시킬 때 이용하며, $A1(열 고정), A$1(행 고정)과 같이 사용한다.

02 [E5] 셀에 입력된 수식을 [G12] 셀까지 복사하면 다음과 같은 결과값을 얻을 수 있다.

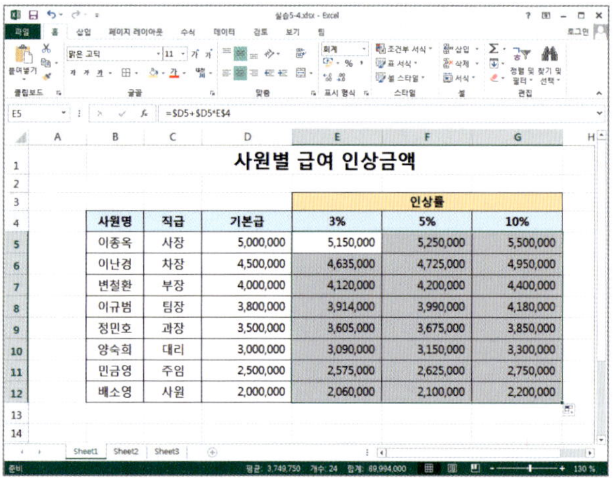

사원명	직급	기본급	3%	5%	10%
이종옥	사장	5,000,000	5,150,000	5,250,000	5,500,000
이난경	차장	4,500,000	4,635,000	4,725,000	4,950,000
변철환	부장	4,000,000	4,120,000	4,200,000	4,400,000
이규범	팀장	3,800,000	3,914,000	3,990,000	4,180,000
정민호	과장	3,500,000	3,605,000	3,675,000	3,850,000
양숙희	대리	3,000,000	3,090,000	3,150,000	3,300,000
민금영	주임	2,500,000	2,575,000	2,625,000	2,750,000
배소영	사원	2,000,000	2,060,000	2,100,000	2,200,000

5.3 함수를 이용한 수식 입력

함수는 셀에 직접 입력할 수도 있지만 사용이 복잡하고 사용자에게 익숙하지 않은 함수는 함수 마법사를 이용하는 것이 편리하다. 함수 마법사를 이용하여 함수를 다루는 방법을 알아보자.

함수

- 일정한 규칙에 따라 계산할 수 있도록 수식과 논리식 등을 만들어 놓은 프로그램을 함수라고 한다. 함수를 사용하면 복잡한 계산식을 간단하게 작성할 수 있다.
- 함수를 직접 입력하여 사용할 수도 있지만 [수식] 탭 – [함수 라이브러리] 그룹에 있는 [함수 삽입]을 클릭하거나 수식 입력줄 옆에 [함수 삽입 *fx*]을 클릭하여 함수 마법사를 이용하면 복잡한 식을 보다 편리하게 사용할 수 있다.
- 엑셀에서는 340개가 넘는 함수를 제공하며 [수식] 탭에 함수와 관련된 기능들이 배치되어 있다. 이 중 [함수 라이브러리] 그룹에는 자주 사용하는 6개의 함수 범주가 있다.

함수의 형식

반드시 등호(=)를 먼저 입력한 후 함수의 이름과 괄호, 함수에 대한 인수 순서로 입력한다.

= 함수 이름(인수1, 인수2, ... 인수n)
❶ ❷ ❸

❶ **등호** : 함수는 수식과 마찬가지로 반드시 등호(=)로 시작한다.

❷ **함수 이름** : 등호 뒤에 함수의 이름을 입력한다.

❸ **인수** : 괄호로 묶어 표시하고, 인수가 여러 개인 경우에는 콤마로 구분한다. 연산에 필요한 셀 범위나 데이터, 즉 함수의 대상이 되는 자료다.

실습 5-5 함수 마법사 이용하기

01 '실습5-5.xlsx' 파일을 열고 [G4] 셀을 클릭한 후 [수식] 탭 - [함수 라이브러리] 그룹 - [함수 삽입]을 누르거나 수식 입력줄 옆에 [함수 삽입 *fx*]을 클릭한다.

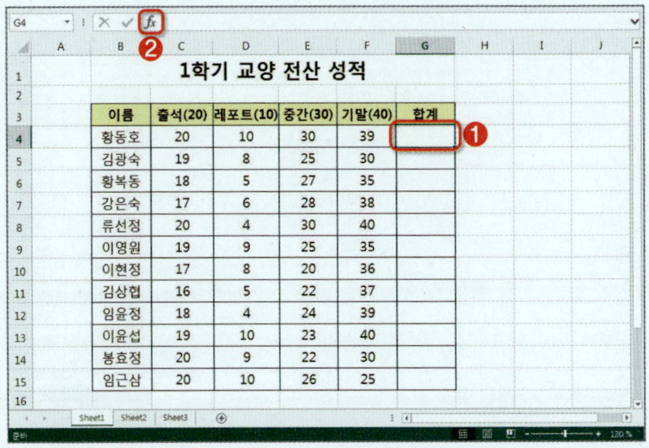

02 [함수 마법사] 대화상자가 열리면 [범주 선택] 항목에는 '수학/삼각'을, [함수 선택] 항목에는 'SUM'을 선택한 후 [확인]을 클릭한다.

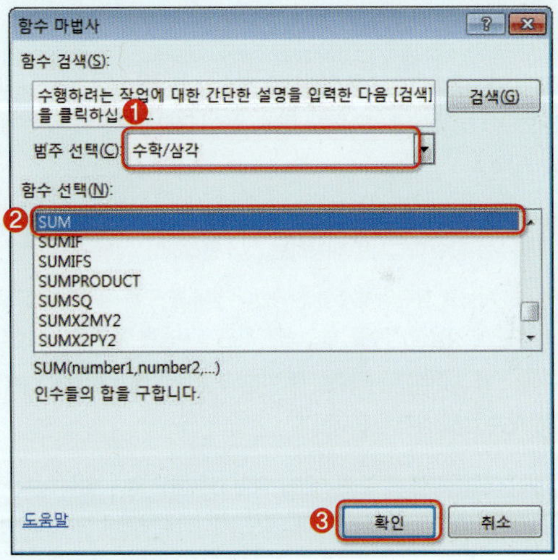

03 [함수 인수] 대화상자의 [Number1] 입력 상자가 활성화된 상태에서 [C4:F4] 셀을 드래그한 후 [확인]을 클릭한다.

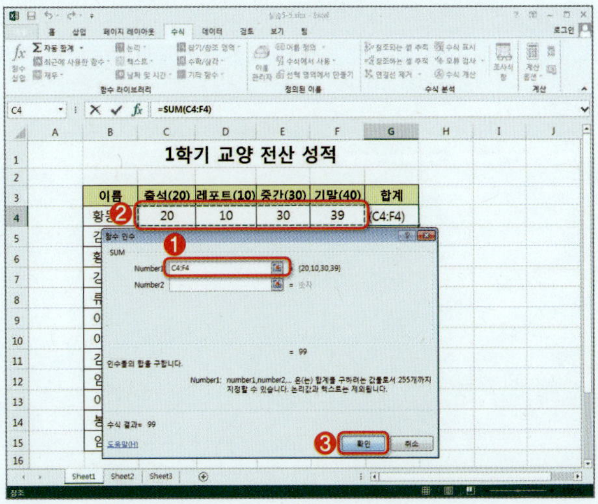

04 [G4] 셀의 채우기 핸들을 더블클릭하여 [G15] 셀까지 수식을 복사한다.

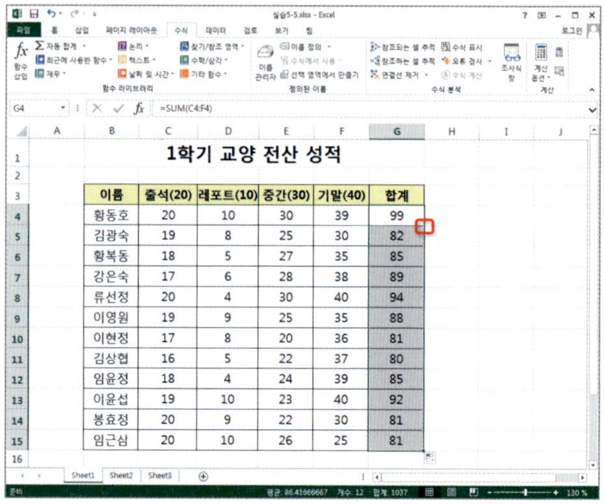

NOTE [함수 마법사] 대화상자

- [함수 마법사]는 필요한 함수를 찾아주고, 함수의 형식을 알려주는 도우미 역할을 담당한다. 해당 함수를 선택하면 [함수 인수] 대화상자가 열려 함수를 쉽게 사용할 수 있다.
- 사용이 익숙한 함수는 셀에 직접 입력하는 것이 좋고, 사용이 복잡하고 익숙하지 않은 함수는 함수 마법사를 이용하는 것이 편리하다.

❶ **범주 선택** : 사용할 함수의 범주를 선택한다. 범주를 모를 경우에는 '모두'를 선택하고, 최근에 사용한 함수를 찾으려면 '최근에 사용한 함수'를 선택한다.

❷ **함수 선택** : 함수 이름을 선택하고 [확인]을 누르거나 함수 이름을 더블클릭하면 [함수 인수] 대화상자가 표시된다.

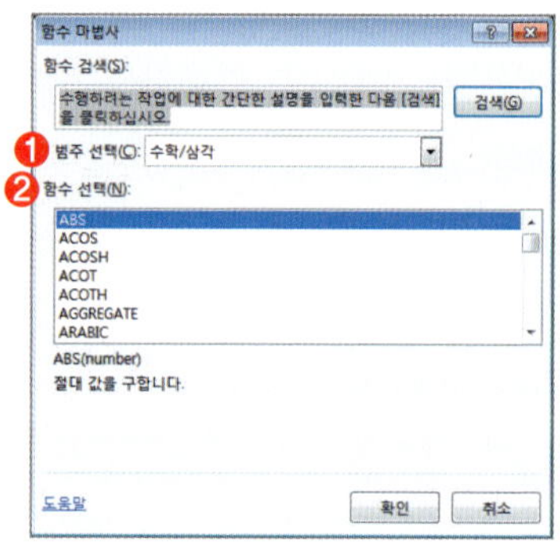

- [함수 인수] 대화상자에 셀 주소나 값을 직접 입력해도 되며, 입력 상자 옆에 있는 범위 아이콘(▣)을 클릭한 후 시트에서 셀을 클릭하거나 드래그하여 셀 주소를 입력해도 된다.

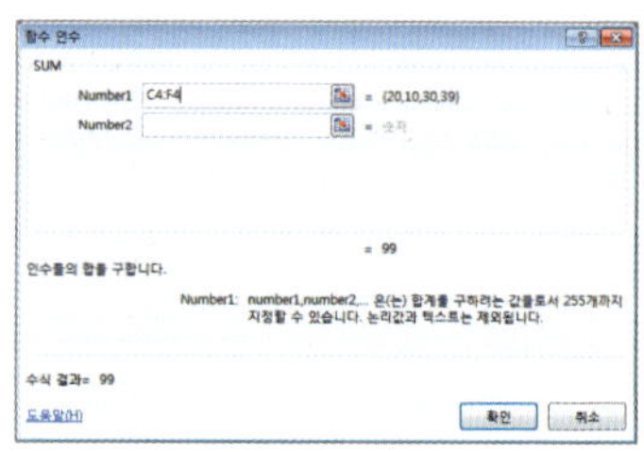

요약

IT COOKBOOK

1 수식 입력

- 엑셀의 수식은 '='나 '+'로 시작한다(주로 '='를 많이 사용한다).
- 엑셀에서 수식을 사용하는 방법은 크게 두 가지가 있는데, 첫 번째는 산술, 논리, 관계 연산자를 이용하는 방법이고 두 번째는 함수를 이용하는 방법이다.
- 셀 주소는 직접 입력하거나 마우스로 해당 셀을 클릭하여 지정할 수 있다.

2 셀 참조

- **상대 참조 :** 기본적으로 적용되는 참조 방식으로, 셀 주소값이 복사하는 방향에 따라 변경된다. 행과 열을 고정시키지 않을 때 사용한다.
- **절대 참조 :** 수식에서 언제나 같은 셀을 참조하도록 지정하며 수식을 복사해도 셀 주소값이 변경되지 않는다. 행과 열 머리글 모두 $ 기호가 붙으며, 행과 열을 모두 고정시킬 때 사용한다.
- **혼합 참조 :** 상대 참조와 절대 참조를 혼합한 방식으로, $ 기호가 붙는 부분은 수식을 복사해도 변경되지 않으며 $ 기호가 붙지 않은 부분은 수식을 복사하면 값이 변경된다. 행과 열 중 하나만 고정시킬 때 사용한다.

3 함수를 이용한 수식 입력

- 함수란 미리 일정한 규칙에 따라 계산할 수 있도록 수식과 논리식 등을 만들어 놓은 프로그램으로, 복잡한 계산식을 간단하게 작성할 수 있다.
- 함수는 반드시 등호(=)를 먼저 입력한 후 함수 이름과 괄호, 인수를 입력하여 수식을 완성한다.
- 함수를 직접 입력하여 사용할 수도 있지만, [수식] 탭 - [함수 라이브러리] 그룹 - [함수 삽입]을 클릭하거나 수식 입력줄 옆에 [함수 삽입 *fx*]을 클릭하여 함수 마법사를 이용하면 복잡한 식을 편리하게 사용할 수 있다.

연습문제

IT COOKBOOK

1 '연습5-1.xlsx' 파일을 열어 아래 조건에 맞게 완성하고 '연습5-1(완성).xlsx'로 저장하시오.

| 조건 | → 준비파일 : 연습5-1.xlsx

① 보너스 = 시급 * 보너스 비율

② 이달급여 = 시급 * 시간 + 보너스

③ 차액 = 이달급여 - 전월급여

④ 합계는 자동 합계를 이용하여 구한다.

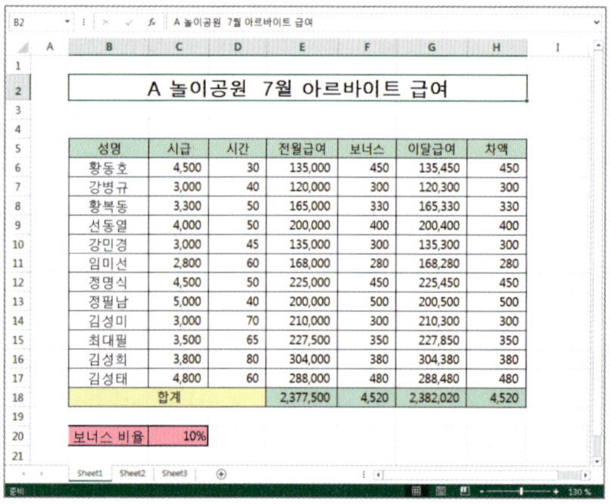

A 놀이공원 7월 아르바이트 급여

성명	시급	시간	전월급여	보너스	이달급여	차액
황동호	4,500	30	135,000	450	135,450	450
강병규	3,000	40	120,000	300	120,300	300
황복동	3,300	50	165,000	330	165,330	330
선동열	4,000	50	200,000	400	200,400	400
강민경	3,000	45	135,000	300	135,300	300
임미선	2,800	60	168,000	280	168,280	280
정명식	4,500	50	225,000	450	225,450	450
정필남	5,000	40	200,000	500	200,500	500
김성미	3,000	70	210,000	300	210,300	300
최대필	3,500	65	227,500	350	227,850	350
김성희	3,800	80	304,000	380	304,380	380
김성태	4,800	60	288,000	480	288,480	480
합계			2,377,500	4,520	2,382,020	4,520

보너스 비율	10%

2 '연습5-2.xlsx' 파일을 열어 아래 조건에 맞게 완성하고 '연습5-2(완성).xlsx'로 저장하시오.

| 조건 | → 준비파일 : 연습5-2.xlsx

① 연체일수 = 실제반납일 - 반납일

② 연체금액 = 연체일수 * 연체금액

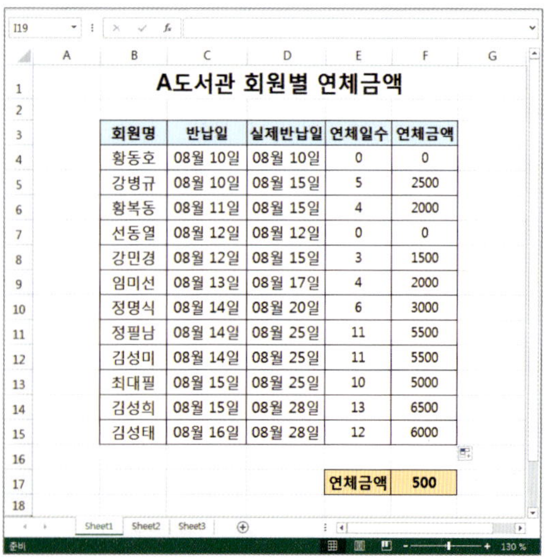

A도서관 회원별 연체금액

회원명	반납일	실제반납일	연체일수	연체금액
황동호	08월 10일	08월 10일	0	0
강병규	08월 10일	08월 15일	5	2500
황복동	08월 11일	08월 15일	4	2000
선동열	08월 12일	08월 12일	0	0
강민경	08월 12일	08월 15일	3	1500
임미선	08월 13일	08월 17일	4	2000
정명식	08월 14일	08월 20일	6	3000
정필남	08월 14일	08월 25일	11	5500
김성미	08월 14일	08월 25일	11	5500
최대필	08월 15일	08월 25일	10	5000
김성희	08월 15일	08월 28일	13	6500
김성태	08월 16일	08월 28일	12	6000

연체금액	500

연습문제

IT COOKBOOK

3 '연습5-3.xlsx' 파일을 열어 아래 조건에 맞게 완성하고 '연습5-3(완성).xlsx'로 저장하시오.

| 조건 | ▶ 준비파일 : 연습5-3.xlsx

- [C4:J12] 셀 범위에 구구단표를 완성한다(Hint : 혼합 참조 방식을 적절히 활용한다).

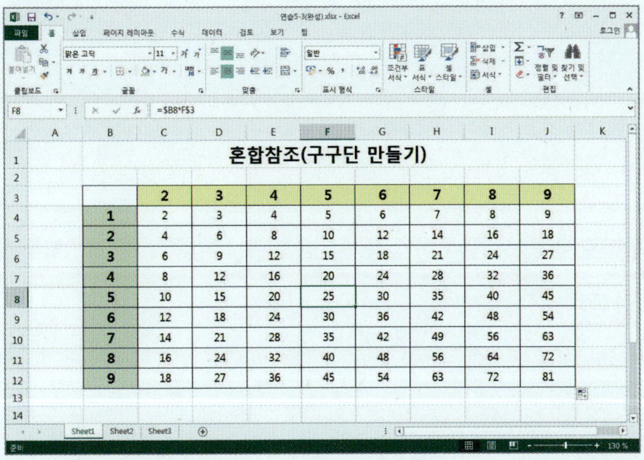

4 '연습5-4.xlsx' 파일을 열어 아래 조건에 맞게 완성하고 '연습5-4(완성).xlsx'로 저장하시오.

| 조건 | ▶ 준비파일 : 연습5-4.xlsx

① [D6:H11] 셀 범위에 할인율이 적용된 실제 판매가격을 구한다.

② 실제 판매가격 = 판매가격 - (판매가격 * 할인율)

(Hint : 혼합 참조 방식을 적절히 활용한다)

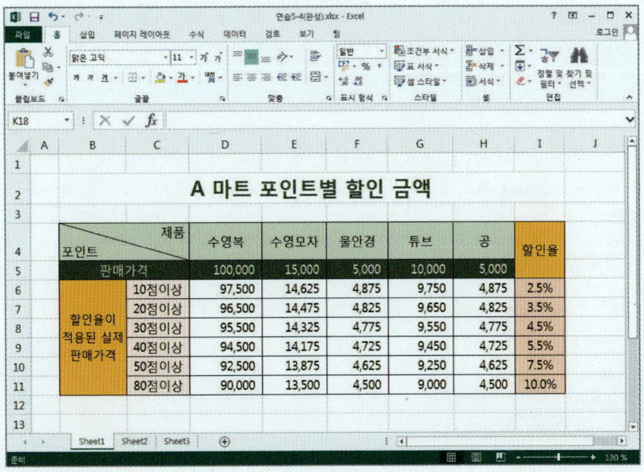

SECTION ---------- IT COOKBOOK

06 엑셀 함수

엑셀에서 제공되는 함수를 이용하면 복잡한 수식을 사용하지 않고도 빠르게 결과값을 구할 수 있다. 엑셀에서 제공하는 함수는 340개가 넘으며, 이 함수들 중에는 매우 전문적인 분야에서만 사용되거나 일상에서는 사용되지 않는 것들도 많다. 이 장에서는 일반적으로 자주 사용하는 통계 함수, 수학/삼각 함수, 텍스트 함수, 논리 함수, 날짜/시간 함수, 찾기 함수에 대하여 학습한다.

6.1 통계 함수

통계 함수는 범위로 지정한 데이터를 통계적으로 분석하는 함수다. 주로 평균, 순위, 최댓값, 최솟값, 조건에 만족하는 셀의 개수 등을 구할 때 사용한다.

AVERAGE, AVERAGEA 함수

형 식	설 명
= AVERAGE(인수1,인수2...)	인수들의 수치 데이터의 평균을 구한다.
= AVERAGEA(인수1,인수2...)	문자열을 포함한 인수들의 평균을 구한다.

	A	B	C	D	E	F	G
1							
2		이름	성적			함수식	결과
3		황채연	80		AVERAGE	=AVERAGE(C3:C6)	80
4		정재경	80		AVERAGEA	=AVERAGEA(C3:C6)	60
5		김민재	미응시				
6		조예원	80				
7							

TIP AVERAGE 함수는 빈 셀이나 텍스트를 계산에서 제외시키지만 AVERAGEA 함수는 빈 셀이나 문자열을 0으로 처리하여 계산한다.

AVERAGEIF, AVERAGEIFS 함수

형 식	설 명
= AVERAGEIF(조건 범위, 조건, 평균 범위)	하나의 조건에 맞는 셀의 수치 데이터의 평균을 구한다.
= AVERAGEIFS(평균 범위, 조건 범위1, 조건1, 조건 범위2, 조건2...)	여러 조건에 맞는 셀의 수치 데이터의 평균을 구한다.

	A	B	C	D	E	F	G	H
1								
2		이름	성별	성적			함수식	결과
3		추사랑	여	90		AVERAGEIF	=AVERAGEIF(D3:D6,"<>0",D3:D6)	88
4		이하루	여	80		AVERAGEIFS	=AVERAGEIFS(D3:D6,D3:D6,"<>0",C3:C6,"=여")	85
5		김민재	남	0				
6		장준혁	남	94				
7								

TIP G3은 성적이 '0'이 아닌 셀의 평균값이고, G4는 성적이 '0'이 아니고 성별이 '여'인 셀의 평균값이다.

MAX, MIN, MEDIAN, MODE 함수

형 식	설 명
= MAX(인수1,인수2,...)	인수 범위에서 최댓값을 구한다.
= MIN(인수1,인수2...)	인수 범위에서 최솟값을 구한다.
= MEDIAN(인수1,인수2...)	인수 범위에서 중간값을 구한다.
= MODE(인수1,인수2...)	인수 범위에서 최빈값(가장 많이 나타나는 값)을 구한다.

	A	B	C	D	E	F	G
1							
2		이름	성적			함수식	결과
3		추사랑	100		최댓값	=MAX(C3:C7)	100
4		이하루	90		최솟값	=MIN(C3:C7)	80
5		김민재	80		중간값	=MEDIAN(C3:C7)	85
6		장준혁	85		최빈값	=MODE(C3:C7)	80
7		황채연	80				
8							

RANK 함수

형 식	설 명
= RANK.EQ(수, 범위, 유형)	일정 범위 내에서 특정 수치의 순위를 구하지만 같은 순위가 나올 경우 같은 순위로 표시한다.
= RANK.AVG(수, 범위, 유형)	일정 범위 내에서 특정 수치의 순위를 구하지만 같은 순위가 나올 경우 같은 순위의 평균값을 순위로 표시한다.

NOTE 수, 범위, 유형

- **수** : 순위를 구할 값을 지정한다.
- **범위** : 순위를 구할 범위를 지정한다. 반드시 절대 참조를 해야 한다.
- **유형** : 유형을 생략하거나 0을 입력하면 내림차순으로 정렬된다. 가장 큰 값이 1등이다. 오름차순으로 정렬할 경우 1을 입력한다. 가장 작은 값이 1등이다.

① RANK.EQ 함수 - 내림차순

	A	B	C	D
1				
2		이름	성적	함수식
3		추사랑	100	=RANK.EQ(C3,$C$3:$C$7)
4		이하루	85	
5		김민재	80	
6		장준혁	85	
7		황채연	90	

	A	B	C	D
1				
2		이름	성적	함수식
3		추사랑	100	1
4		이하루	85	3
5		김민재	80	5
6		장준혁	85	3
7		황채연	90	2

② RANK.AVG 함수 - 오름차순

	A	B	C	D
1				
2		이름	초	함수식
3		추사랑	20	=RANK.AVG(C3,$C$3:$C$7,1)
4		이하루	15	
5		김민재	14	
6		장준혁	14	
7		황채연	25	

	A	B	C	D
1				
2		이름	초	함수식
3		추사랑	20	4
4		이하루	15	3
5		김민재	14	1.5
6		장준혁	14	1.5
7		황채연	25	5

COUNT, COUNTA, COUNTBLANK, COUNTIF, COUNTIFS함수

형 식	설 명
= COUNT(인수1, 인수2...)	수치 데이터가 입력되어 있는 셀의 개수
= COUNTA(인수1, 인수2...)	값이 입력되어 있는 셀의 개수(문자 데이터도 포함)
= COUNTBLANK(범위)	비어있는 셀의 개수
= COUNTIF(범위, 조건)	하나의 조건을 만족하는 셀의 개수
= COUNTIFS(범위1, 조건1, 범위2, 조건2...)	여러 개의 조건을 만족하는 셀의 개수

	A	B	C	D	E	F	G	H
1								
2		이름	학년	성적			함수식	결과
3		추사랑	1	100		숫자셀	=COUNT(D3:D7)	3
4		이하루	3	90		비어있지 않은 셀	=COUNTA(D3:D7)	4
5		김민재	2	미응시		비어있는 셀	=COUNTBLANK(D3:D7)	1
6		장준혁	3	85		90점 이상인 셀	=COUNTIF(D3:D7,">=90")	2
7		황채연	1			1학년이면서 90점 이상인 셀	=COUNTIFS(C3:C7,"=1",D3:D7,">=90")	1

LARGE, SMALL 함수

형 식	설 명
= LARGE(범위, K)	범위에서 K번째로 큰 값
= SMALL(범위, K)	범위에서 K번째로 작은 값

	A	B	C	D	E	F	G	H
1								
2		이름	학년	성적			함수식	결과
3		추사랑	1	100		2번째로 큰값	=LARGE(D3:D7,2)	90
4		이하루	3	90		3번째로 작은값	=SMALL(D3:D7,3)	85
5		김민재	2	80				
6		장준혁	3	85				
7		황채연	1	70				

실습 6-1 통계 함수 이용하기

01 AVERAGE 함수 '실습6-1.xlsx' 파일을 열고 [G5] 셀에 다음 함수식을 입력한 후 Enter를 누른다. [G5] 셀에 평균이 구해지면 [G5] 셀의 채우기 핸들을 [G12] 셀까지 드래그한다.

= AVERAGE(D5:F5)
[D5:F5] 셀, 즉 '엑셀', '파워포인트', '엑세스' 점수의 평균을 구한다.

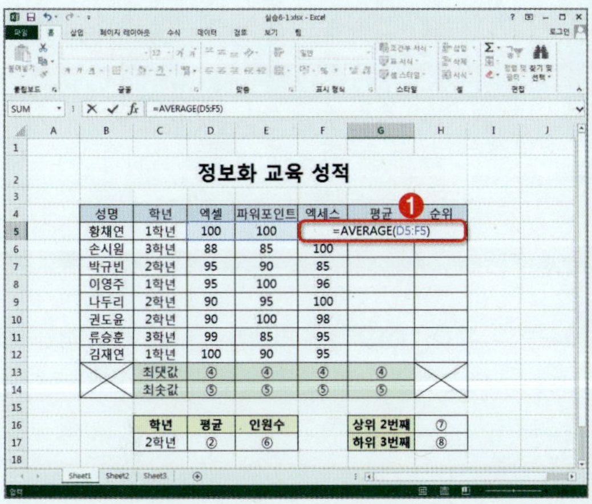

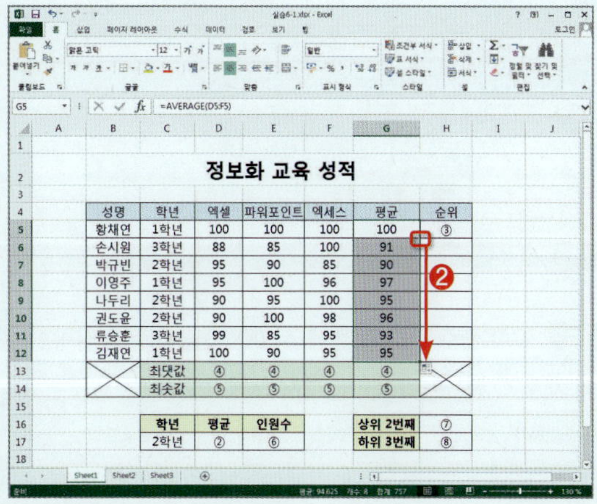

02 AVERAGEIF 함수 [D17] 셀에 다음 함수식을 입력한 후 Enter를 누른다.

= AVERAGEIF(C5:C12,C17,G5:G12)
조건 검사 범위 [C5:C12] 셀, 조건 [C17] 셀, 평균 범위 [G5:G12] 셀로 2학년 학생들의 평균을 구한다.

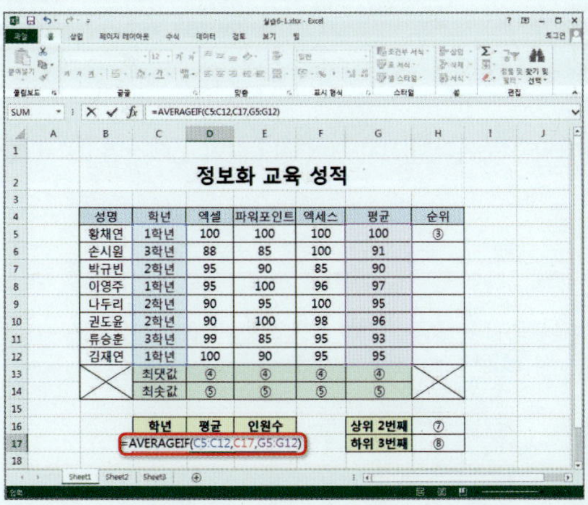

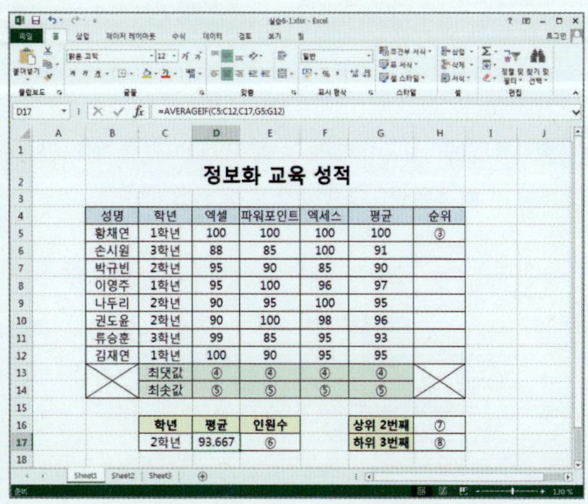

03 **RANK 함수** [H5] 셀에 다음 함수식을 입력한 후 Enter 를 누른다. [H5] 셀에 순위가 구해지면 [H5] 셀의 채우기 핸들을 [H12] 셀까지 드래그한다.

> **= RANK.EQ(G5,$G$5:$G$12)**
> [G5:G12] 셀에서 [G5] 셀이 차지하는 순위, 즉 평균 점수의 순위를 구한다.

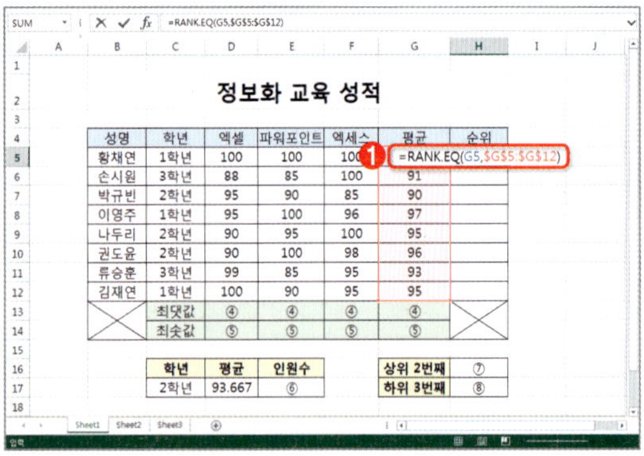

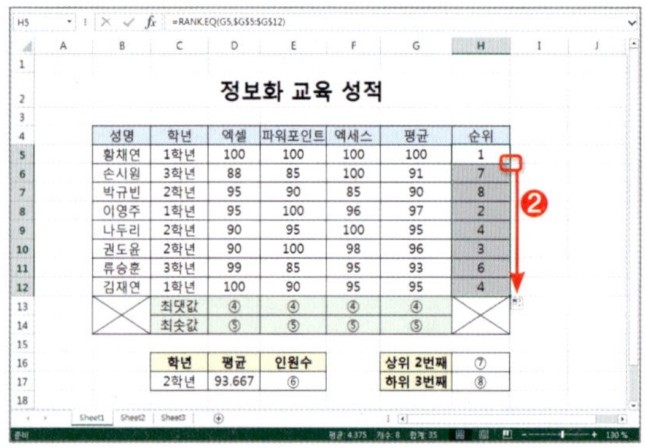

04 **MAX 함수** [D13] 셀에 '=MAX(D5:D12)'를 입력한 후 Enter 를 누른다. [D13] 셀에 최댓값이 구해지면 [D13] 셀의 채우기 핸들을 [G13] 셀까지 드래그한다.

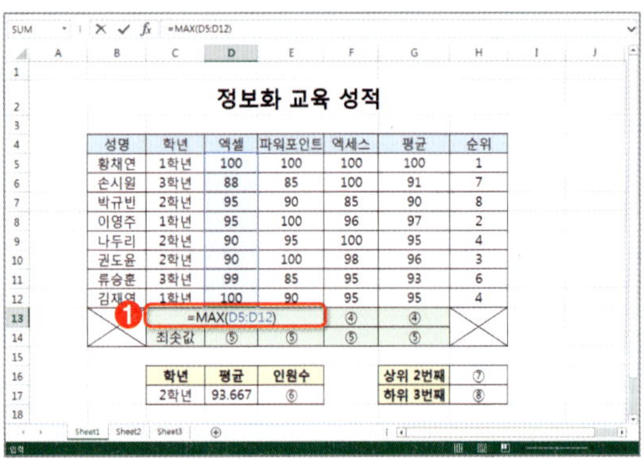

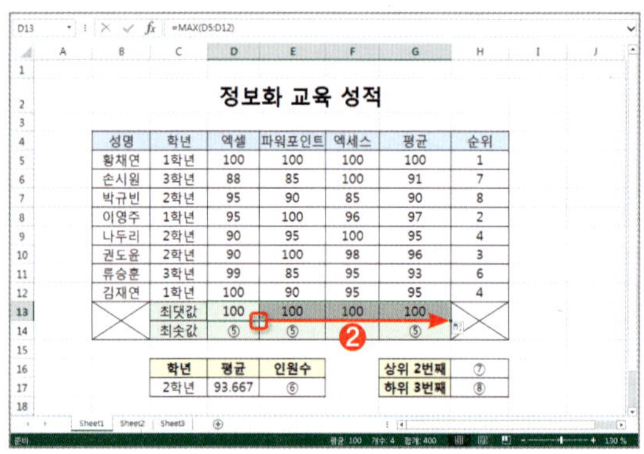

05 **MIN 함수** [D14] 셀에 '=MIN(D5:D12)'를 입력한 후 Enter 를 누른다. [D14] 셀에 최솟값이 구해지면 [D14] 셀의 채우기 핸들을 [G14] 셀까지 드래그한다.

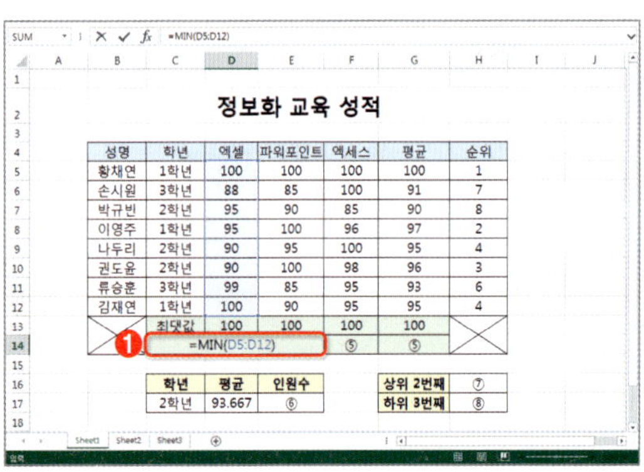

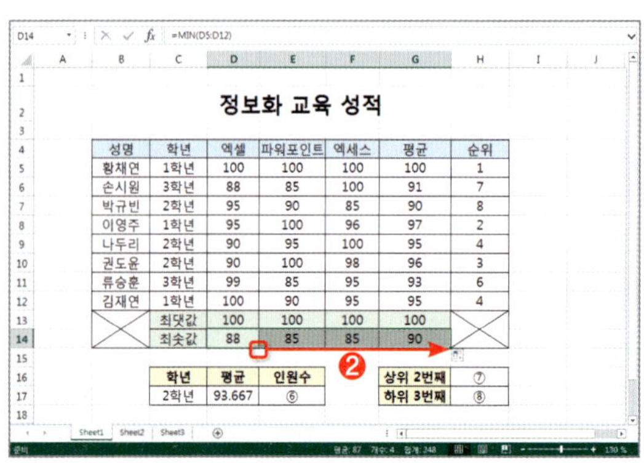

> **NOTE 가로 방향으로 자동 복사하기**
>
> 채우기 핸들을 더블클릭할 때 수식의 자동 복사는 세로 방향으로만 수행된다. 가로 방향으로 자동 복사를 하려면 셀 범위를 지정하고 단축키 Ctrl + R을 누르면 된다. 오른쪽 방향으로 데이터가 많아서 채우기 핸들을 드래그하기 힘들 때 유용하게 이용할 수 있다.

06 COUNTIF 함수 [E17] 셀에 다음 함수식을 입력한 후 Enter를 누른다.

= COUNTIF(C5:C12,C17)

[C5:C12] 셀에서 '2학년'이 입력되어 있는 셀의 개수를 구한다.

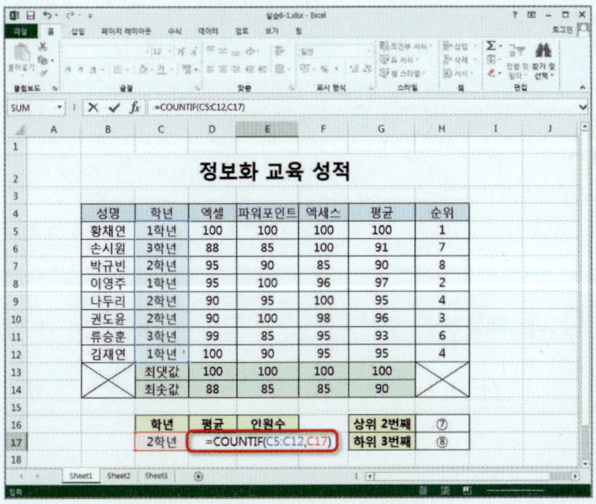

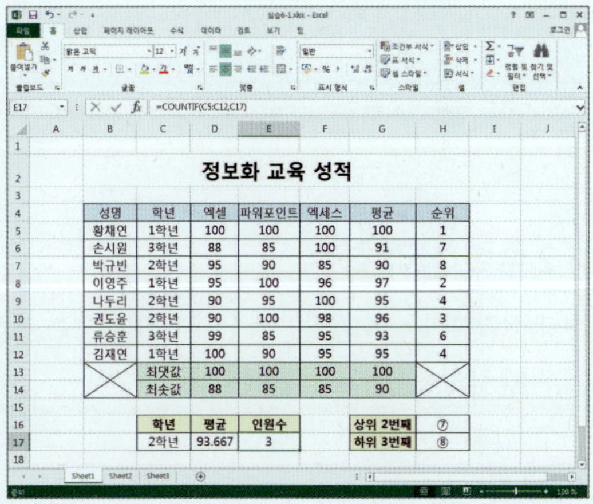

07 LARGE 함수 [H16] 셀에 다음 함수식을 입력한 후 Enter를 누른다.

= LARGE(G5:G12,2)

[G5:G12] 셀에서 2번째로 큰 값을 구한다.

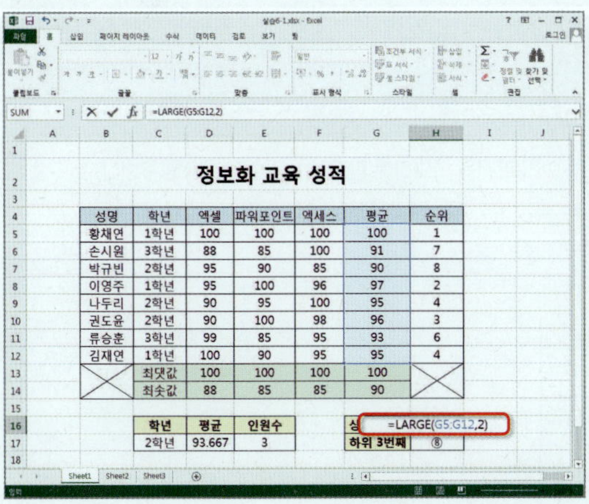

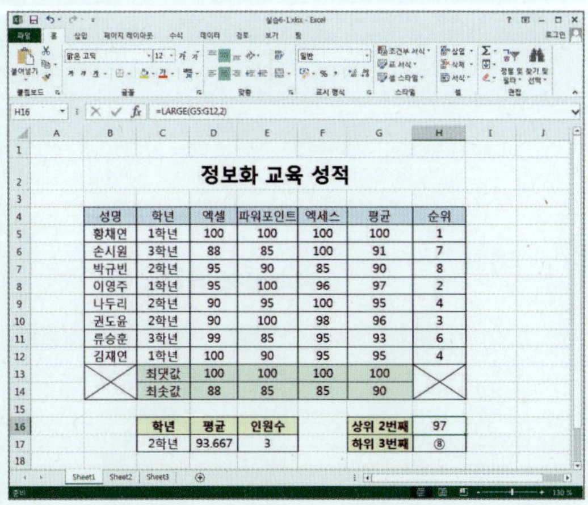

08 **SMALL 함수** [H17] 셀에 다음 함수식을 입력한 후 Enter를 누른다.

= SMALL(G5:G12,3)
[G5:G12] 셀에서 3번째로 작은 값을 구한다.

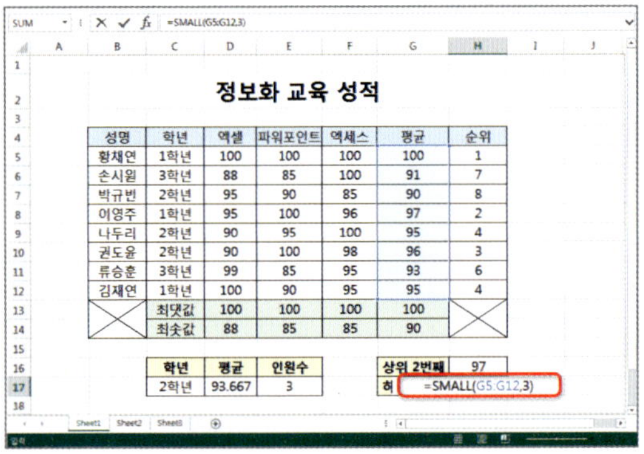

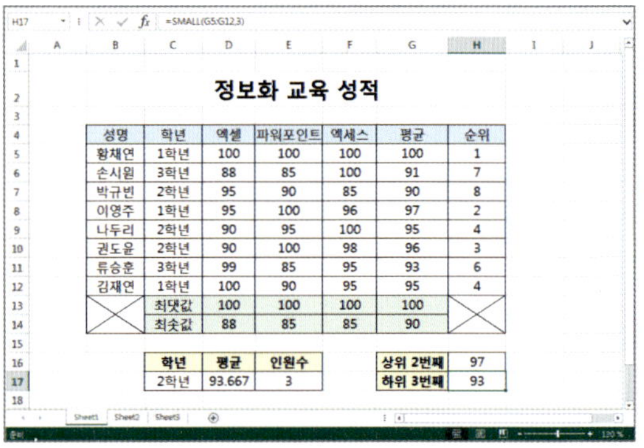

6.2 수학/삼각 함수

수학/삼각 함수는 수학적인 계산과 삼각 함수를 계산할 때 사용하는 함수다. 주로 합계, 조건에 맞는 합계, 반올림 등을 구할 때 사용한다.

SUM 함수

형 식	설 명
= SUM(인수1, 인수2...)	인수들의 합계를 구한다.

SUMIF 함수

형 식	설 명
= SUMIF(조건이 적용된 범위, 조건, 합계를 구할 범위)	하나의 조건을 비교하여 만족하는 인수의 합계를 구한다.
= SUMIFS(합계를 구할 범위, 조건범위1, 조건1, 조건범위2, 조건2....)	여러 조건을 비교하여 만족하는 인수의 합계를 구한다.

판매실적 현황

사원	제품	상반기	하반기	판매대수 합
정명식	냉장고	70	80	=SUM(D4:E4)
김진영	냉장고	50	50	=SUM(D5:E5)
최봉수	세탁기	50	80	=SUM(D6:E6)
김진호	가스렌지	20	70	=SUM(D7:E7)
정명식	TV	40	60	=SUM(D8:E8)
김진영	세탁기	100	80	=SUM(D9:E9)
황복동	에어컨	150	70	=SUM(D10:E10)
합계		=SUM(D4:D10)	=SUM(E4:E10)	=SUM(F4:F10)
'정명식'사원의 판매대수 합계				=SUMIF(B4:B10,"=정명식",F4:F10)

SUMPRODUCT 함수

형 식	설 명
= SUMPRODUCT(배열1, 배열2,...)	배열 또는 범위의 대응되는 값을 곱하여 합을 표시한다.

PRODUCT 함수

형 식	설 명
= PRODUCT(곱할 수1, 곱할 수2...)	인수들의 곱을 구하여 표시한다.

판매실적 현황

	A	B	C	D	E	F
1				판매실적 현황		
2						
3		사원	제품	단가	수량	판매금액
4		정명식	냉장고	100	5	=PRODUCT(D4,E4)
5		김진영	냉장고	100	2	=PRODUCT(D5,E5)
6		최봉수	세탁기	50	2	=PRODUCT(D6,E6)
7		김진호	가스렌지	20	5	=PRODUCT(D7,E7)
8		정명식	TV	40	6	=PRODUCT(D8,E8)
9		김진영	세탁기	50	4	=PRODUCT(D9,E9)
10		황복동	에어컨	60	5	=PRODUCT(D10,E10)
11		판매금액 합계		=SUMPRODUCT(D4:D10,E4:E10)		=SUM(F4:F10)

ROUND, ROUNDDOWN, ROUNDUP 함수

형 식	설 명
= ROUND(실수, 자릿수)	실수를 지정된 자릿수로 반올림한다.
= ROUNDDOWN(실수, 자릿수)	실수를 지정된 자릿수로 내림한다.
= ROUNDUP(실수, 자릿수)	실수를 지정된 자릿수로 올림한다.

	A	B	C	D	E	F	G	H	I	J
1							사원 정보화 능력 점수			
2										
3		사원	부서	PPT	EXCEL	ACCESS	평균	반올림	내림	올림
4		정명식	영업	95	98	90	=AVERAGE(D4:F4)	=ROUND(G4,1)	=ROUNDDOWN(G4,1)	=ROUNDUP(G4,1)
5		김진영	구매	90	95	85				
6		최봉수	총무	91	94	95				
7		오정렬	기획	98	96	93				
8		황복동	구매	95	90	88				
9		최대필	총무	85	90	92				
10		강민경	영업	95	94	86				
11		김효정	전산	97	95	92				
12		한현수	전산	100	92	90				
13		김성미	영업	86	88	90				

NOTE ROUND 계열 함수

- **자릿수가 양수면 :** 소수점 오른쪽에서 지정한 자릿수로 표시된다.
- **자릿수가 0이면 :** 가장 가까운 정수로 표시된다.
- **음수면 :** 소수점 왼쪽에서 지정한 자릿수에서 계산이 이루어진다.

NOTE 반올림 함수 사용 예

수식	결과	설명
=ROUND(123.456,2)	123.46	소수점 셋째 자리에서 반올림하여 소수점 둘째 자리까지 표시한다.
=ROUND(123.456,-2)	100	소수점 왼쪽 2번째(십의 자리)에서 반올림한다.
=ROUND(123.456,0)	123	가장 가까운 정수로 표시한다.

▶ 준비파일 : 실습6-2.xlsx

실습 6-2 수학/삼각 함수 이용하기

01 ROUND 함수 '실습6-2.xlsx' 파일을 열고 [F5] 셀에 다음 함수식을 입력한 후 Enter를 누른다. [F5] 셀에 값이 입력되면 [F5] 셀의 채우기 핸들을 [F13] 셀까지 드래그한다.

= ROUND(AVERAGE(C5:E5),1)
[C5:E5] 셀의 평균을 구하고 반올림하여 소수 첫째 자리까지 표시한다.

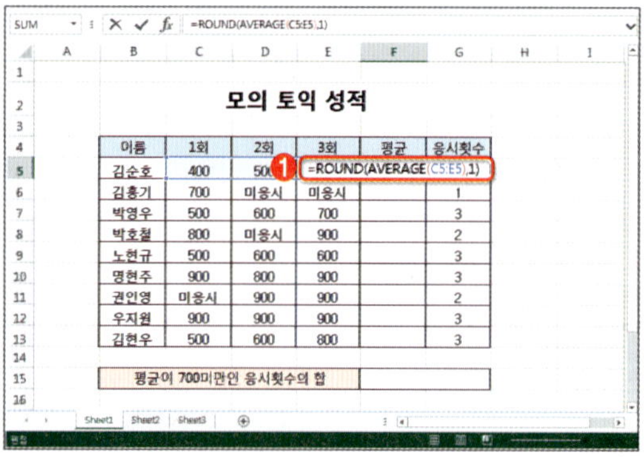

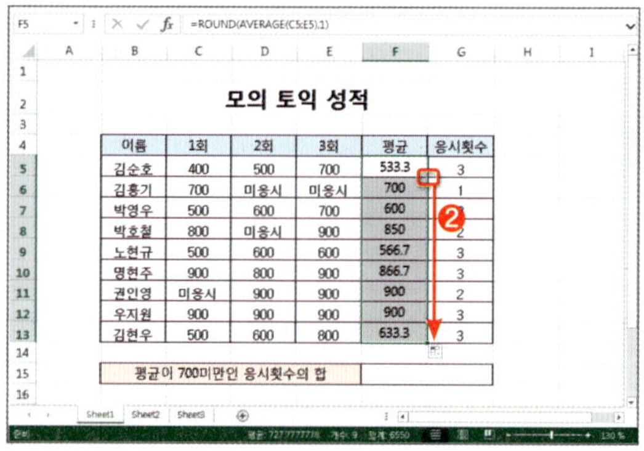

02 SUMIF 함수 [F15] 셀에 다음 함수식을 입력한 후 Enter를 누른다.

= SUMIF(F5:F13,"<700",G5:G13)
[F5:F13] 셀의 평균이 700점 미만인 학생들의 응시횟수를 [G5:G13] 셀을 참조해서 구하고 합한다.

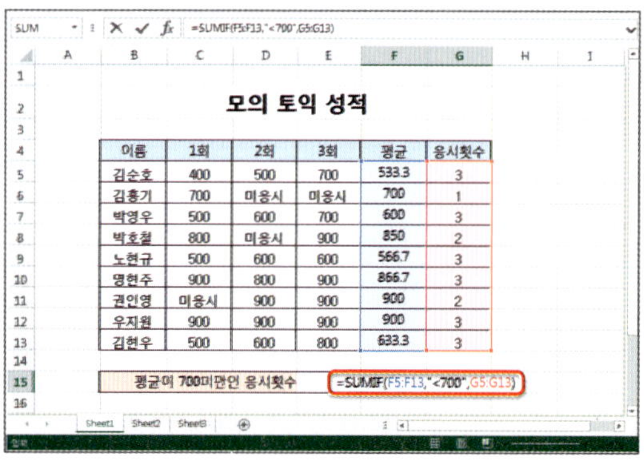

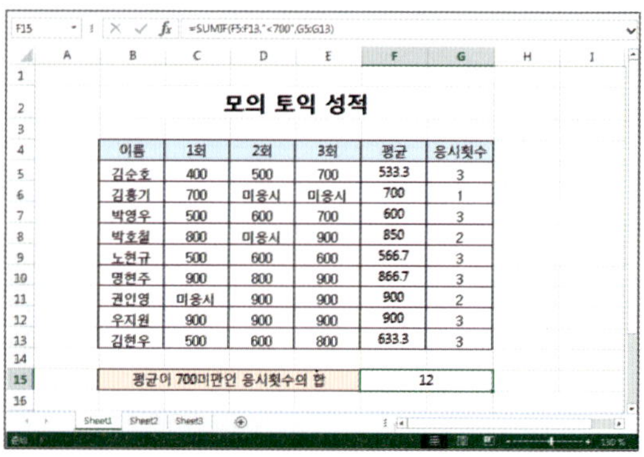

6.3 텍스트 함수

텍스트 함수는 문자열의 일부를 추출하거나 새로운 문자열로 치환할 때 주로 쓰는 함수다. 대표적인 텍스트 함수로는 LEFT, RIGHT, MID 함수 등이 있다.

LEN 함수

형 식	설 명
= LEN(문자열)	문자열의 길이를 표시한다.

LEFT, RIGHT, MID 함수

형 식	설 명
= LEFT(문자열, 개수)	문자열의 왼쪽부터 지정한 수만큼 문자를 추출한다.
= RIGHT(문자열, 개수)	문자열의 오른쪽부터 지정한 수만큼 문자를 추출한다.
= MID(문자열, 시작 위치, 개수)	문자열의 시작 위치부터 지정한 개수만큼 문자를 추출한다.

	A	B	C	D	E	F
1						
2			이름	주민등록번호		
3			홍길동이	741234-1234567		
4						
5			성	이름	구분	길이
6		함수식	=LEFT(C3,1)	=RIGHT(C3,3)	=MID(D3,8,1)	=LEN(D3)
7		결과	홍	길동이	1	14

UPPER, LOWER, PROPER, SUBSTITUTE 함수

형 식	설 명
= UPPER(문자열)	문자열을 모두 대문자로 표시한다.
= LOWER(문자열)	문자열을 모두 소문자로 표시한다.
= PROPER(문자열)	문자열의 첫 글자만 대문자로 표시한다.
= SUBSTITUTE(문자열, 인수1, 인수2)	문자열의 인수1을 인수2로 변경한다.

	A	B	C	D
1				
2		Dream's come true		
3				
4			함수식	결과
5		대문자로	=UPPER(B2)	DREAM'S COME TRUE
6		소문자로	=LOWER(B2)	dream's come true
7		첫글자만 대문자로	=PROPER(B2)	Dream'S Come True
8		문자열 치환	=SUBSTITUTE(B2,"Dream's","꿈은")	꿈은 come true

6.4 논리 함수

논리 함수는 논리식 조건이 참인지 거짓인지를 판단하는 함수다. 대표적인 논리 함수는 IF, AND, OR 함수 등이 있다.

IF 함수

형 식	설 명
= IF(조건, 인수1, 인수2)	조건을 비교하여 참이면 인수1, 거짓이면 인수2를 실행한다.

	A	B	C	D	E	F	G	H
1								
2		이름	PPT	EXCEL	ACCESS	평균	합격여부	
3		이선희	50	70	80	=IF(F3>=80,"합격","불합격")		
4		윤도현	70	80	75	75.0		
5		조규찬	80	90	85	85.0		
6		박정현	90	50	100	80.0		
7		백지영	85	70	80	78.3		

AND, OR, NOT 함수

형 식	설 명
= AND(인수1, 인수2...)	인수가 모두 참이면 TRUE다.
= OR(인수1, 인수2...)	인수 중 하나라도 참이면 TRUE다.
= NOT(인수)	인수의 반대 논리값을 표시한다.

TIP IF함수와 중첩해서 많이 사용한다.

NOTE 중첩된 IF 함수 사용하기

IF 함수는 하나의 조건만 사용할 수 있기 때문에 여러 개의 조건을 사용할 때는 아래와 같이 중첩하여 사용한다.

❶ =IF(F4>=90,"우수",IF(F4>=80,"보통","미흡")) ❷

❶ 첫 번째 IF문 : [F4] 셀 값이 90 이상이면 '우수', 미만이면 두 번째 IF문을 수행한다.

❷ 두 번째 IF문 : [F4] 셀 값이 80 이상이면 '보통', 미만이면 '미흡'을 표시한다.

NOTE 수식 오류 표시

입력한 수식의 결과를 계산할 수 없을 때는 오류값이 나타난다.

오류 메시지	설 명
#####	데이터보다 열 너비가 좁거나 날짜나 시간이 음수로 사용된 경우
#DIV/0!	수식에서 값을 0으로 나누려고 할 때
#N/A	함수나 수식에 사용할 수 없는 값을 지정한 경우
#NAME?	인식할 수 없는 텍스트를 수식에 사용했을 때
#NUM!	수식이나 함수에 숫자와 관련된 문제가 있을 때
#NULL!	교차하지 않는 두 영역의 교점을 지정했을 때
#REF!	셀 참조가 유효하지 않을 때
#VALUE!	잘못된 인수나 피연산자를 사용할 때

▶ 준비파일 : 실습6-3.xlsx

실습 6-3 텍스트/논리 함수 이용하기

01 '실습6-3.xlsx' 파일을 열고 [I4] 셀에 다음 함수식을 입력한 후 Enter를 누른다. 성별이 구해지면 [I4] 셀의 채우기 핸들을 [I12] 셀까지 드래그한다.

=IF(MID(C4,8,1)="1","남","여")

[C4] 셀의 8번째 값이 1이면 "남", 나머지는 "여"로 표시한다.

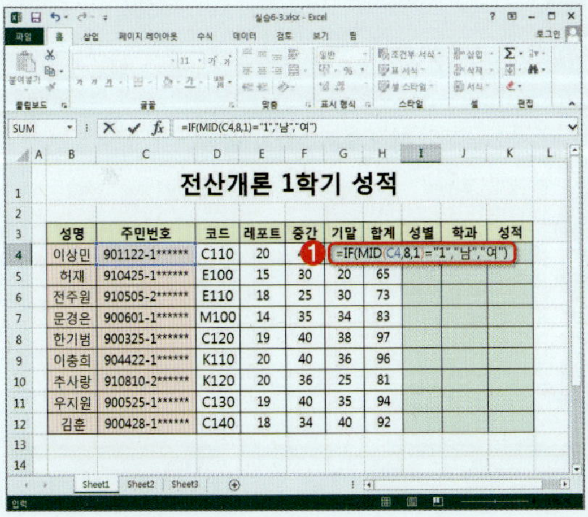

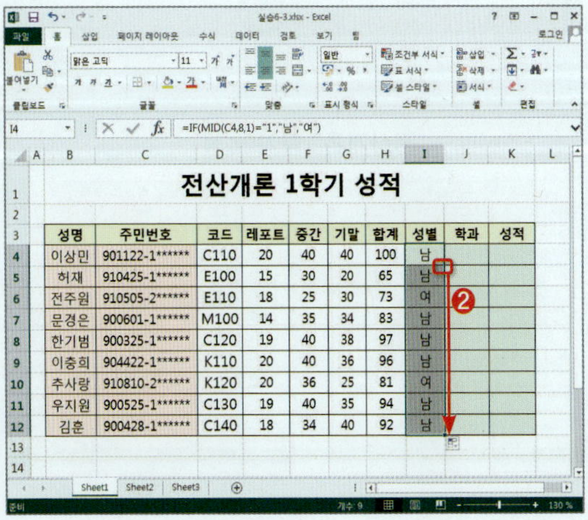

02 [J4] 셀에 다음 함수식을 입력하고 Enter를 누른다. 학과가 구해지면 [J4] 셀의 채우기 핸들을 [J12] 셀까지 드래그한다.

=IF(LEFT(D4,1)="C","컴퓨터",IF(LEFT(D4,1)="E","영문",IF(LEFT(D4,1)="M","수학","국문")))
코드의 첫 글자가 C면 '컴퓨터', E면 '영문', M이면 '수학', 그 외의 경우에는 '국문'으로 표시한다.

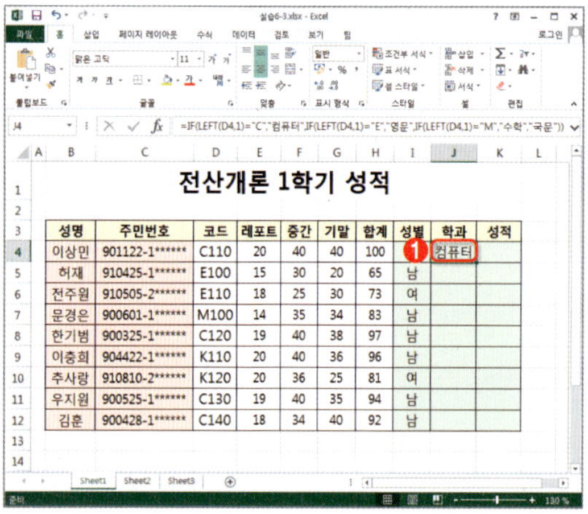

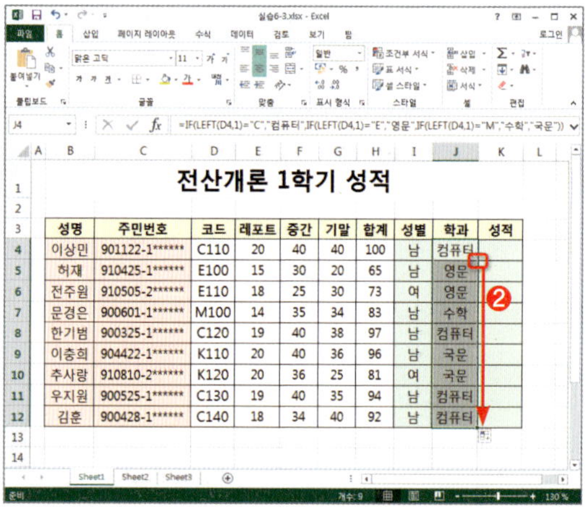

03 [K4] 셀에 다음 함수식을 입력하고 Enter를 누른다. 성적이 구해지면 [K4] 셀의 채우기 핸들을 [K12] 셀까지 드래그한다.

=IF(AND(F4>=35,G4>=35),"우수","미흡")
[F4] 셀과 [G4] 셀의 값이 모두 35 이상이면 '우수', 그렇지 않으면 '미흡'으로 표시한다.

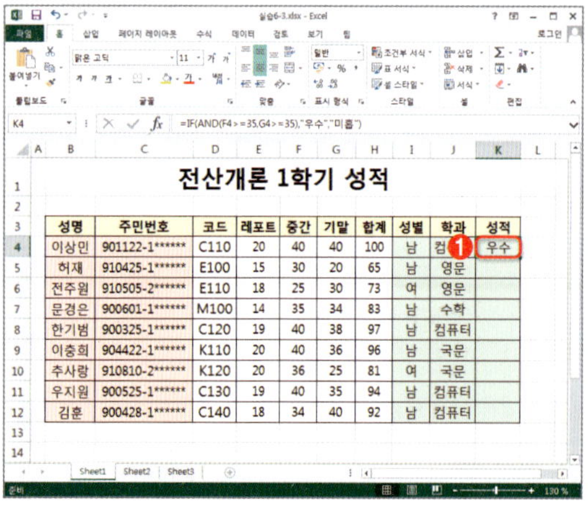

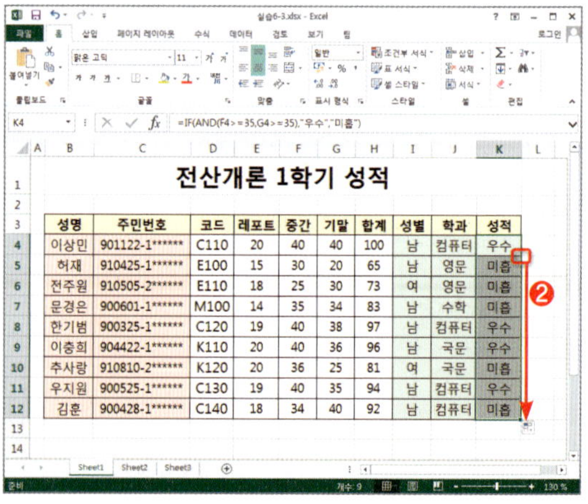

6.5 날짜/시간 함수

특정 일을 기준으로 하여 경과된 시간, 요일, 날짜를 계산할 때 사용하는 함수다. 대표적인 날짜/시간 함수는 TODAY, YEAR, MONTH, NOW, HOUR 함수 등이 있다.

날짜 함수

형 식	설 명
= TODAY( )	시스템의 현재 날짜를 표시하며, 인수는 사용하지 않는다.
= YEAR(날짜)	날짜에서 연도만 표시한다.
= MONTH(날짜)	날짜에서 월만 표시한다.
= DAY(날짜)	날짜에서 일만 표시한다.
= WEEKDAY(날짜, 유형)	날짜에 해당하는 요일 번호를 표시한다. 요일은 1(일요일)~7(토요일)까지 정수로 표시한다.

	A	B	C	D	E
1					
2					
3			함수식	결과	
4		오늘날짜	=TODAY()	2014-08-16	
5		년도	=YEAR(C4)	2014	
6		월	=MONTH(C4)	8	
7		일	=DAY(C4)	16	
8		요일	=WEEKDAY(C4)	7	
9					

시간 함수

형 식	설 명
= NOW( )	시스템의 현재 날짜와 시간을 표시한다. 인수는 사용하지 않는다.
= HOUR(시간)	시간 데이터에서 시만 표시한다.
= MINUTE(시간)	시간 데이터에서 분만 표시한다.
= SECOND(시간)	시간 데이터에서 초만 표시한다.

	A	B	C	D
1				
2				
3			함수식	결과
4		시스템 날짜와 시간	=NOW()	2014-08-16 10:48:51 AM
5		시간	=HOUR(C4)	10
6		분	=MINUTE(C4)	48
7		초	=SECOND(C4)	51
8				
9				

▶ 준비파일 : 실습6-4.xlsx

실습 6-4 날짜/시간 함수 이용하기

01 '실습6-4.xlsx' 파일을 열고 [C3] 셀에 '=TODAY( )'를 입력하면 현재 날짜가 표시된다.

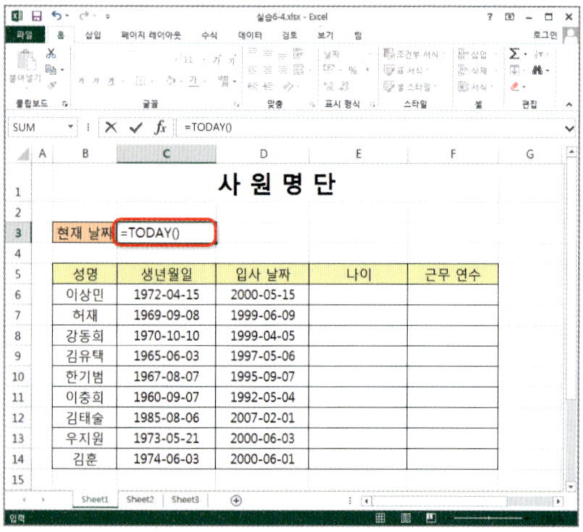

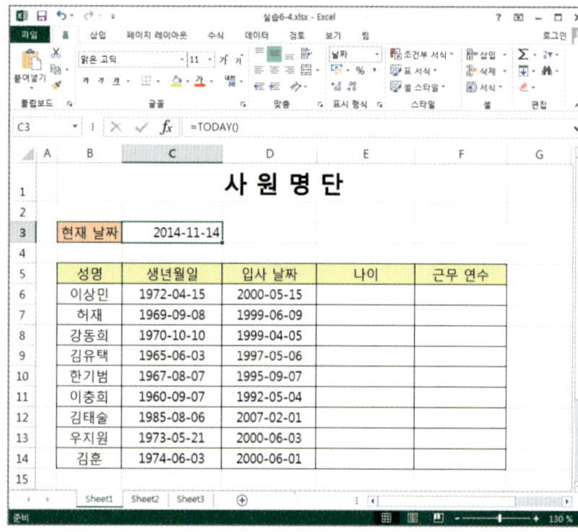

02 현재 날짜와 생년월일을 이용하여 나이를 구하기 위해 [E6] 셀에 다음 함수식을 입력한 후 Enter를 누른다. 나이가 구해지면 [E6] 셀의 채우기 핸들을 [E14] 셀까지 드래그한다.

=YEAR($C$3)-YEAR(C6)

[C3] 셀에 입력된 오늘 날짜의 연도에서 생년월일에 입력된 연도를 뺀다.

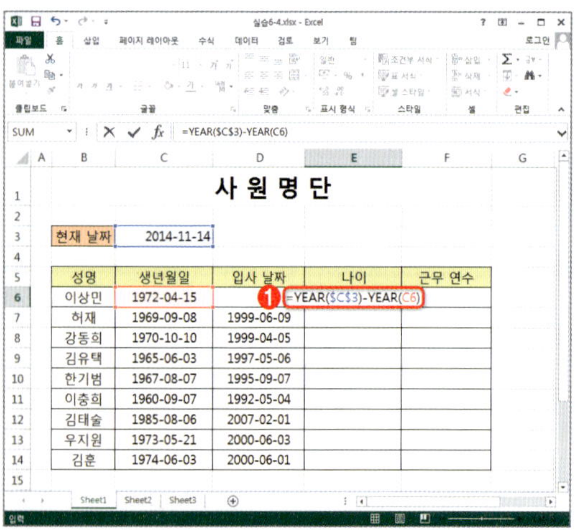

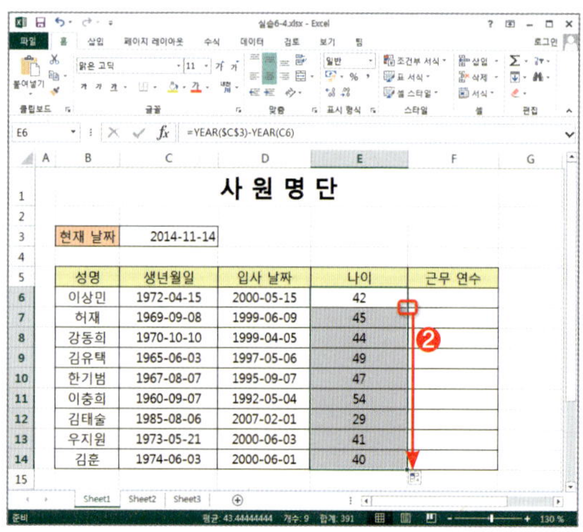

TIP [C3] 셀은 고정 셀이므로 절대 참조 방식으로 지정한다.

03 현재 날짜와 입사 날짜를 이용하여 근무 연수를 구하기 위해 [F6] 셀에 다음 함수식을 입력한 후 Enter를 누른다. 근무 연수가 구해지면 [F6] 셀의 채우기 핸들을 [F14] 셀까지 드래그하여 문서를 완성한다.

=YEAR($C$3)-YEAR(D6)
[C3] 셀에 입력된 오늘 날짜의 연도에서 입사 날짜에 입력된 연도를 뺀다.

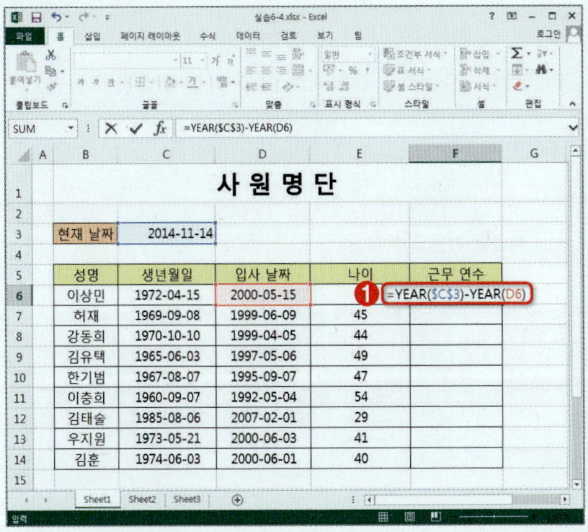

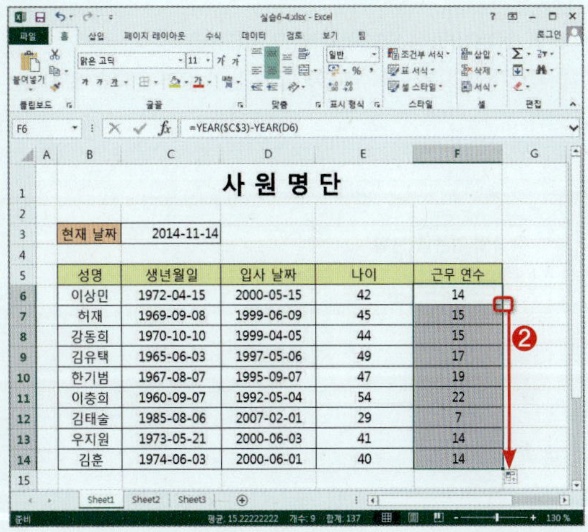

6.6 찾기 함수

찾기 함수는 지정된 셀 범위에서 특정한 셀의 자료를 찾는 함수이며, 대표적인 찾기 함수에는 VLOOKUP과 HLOOKUP 함수 등이 있다.

VLOOKUP, HLOOKUP 함수

형 식	설 명
=VLOOKUP(기준값, 범위, 열 번호, 논리값)	셀 범위나 배열에서 찾을 값에 해당하는 행을 찾은 후 열 번호에 해당하는 셀의 값을 구하는 함수
=HLOOKUP(기준값, 범위, 행 번호, 논리값)	셀 범위나 배열에서 찾을 값에 해당하는 열을 찾은 후 행 번호에 해당하는 셀의 값을 구하는 함수

- **기준값 :** 찾고자 하는 값
- **범위 :** 찾을 정보를 갖고 있는 테이블
- **열 번호/행 번호 :** 찾으려는 값이 있는 테이블의 열 번호/행 번호
- **논리값 :** TRUE 또는 생략 – 근사값, 정확하게 일치하는 값이 없으면 기준값보다 작은 값 중에서 기준값보다 가장 큰 값
  FALSE – 정확하게 일치하는 값, 만일 찾지 못할 경우 #N/A 오류값 반환

▶ 준비파일 : 실습6-5.xlsx

실습 6-5 찾기 함수 다루기

01 VLOOKUP 함수 '실습6-5.xlsx' 파일을 열고 [D4] 셀에 다음 함수식을 입력한 후 Enter 를 누른다. [D4] 셀에 직급명이 구해지면 채우기 핸들을 [D12] 셀까지 드래그한다.

= VLOOKUP(C4,$G$4:$H$7,2,FALSE)

[G4:H7] 셀의 첫 번째 열에서 [C4] 셀의 값과 정확히 일치하는 값(FALSE로 지정했기 때문에)을 찾아 두 번째 열의 값을 표시한다.

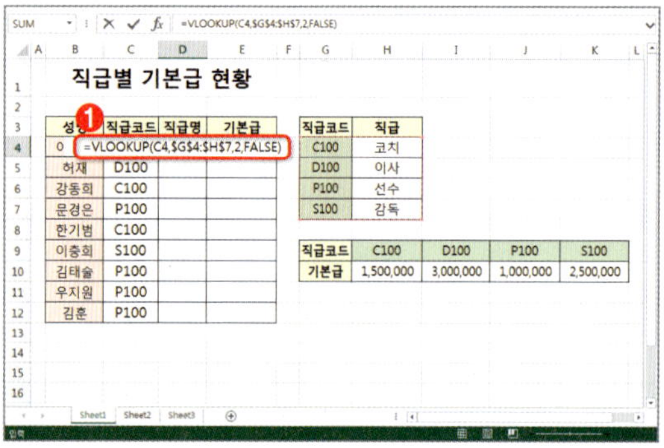

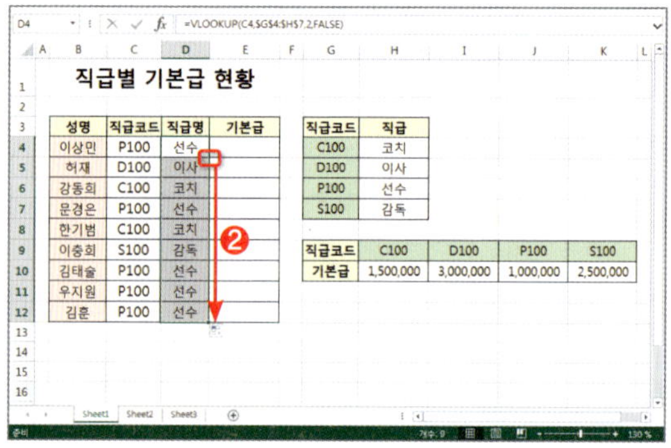

TIP [G4:H7] 셀 범위는 변하지 않아야 하므로 절대 참조로 지정해야 한다.

02 HLOOKUP 함수 [E4] 셀에 다음 함수식을 입력한 후 Enter 를 누른다. 기본급이 구해지면 [E4] 셀의 채우기 핸들을 [E12] 셀까지 드래그한다.

= HLOOKUP(C4,$H$9:$K$10,2,FALSE)

[H9:K10] 셀 범위의 첫 번째 행에서 [E4] 셀의 값과 정확히 일치하는 값(FALSE)을 찾아 두 번째 행의 값을 표시한다.

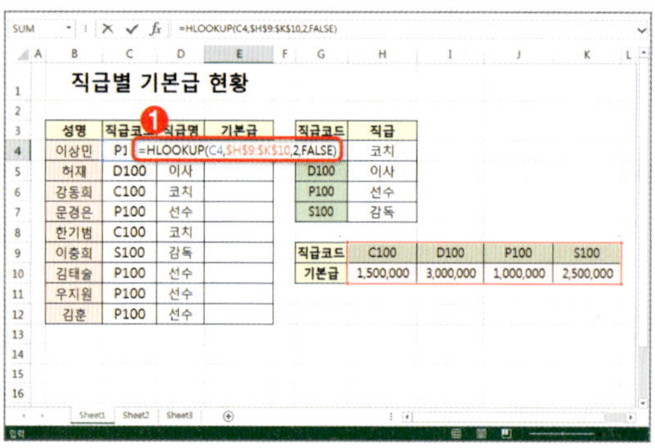

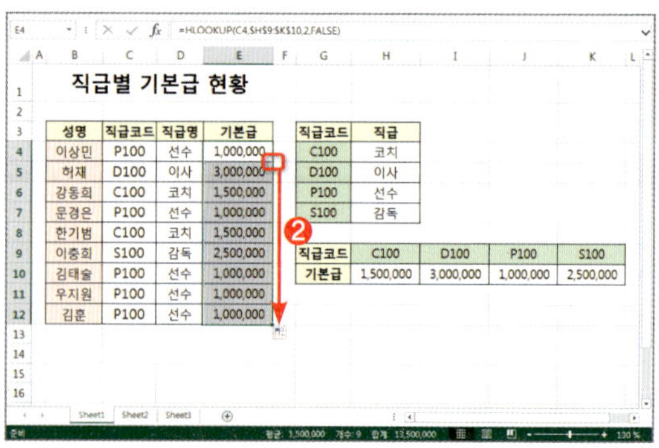

TIP [H9:K10] 셀 범위는 변하지 않아야 하므로 절대 참조로 지정해야 한다.

요약

1 통계 함수

- **AVERAGE, AVERAGEA, AVERAGEIF 함수 :** 지정한 범위의 평균을 구한다.
- **MAX, MIN, MEDIAN, MODE 함수 :** 지정한 범위에서 최댓값, 최솟값, 중간값, 최빈값을 구한다.
- **RANK.EQ, RANK.AVG 함수 :** 지정한 범위에서 주어진 값의 크기 순위를 구한다.
- **COUNT, COUNTA, COUNTIF, COUNTIFS, COUNTBLANK 함수 :** 지정한 범위에서 숫자가 들어있는 셀의 개수, 값이 입력되어 있는 셀의 개수, 비어있는 셀의 개수, 조건에 맞는 셀의 개수를 구한다.
- **LARGE, SMALL 함수 :** 지정한 범위에서 K번째로 큰 값/작은 값을 구한다.

2 수학/삼각 함수

- **SUM 함수 :** 지정한 범위의 합계를 구한다.
- **SUMIF, SUMIFS 함수 :** 조건에 맞는 셀들의 합계를 구한다.
- **SUMPRODUCT 함수 :** 배열에서 대응되는 요소를 모두 곱하고, 그 곱의 합을 구한다.
- **PRODUCT 함수 :** 인수들을 모두 곱한다.
- **ROUND, ROUNDDOWN, ROUNDUP 함수 :** 지정한 자릿수로 반올림/내림/올림한다.

3 텍스트 함수

- **LEN 함수 :** 텍스트의 길이를 구한다.
- **LEFT, RIGHT :** 텍스트의 왼쪽/오른쪽에서 주어진 숫자만큼 추출한다.
- **MID 함수 :** 텍스트의 시작 위치부터 지정한 개수만큼 추출한다.
- **UPPER, LOWER, PROPER :** 텍스트를 모두 대문자로/소문자로/첫 글자만 대문자로 바꾼다.
- **SUBSTITUTE 함수 :** 텍스트의 내용을 변경한다.

4 논리 함수

- **IF 함수 :** 조건을 비교하여 참일 때와 거짓일 때 각각 다른 값으로 반환하거나 계산하며, 중첩된 IF문을 사용하여 계산할 수 있다.
- **AND, OR, NOT 함수 :** 여러 개의 조건을 검사할 때 사용하는 함수로 주로 IF문과 함께 중첩해서 사용된다.

요약

5 날짜/시간 함수

• 날짜 함수

형 식	설 명
= TODAY( )	시스템의 현재 날짜를 표시하며, 인수는 사용하지 않는다.
= YEAR(날짜)	날짜에서 연도만 표시한다.
= MONTH(날짜)	날짜에서 월만 표시한다.
= DAY(날짜)	날짜에서 일만 표시한다.
= WEEKDAY(날짜, 유형)	날짜에 해당하는 요일 번호를 표시한다. 요일은 1(일요일)~7(토요일)까지 정수로 표시한다.

• 시간 함수

형 식	설 명
= NOW( )	시스템의 현재 날짜와 시간을 표시한다. 인수는 사용하지 않는다.
= HOUR(시간)	시간 데이터에서 시만 표시한다.
= MINUTE(시간)	시간 데이터에서 분만 표시한다.
= SECOND(시간)	시간 데이터에서 초만 표시한다.

6 찾기 함수

• VLOOKUP/HLOOKUP 함수

형 식	설 명
= VLOOKUP(기준값, 범위, 열 번호, 논리값)	셀 범위나 배열에서 찾을 값에 해당하는 행을 찾은 후 열 번호에 해당하는 셀의 값을 구하는 함수
= HLOOKUP(기준값, 범위, 행 번호, 논리값)	셀 범위나 배열에서 찾을 값에 해당하는 열을 찾은 후 행 번호에 해당하는 셀의 값을 구하는 함수

- **기준값 :** 찾고자 하는 값
- **범위 :** 찾을 정보를 갖고 있는 테이블
- **열 번호/행 번호 :** 찾으려는 값이 있는 테이블의 열 번호/행 번호
- **논리값 :** TRUE 또는 생략 – 근사값. 정확하게 일치하는 값이 없으면 기준값보다 작은 값 중에서 기준값보다 가장 큰 값
  FALSE – 정확하게 일치하는 값. 만일 찾지 못할 경우 #N/A 오류값 반환

연습문제

IT COOKBOOK

1 '연습6-1.xlsx' 파일을 열어 아래 조건에 맞게 완성한 후 '연습6-1(완성).xlsx'로 저장하시오.

| 조건 | ▶ 준비파일 : 연습6-1.xlsx

① F열에 SUM 함수를 이용하여 합계를 구하시오.
② G열에 AVERAGE 함수를 이용하여 평균을 구하고 소수 첫째 자리까지만 나타내시오.
③ H열에 평균을 이용하여 순위를 구하시오.
④ G열을 이용하여 상위 1, 2, 3번째 점수를 구하시오.
⑤ G열을 이용하여 하위 1, 2, 3번째 점수를 구하시오.
⑥ B열을 이용하여 '지원자수'를 구하시오.
⑦ G열을 이용하여 '최고점수'를 구하시오.
⑧ G열을 이용하여 '최저점수'를 구하시오.

A 종합학원 지원서 현황

성명	국어	외국어	수학	총점	평균	순위
이상민	100	100	100	300	100	1
허재	90	50	60	200	66.7	9
강동희	99	65	70	234	78	7
김유택	85	95	65	245	81.7	6
한기범	45	96	88	229	76.3	8
이충희	99	84	95	278	92.7	3
김태술	100	75	92	267	89	5
우지원	96	96	85	277	92.3	4
김훈	95	88	96	279	93	2

상위점수	
등수	점수
1	100
2	93
3	92.7

하위점수	
등수	점수
1	66.7
2	76.3
3	78

지원자수	9
최고점수	100
최저점수	66.7

연습문제

IT COOKBOOK

2 '연습6-2.xlsx' 파일을 열어 아래 조건에 맞게 완성한 후 '연습6-2(완성).xlsx'로 저장하시오.

| 조건 | ▶ 준비파일 : 연습6-2.xlsx

① [G2] 셀에 시스템의 현재 날짜를 나타내시오.

② F열에 '주민등록번호'를 이용하여 '성별'을 구하시오(주민등록번호 8번째 자리의 숫자가 1 또는 3이면 "남자", 2 또는 4이면 "여자"로 표시하시오).

③ G열에 '사번'을 이용하여 '부서'를 구하시오(부서 사번의 첫 글자가 A이면 인사부, B이면 총무부, 나머지는 영업부).

④ [F16] 셀에 '입사성적'이 'A'인 사원의 수를 구하시오.

사 원 명 단

작성일	2014-08-19

사번	성명	주민등록번호	입사성적	성별	부서
A101	이상민	770124-1907654	A	남자	인사부
A102	박채웅	040519-3209834	C	남자	인사부
K101	강동희	771017-1098123	B	남자	영업부
B101	김유택	730601-1021213	B	남자	총무부
J101	한기범	761119-1276589	C	남자	영업부
J102	전주원	811230-2671234	A	여자	영업부
K102	정은순	790708-2121543	B	여자	영업부
B102	우지웅	070909-3345987	A	남자	총무부
A103	황채연	040120-4375727	B	여자	인사부

입사 성적이 A인 사원수	3

연습문제

IT COOKBOOK

3 '연습6-3.xlsx' 파일을 열어 아래 조건에 맞게 완성한 후 '연습6-3(완성).xlsx'로 저장하시오.

| 조건 | ▶ 준비파일 : 연습6-3.xlsx

① [표1]에서 각 상품별 '판매금액' [E3:E7] 셀을 계산하시오.

- 판매금액 = 단가 × (1−할인율[C8]) × 판매수량

② [표2]에서 '토익점수'에 대한 '순위'를 산출하여 [J3:J9] 셀에 표시하시오.

- '토익점수'가 높은 사원이 1위
- RANK 함수를 사용

③ [표3]에서 '분양가'와 '평수'를 이용하여 '평당분양가' [E12:E20] 셀을 표시하시오.

- 평당분양가 = 분양가 / 평수
- 평당분양가는 백단위에서 절사하여 천 단위까지 표시
- ROUND, ROUNDDOWN, ROUNDUP 중 알맞은 함수를 사용

[표1] 상품별 판매금액

상품명	단가	판매수량	판매금액
상쾌한치약	2,800	2,350	5,264,000
말끔청소기	73,000	127	7,416,800
룰룰슈즈	88,000	289	20,345,600
뷰티핸드백	152,000	93	11,308,800
두둑지갑	57,000	165	7,524,000
할인율	20%		

[표2] 신입사원 토익 성적 현황

사원명	소속부서	토익점수	순위
황복동	인사부	720	6위
이한근	영업부	830	4위
이경미	개발부	680	7위
최진	홍보부	850	3위
박명희	개발부	740	5위
김혜림	영업부	860	2위
이해영	홍보부	910	1위

[표3] 서울지역 아파트 평당 분양가

지구명	분양가	평수	평당분양가
성일지구	312,000,000	31	10,064,000
도촌지구	523,000,000	40	13,075,000
암시지구	227,000,000	26	8,730,000
송파지구	583,000,000	60	9,716,000
반포지구	692,000,000	32	21,625,000
용문지구	373,000,000	24	15,541,000
청계지구	535,000,000	48	11,145,000
인사지구	586,000,000	54	10,851,000
도선지구	189,000,000	22	8,590,000

연습문제

IT COOKBOOK

4 '연습6-4.xlsx' 파일을 열어 아래 조건에 맞게 완성한 후 '연습6-4(완성).xlsx'로 저장하시오.

| 조건 | ▶ 준비파일 : 연습6-4.xlsx

① [표1]에서 '생년월일' [D3:D7] 셀을 이용하여 '입학예정' [E3:E7] 셀을 구하시오.

- 태어난 연도가 2001년이면 '유치원', 1999년이면 '초등학교', 그 외에는 공란 표시
- IF, YEAR 함수 사용

② [표2]에서 1차 [C12:C18] 셀, 2차 [D12:D18] 셀, 3차 [E12:E18] 셀에 기록된 모의고사 성적에 대한 '점수변동폭'을 [F12:F18] 셀에 표시하시오.

- 점수변동폭 = 최상위점수 - 최하위점수
- MIN, MAX 함수를 사용

[표1] 파랑새 미술학원 유아현황

성명	성별	생년월일	입학예정
박혜련	여	1999년 03월 11일	초등학교
정희경	여	2000년 11월 21일	
윤덕호	남	2001년 02월 17일	유치원
조은주	여	2000년 01월 11일	
김윤섭	남	1999년 04월 09일	초등학교

[표2] 한국고등학교 3학년 모의고사 성적 현황

성명	1차	2차	3차	점수변동폭
이현기	320	341	360	40
송혜란	296	250	270	46
이경희	255	310	322	67
정은희	361	308	375	67
고동윤	291	342	332	51
한원선	308	367	367	59
김영일	321	268	297	53

연습문제

IT COOKBOOK

5 '연습6-5.xlsx' 파일을 열어 아래 조건에 맞게 완성한 후 '연습6-5(완성).xlsx'로 저장하시오.

| 조건 | ▶ 준비파일 : 연습6-5.xlsx

① 데이터 범위 [H5:I9] 셀에서 찾기 함수를 이용하여 직위별 '상여금'을 구하시오.

- VLOOKUP 함수를 사용

② 데이터 범위 [C14:G15] 셀에서 찾기 함수를 이용하여 성적별 '점수'를 구하시오.

- HLOOKUP 함수를 사용

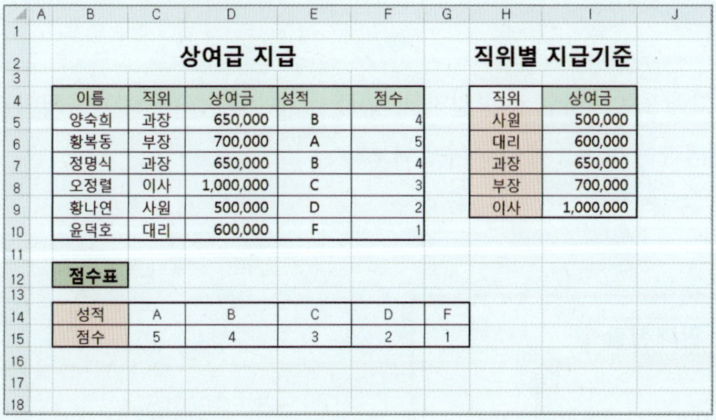

상여금 지급

이름	직위	상여금	성적	점수
양숙희	과장	650,000	B	4
황복동	부장	700,000	A	5
정명식	과장	650,000	B	4
오정렬	이사	1,000,000	C	3
황나연	사원	500,000	D	2
윤덕호	대리	600,000	F	1

직위별 지급기준

직위	상여금
사원	500,000
대리	600,000
과장	650,000
부장	700,000
이사	1,000,000

점수표

성적	A	B	C	D	F
점수	5	4	3	2	1

SECTION ---- IT COOKBOOK

07 차트 작성과 편집

차트는 데이터를 한눈에 비교하면서 추세를 확인할 수 있기 때문에 매우 유용하다. 엑셀 2013에서는 사용자가 선택한 데이터 범위에 가장 적합한 차트를 추천하여 삽입할 수 있는 기능이 추가되었다. 이 장에서는 차트의 개념 및 구성 요소와 다양한 방법으로 차트를 만드는 방법을 알아보고, 또한 차트 도구를 이용하여 차트를 편집하는 방법에 대하여 학습한다.

7.1 차트 이해

차트는 표의 데이터를 그림이나 그래프로 나타낸 것을 말하고, 주로 데이터 분석 도구로 사용되며 여러 가지 요소로 구성된다. 차트의 개념과 구성 요소에 대하여 알아보자.

차트의 구성 요소

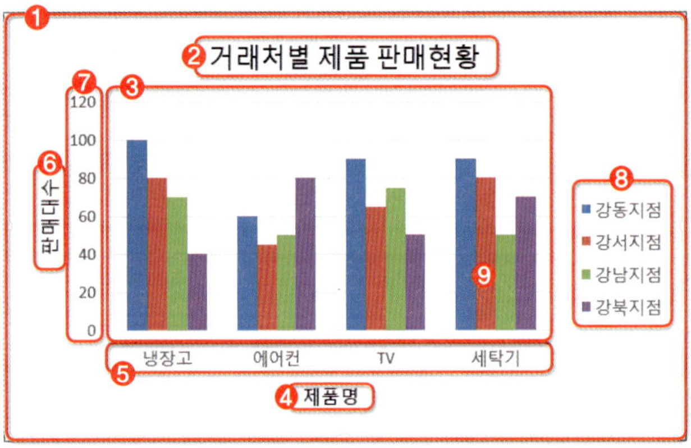

❶ **차트 영역** : 차트의 전체 영역이며, 차트 영역의 서식을 변경하면 모든 구성 요소의 서식이 변경된다.

❷ **차트 제목** : 차트 내용을 표시하는 제목이다.

❸ **그림 영역** : 차트 그래프가 표시되는 영역이다.

❹ **X축 제목** : X축의 내용을 표시하는 제목이다.

❺ **X축** : 데이터 항목을 표시하는 축이다.

❻ **Y축 제목** : Y축의 내용을 표시하는 제목이다.

❼ **Y축** : 데이터의 값을 표시하는 축이다.

❽ **범례** : 데이터 계열의 내용을 표시한다.

❾ **데이터 계열** : 실제 값을 표시하는 차트 그래프다.

7.2 차트 작성

추천 차트나 빠른 분석 갤러리 등을 이용하여 차트를 만드는 다양한 방법에 대하여 알아보자.

▶ 준비파일 : 실습7-1.xlsx

실습 7-1 차트 만들기

| 방법 1 | 추천 차트로 차트 만들기

01 '실습7-1.xlsx'를 파일을 열고 [추천 차트] 시트를 선택한 후 차트 작성에 필요한 데이터 범위 [B3:F7] 셀을 범위로 지정한다.

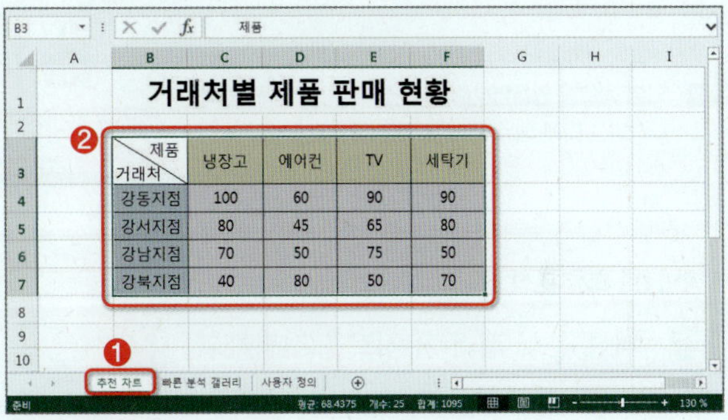

02 [삽입] 탭 - [차트] 그룹에서 [추천 차트]를 클릭한다.

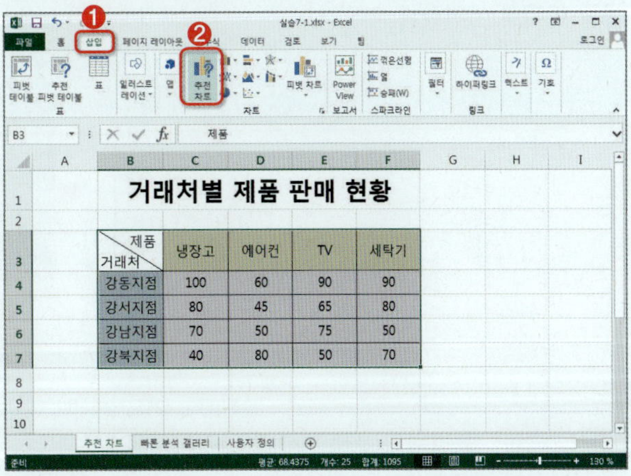

03 [차트 삽입] 대화상자가 열리면 [추천 차트] 탭의 왼쪽 목록에서 [묶은 세로 막대형]을 선택하고 [확인]을 클릭한다.

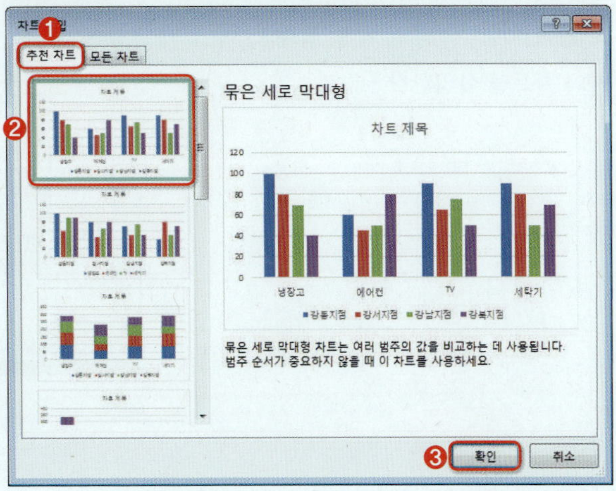

04 삽입된 차트를 클릭한 후 아래와 같이 적당한 위치로 드래그하여 이동한다.

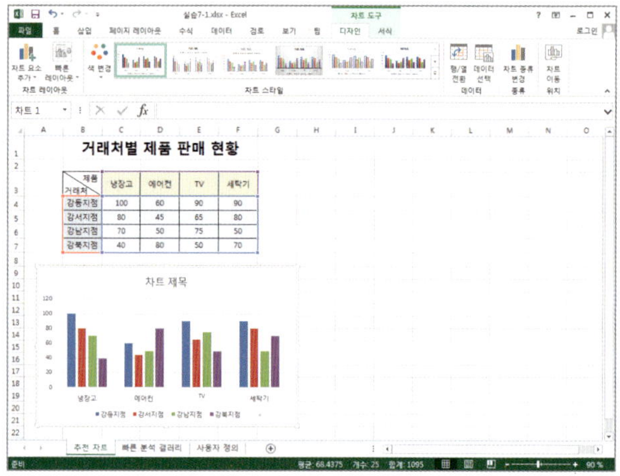

TIP▶ 기본 차트를 만들면 제목 표시줄에 [차트 도구] 탭이 나타나고 아래 메뉴 탭에 [디자인]과 [서식] 탭이 활성화된다.

| 방법 2 | 빠른 분석 갤러리로 차트 만들기

01 [빠른 분석 갤러리] 시트를 선택하고 차트 작성에 필요한 데이터 범위 [B3:F7] 셀을 범위로 지정한다.

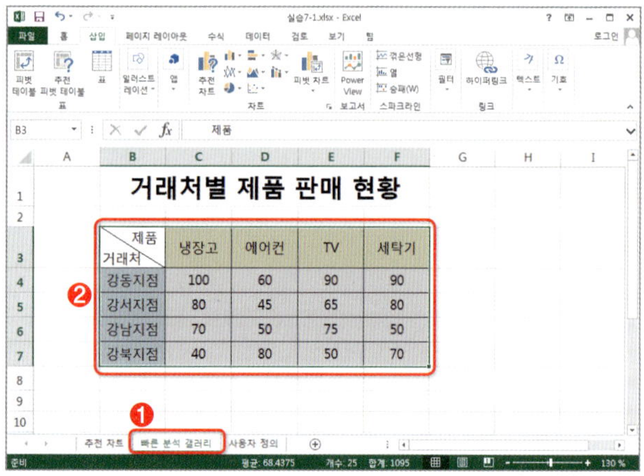

02 지정한 셀 범위의 우측 하단에 나타나는 [빠른 분석] 클릭하여 갤러리에서 [차트]를 선택한 후 [묶은 세로 막대형]을 클릭하여 차트를 삽입한다.

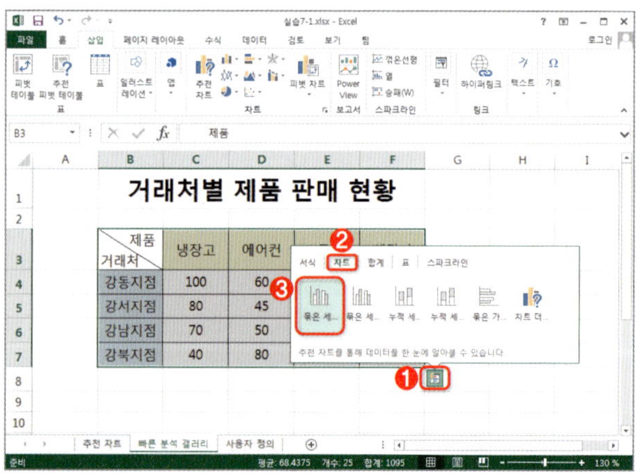

03 삽입된 차트를 클릭한 후 아래와 같이 적당한 위치로 드래그하여 이동한다.

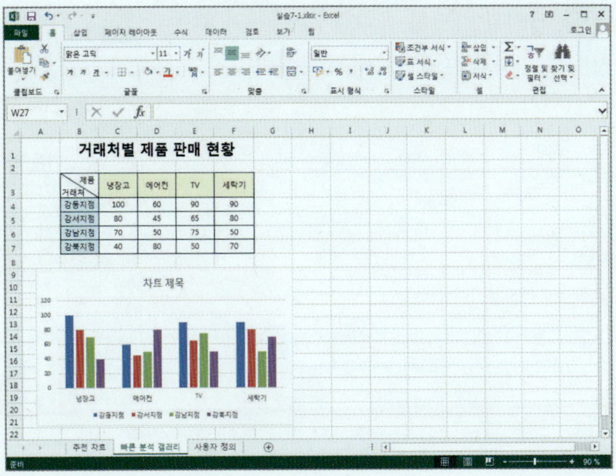

| 방법 3 | 사용자 정의로 차트 만들기

01 [사용자 정의] 시트를 선택하고 차트 작성에 필요한 데이터 범위 [B3:F7] 셀을 범위로 지정한다.

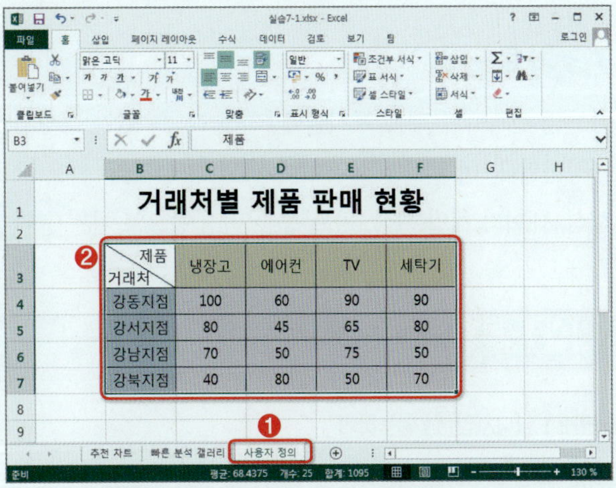

02 [삽입] 탭 - [차트] 그룹 - [세로 막대형 차트 삽입] - [2차원 세로 막대형:묶은 세로 막대형]을 클릭한다.

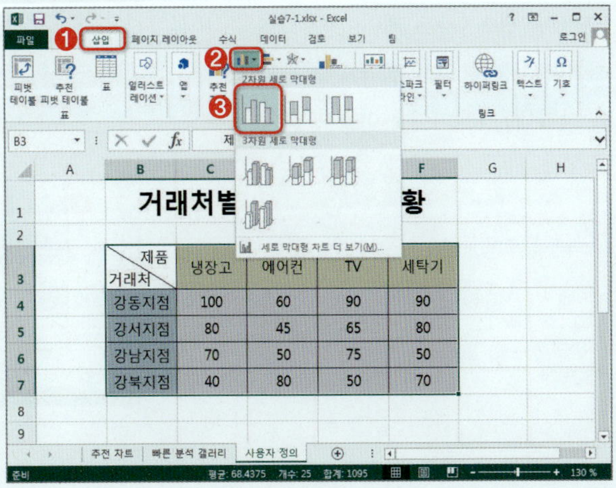

03 삽입된 차트를 클릭한 후 아래와 같이 적당한 위치로 드래그하여 이동한다.

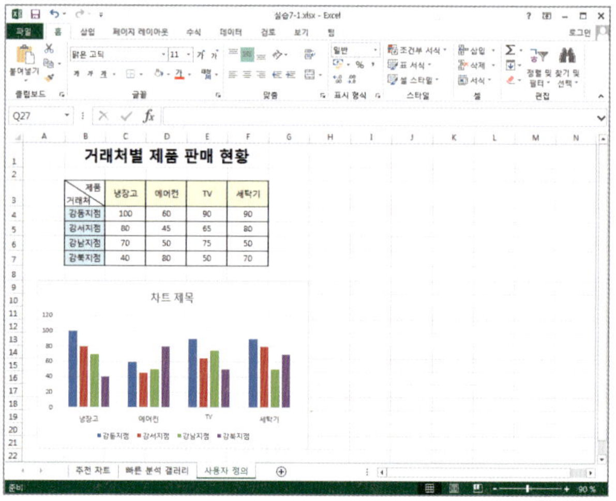

TIP 단축키 F11을 눌러도 차트를 만들 수 있으며, 별도의 [Chart1] 시트가 추가된다.

7.3 차트 편집

차트를 선택하면 제목 표시줄에 [차트 도구] 탭이 생성되며, 그 아래 메뉴 탭에 [디자인]과 [서식] 탭이 활성화된다. 이 탭들을 활용하여 차트 영역 서식, 차트 제목 서식, 그림 영역 서식, 범례 서식, X와 Y축 서식, 데이터 계열 서식, 차트 종류 변경 등으로 차트를 편집하는 방법에 대하여 알아보자.

▶ 준비파일 : 실습7-2.xlsx

실습 7-2 차트 도구 활용하기

| 단계 1 | [디자인] 탭 활용하기

01 **빠른 레이아웃 적용하기** '실습7-2.xlsx' 파일을 열고 차트를 선택한 후 [차트 도구] - [디자인] 탭 - [차트 레이아웃] 그룹 - [빠른 레이아웃]을 클릭하고 차트 제목과 축 서식을 나타내는 [레이아웃 9]를 선택한다.

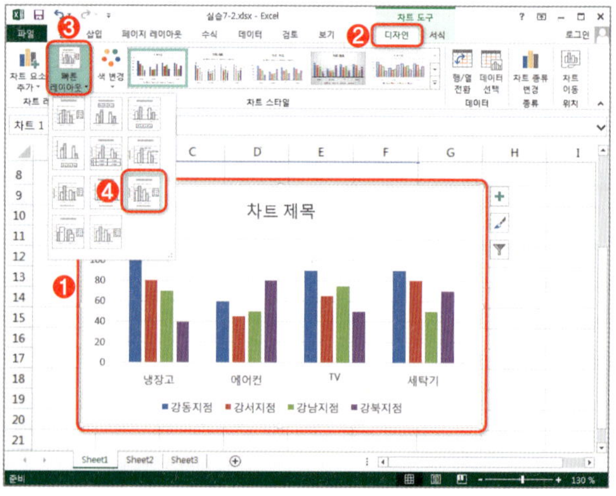

02 차트 서식 입력하기 차트 제목과 축 제목이 포함된 레이아웃이 적용되면 다음과 같이 차트 제목, X축 제목, Y축 제목을 변경한다.

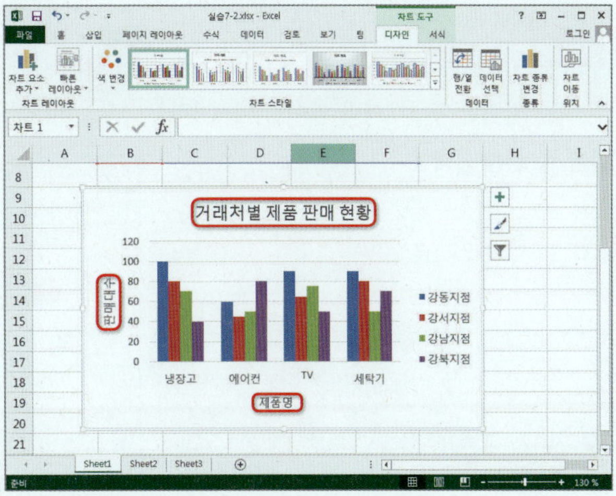

03 차트 스타일 적용하기 [차트 도구] - [디자인] 탭 - [차트 스타일] 그룹에 있는 [자세히 ▾]를 클릭하고 [스타일 6]을 선택한다.

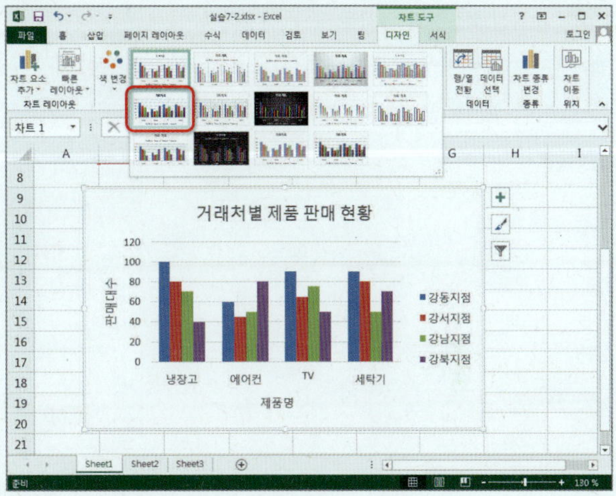

04 차트 색 변경하기 [차트 도구] - [디자인] 탭 - [차트 스타일] 그룹 - [색 변경]을 클릭하고 [색상형:색 4]를 선택한다.

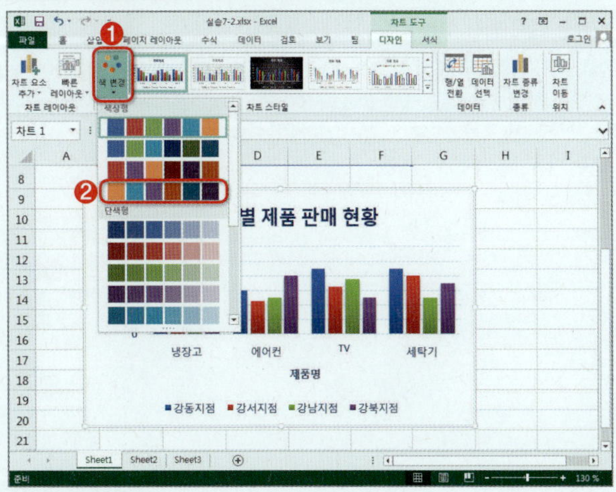

TIP 차트 스타일과 색은 차트를 클릭하면 차트 오른쪽에 나타나는 [차트 스타일 🖌]을 클릭하여 변경할 수 있다.

05 데이터 레이블 표시하기 [차트 도구] - [디자인] 탭 - [차트 레이아웃] 그룹 - [차트 요소 추가]를 클릭한 후 [데이터 레이블]에서 [바깥쪽 끝에]를 선택한다.

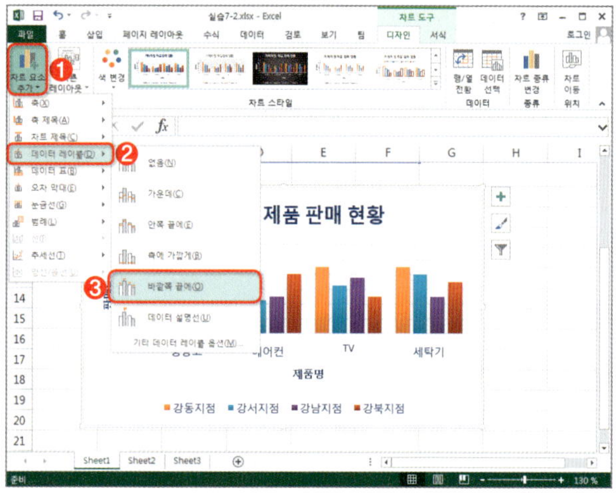

TIP▶ 차트 제목과 축 제목 등은 차트를 클릭하면 차트 오른쪽에 나타나는 [차트 요소 +]를 클릭하여 변경할 수 있다.

06 눈금선 적용하기 [차트 도구] - [디자인] 탭 - [차트 레이아웃] 그룹 - [차트 요소 추가]를 클릭한 후 [눈금선]에서 [기본 주 세로]를 선택한다.

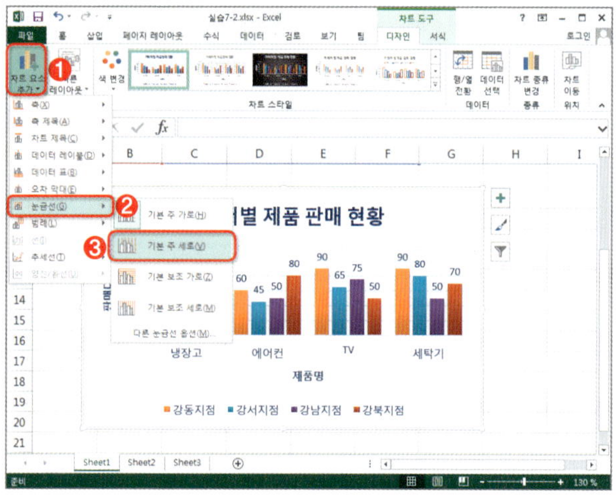

07 범례 위치 적용하기 [차트 도구] - [디자인] 탭 - [차트 레이아웃] 그룹 - [차트 요소 추가]를 클릭한 후 [범례]에서 [오른쪽]을 선택한다.

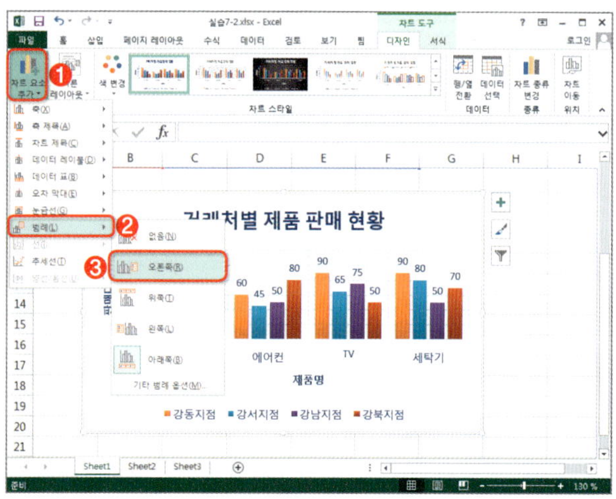

| 단계 2 | [서식] 탭 활용하기

01 차트 영역 서식 지정하기 차트를 선택한 후에 [차트 도구] - [서식] 탭 - [도형 스타일] 그룹에 있는 [자세히 ▽]를 클릭하고 [미세 효과 - 황록색, 강조 3]을 선택한다.

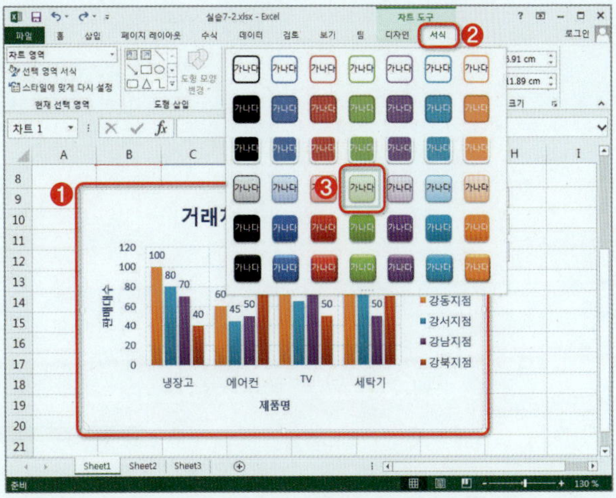

02 범례 서식 지정하기 범례에 테두리 선을 넣기 위해 차트의 범례를 선택하고 [차트 도구] - [서식] 탭 - [도형 스타일] 그룹 - [도형 윤곽선]을 클릭하고 [빨강]을 선택한다.

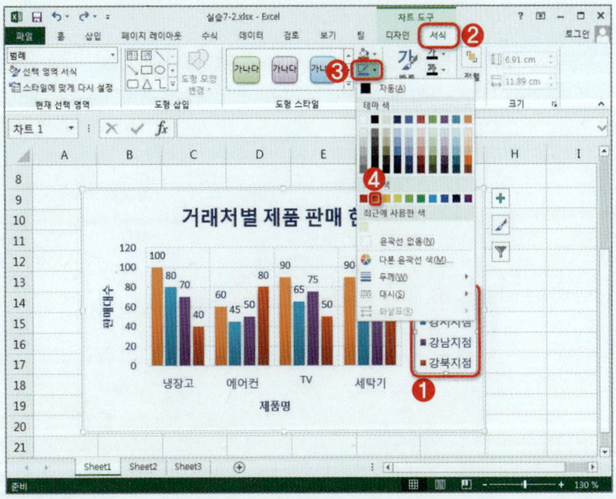

TIP 차트 요소들은 각각 별도의 개체로 취급되기 때문에 서식을 변경하고자 하는 요소를 선택한 후에 편집 작업을 한다.

03 차트 제목 서식 지정하기 차트 제목을 선택하고 [차트 도구] - [서식] 탭 - [WordArt 스타일] 그룹 - [빠른 스타일]을 클릭한 후 [채우기-흰색, 윤곽선-강조 2, 진한그림자-강조 2]를 선택한다.

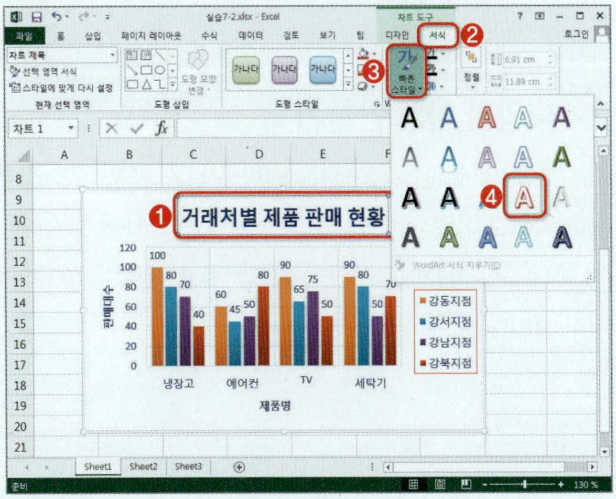

04 다음과 같이 차트 편집이 완성된다.

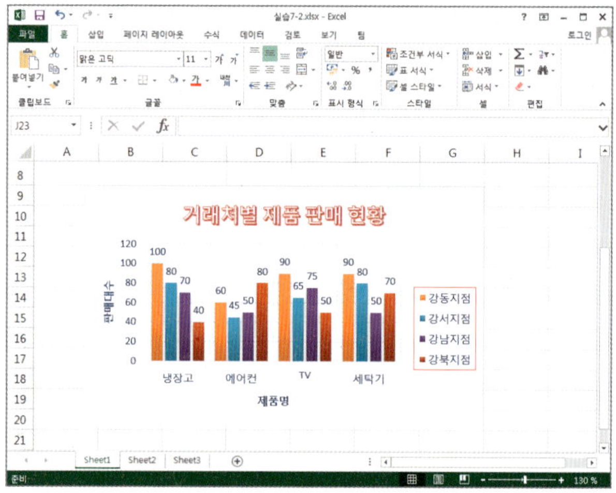

> **NOTE 차트에서 팝업메뉴 활용하기**
>
> 차트 구성 요소의 서식을 변경하는 또 다른 방법은 다음과 같이 차트 구성 요소를 선택하고 마우스 오른쪽 버튼을 눌러 팝업메뉴를 이용하는 것이다. 세밀한 작업의 경우에는 팝업메뉴를 활용하는 것이 좋다.
>
> 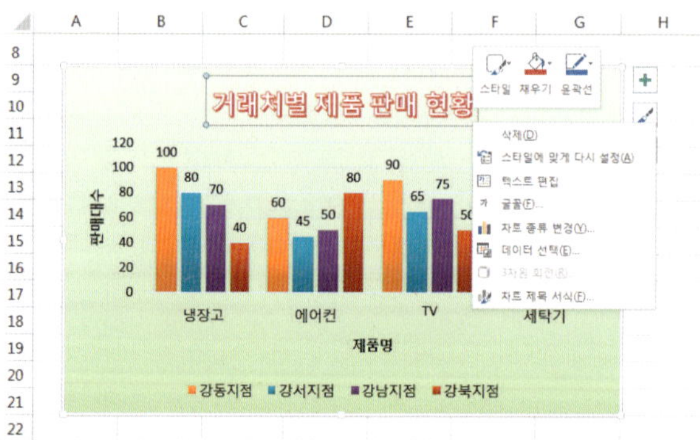
>

7.4 다양한 차트 만들기

기본 차트 외에 많이 활용되는 원형 차트와 콤보(이중 축 혼합) 차트를 만드는 방법을 알아보고 셀 안에 작은 차트로 삽입되는 스파크라인 차트를 만들어 보자. 원형 차트는 전체에 대한 항목의 비율을 보여주는 데 유용한 차트이고, 콤보 차트는 서로 다른 두 종류의 차트로 구성된 차트로 데이터 범위의 값이 현저히 차이가 날 때 사용하면 좋다.

▶ 준비파일 : 실습7-3.xlsx

실습 7-3 원형 차트 만들기

01 원형 차트 삽입하기 '실습7-3.xlsx' 파일을 열고 차트를 작성할 범위 [B4:C8] 셀을 범위로 지정한 후 [삽입] 탭 - [차트] 그룹 - [원형] - [3차원 원형]을 선택한다.

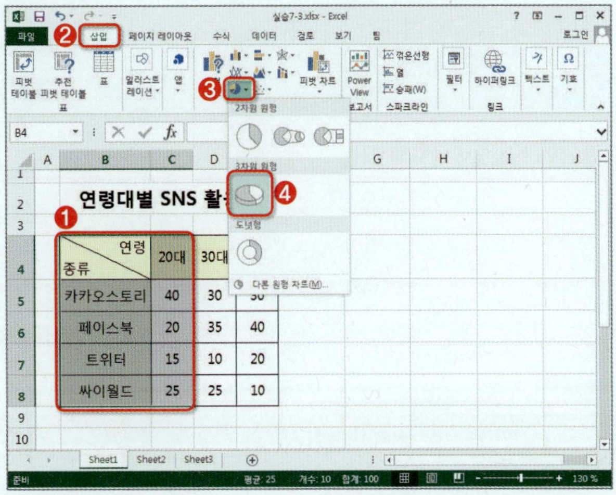

02 레이아웃 지정하기 원형 차트가 삽입되면 차트의 크기를 조절하여 오른쪽으로 이동시키고 [차트 도구] - [디자인] 탭 - [차트 레이아웃] 그룹 - [빠른 레이아웃]을 클릭한 후 [레이아웃 2]를 선택한다.

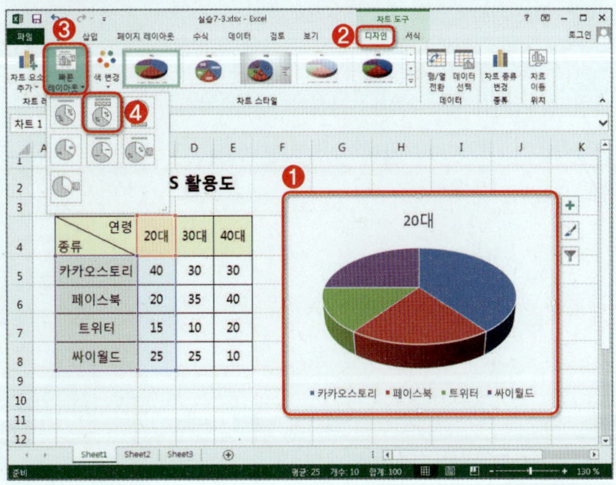

03 데이터 레이블 지정하기 [차트 도구] - [디자인] 탭 - [차트 레이아웃] 그룹 - [차트 요소 추가]를 클릭하고 [데이터 레이블]에서 [데이터 설명선]을 선택한다.

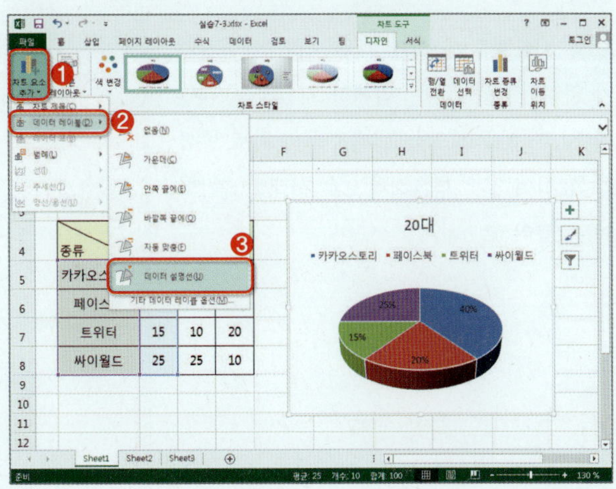

04 원형 조각 분리하기 차트에서 가장 비중이 큰 요소만 분리하여 눈에 띄게 하기 위해 '카카오스토리' 요소를 천천히 두 번 클릭하여 선택하고 바깥쪽으로 드래그하여 조각을 분리한다.

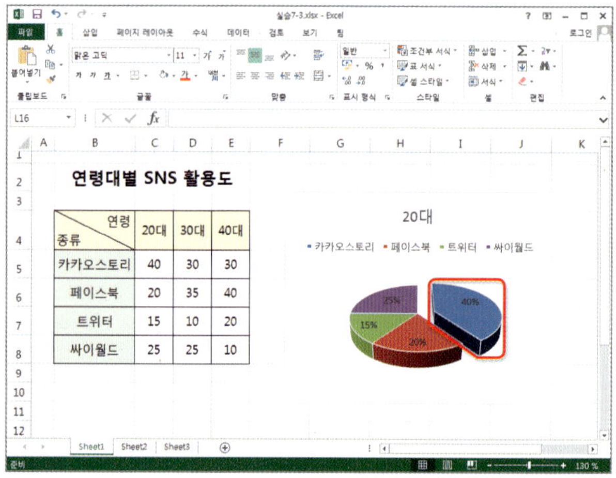

▶ 준비파일 : 실습7-4.xlsx

실습 7-4 콤보 차트 만들기

01 콤보 차트 삽입하기 '실습7-4.xlsx' 파일을 열고 차트를 작성할 범위 [B4:D10] 셀을 선택한 후 [삽입] 탭 - [차트] 그룹 - [콤보 차트 삽입] - [사용자 지정 콤보 차트 만들기]를 선택한다.

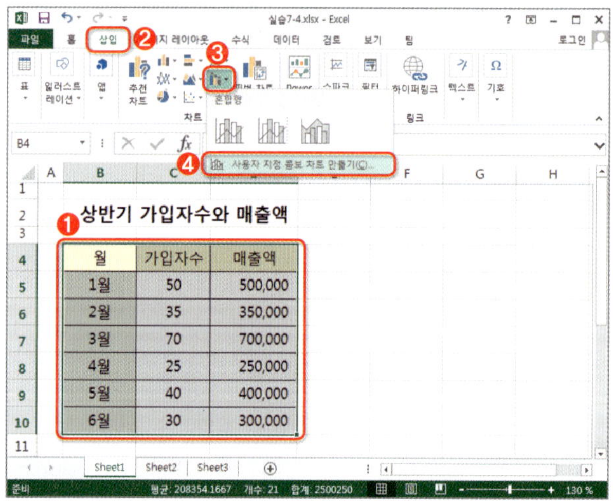

TIP '가입자수' 데이터의 범위는 25~70이며 '매출액' 데이터의 범위는 250,000~700,000이다. 서로 범위 차이가 크기 때문에 콤보 차트로 표현하는 것이 더 효율적이다.

02 차트 종류 변경하기 [차트 삽입] 대화상자가 열리면 [모든 차트] 탭에서 '가입자수' 계열의 '보조 축'을 체크하고 '매출액'의 차트 종류를 '표식이 있는 꺾은선형'으로 선택한 후 [확인]을 클릭한다.

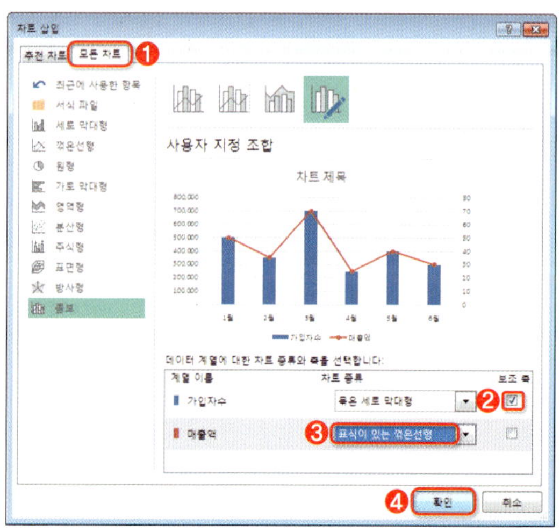

03 **차트 제목 입력하기** 차트 제목을 '상반기 가입자수와 매출액'으로 변경한다.

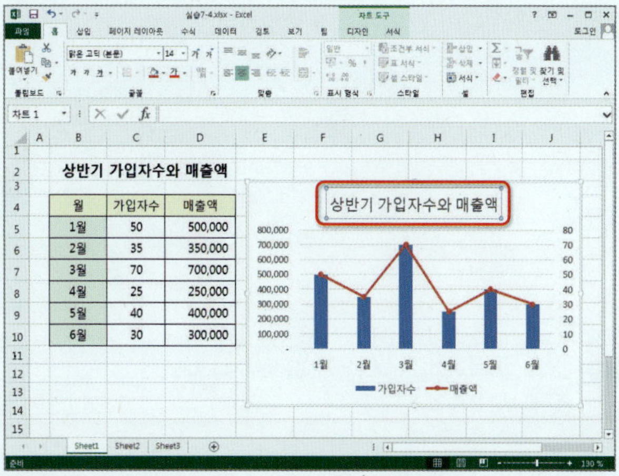

04 **데이터 계열 서식 지정하기** '가입자수' 계열인 푸른색 막대그래프를 선택한 후 [차트 도구] - [디자인] 탭 - [차트 레이아웃] 그룹 - [차트 요소 추가] - [데이터 레이블] - [가운데]를 클릭한다.

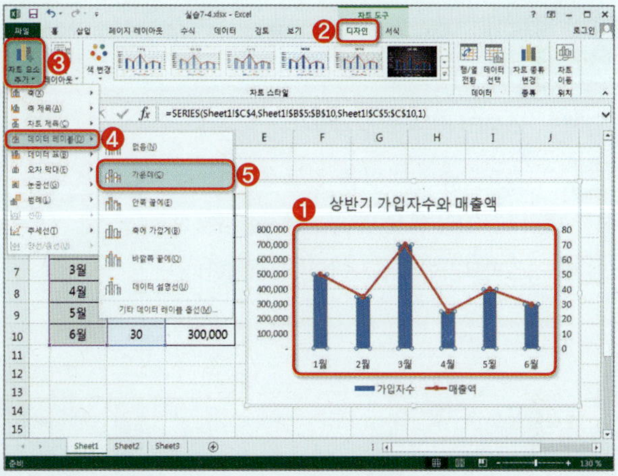

05 **차트 색상 변경하기** '매출액' 계열인 붉은색 꺾은선 그래프를 선택한 후 [차트 도구] - [서식] 탭 - [도형 스타일] 그룹 - [도형 윤곽선]을 클릭한 후 [주황]을 선택한다.

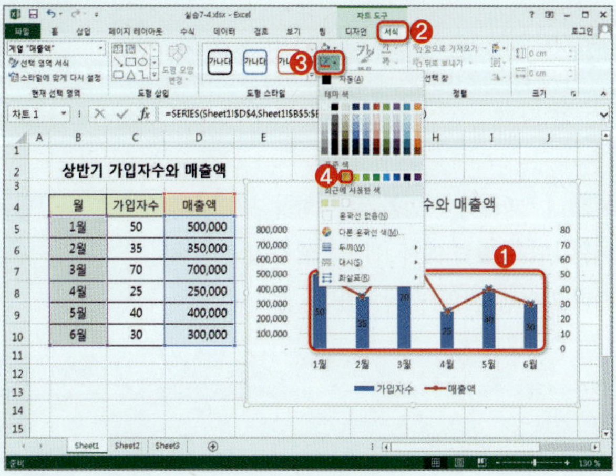

06 다음과 같이 콤보 차트가 완성된다.

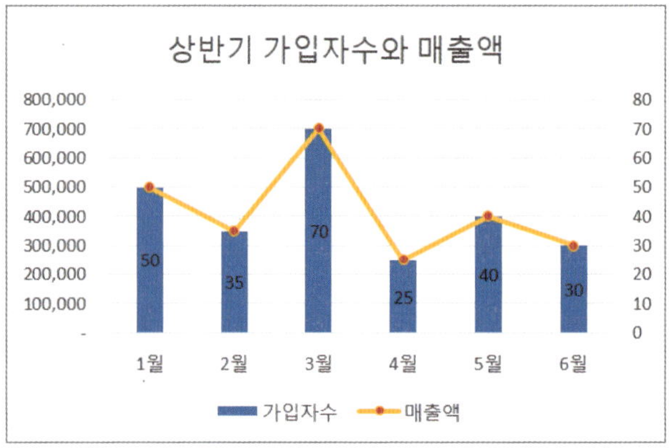

TIP 각각의 데이터 계열을 선택하여 서식을 바꾸거나 차트 종류를 변경할 수 있다.

▶ 준비파일 : 실습7-5.xlsx

실습 7-5 스파크라인 차트 만들기

| 단계 1 | 스파크라인 차트 삽입하기

01 '실습7-5.xlsx' 파일을 열고 차트를 작성할 범위 [C4:H7] 셀을 범위로 지정한 후 [삽입] 탭 - [스파크라인] 그룹 - [열]을 선택한다.

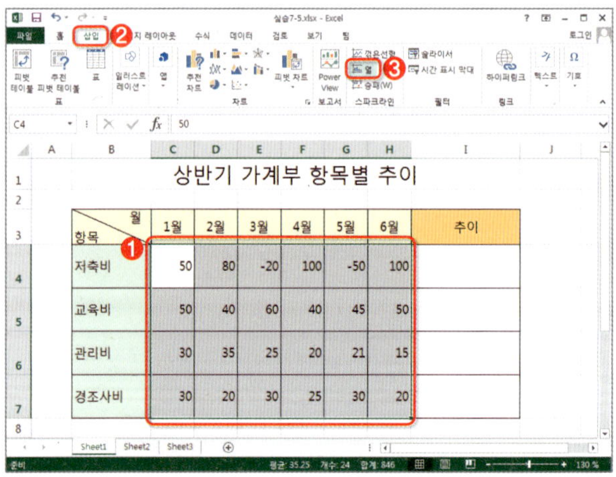

TIP 스파크라인 차트는 셀 안에 삽입되는 작은 차트로, 데이터의 변화와 추세를 한눈에 확인할 수 있어 유용하게 사용된다.

02 [스파크라인 만들기] 대화상자가 나타나면 [위치 범위]에서 [I4:I7] 셀을 마우스로 드래그한 후 [확인]을 클릭한다.

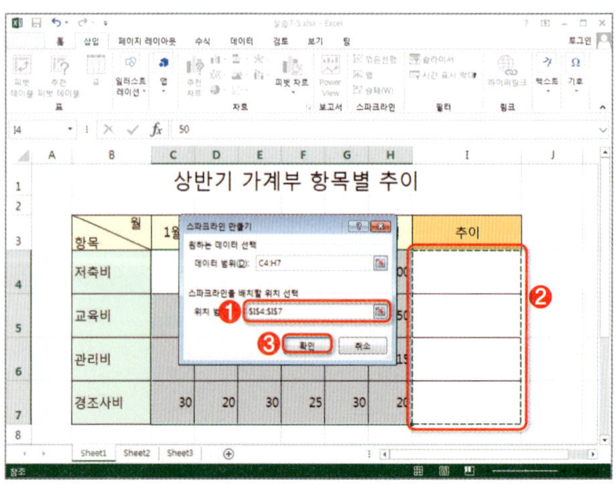

03 다음과 같이 각 셀에 스파크라인 차트가 만들어진다.

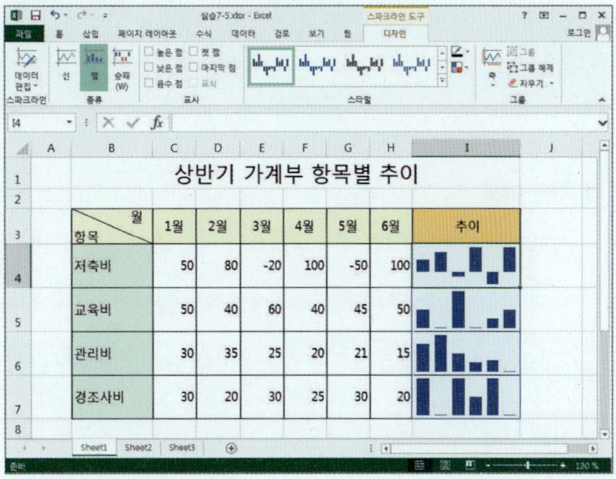

| 단계 2 | 스파크라인 차트 편집하기

01 스파크라인 차트 강조하기 [I4:I7] 셀을 범위로 지정하고 [스파크라인 도구] - [디자인] 탭 - [표시] 그룹 - [높은 점]을 체크하면 각 항목에서 가장 큰 값이 '빨강색'으로 변경된다.

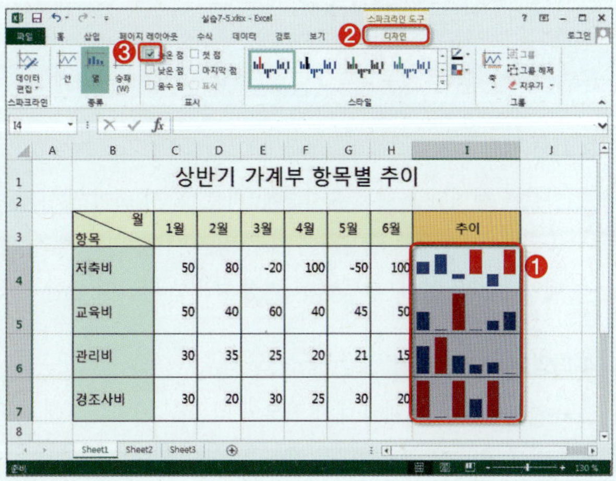

TIP [스파크라인 도구] - [디자인] 탭 - [스타일] 그룹 - [표식 색]을 이용해도 서식을 변경할 수 있다.

02 스파크라인 차트 종류 변경하기 [I4:I7] 셀을 범위로 지정한 상태에서 [스파크라인 도구] - [디자인] 탭 - [종류] 그룹 - [선]을 선택한다.

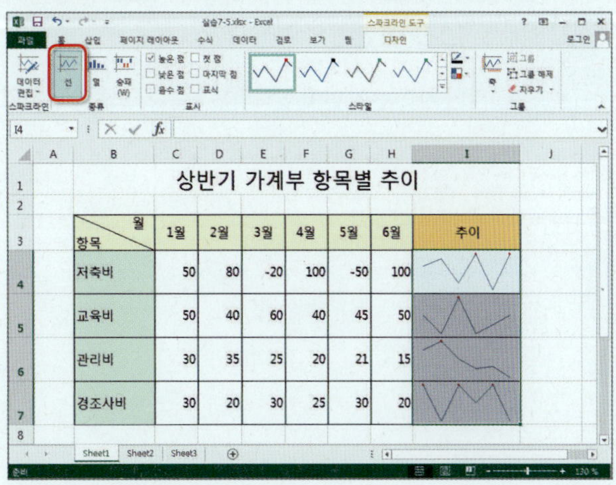

TIP [스파크라인 도구] - [디자인] 탭 - [그룹] 그룹 - [지우기]를 클릭하면 스파크라인 차트의 일부 또는 전체를 지울 수 있다.

요약

IT COOKBOOK

1 차트 이해

- 표의 데이터를 그림이나 그래프로 나타낸 것을 차트라고 한다.
- 데이터를 한눈에 비교하고 추세를 확인할 수 있으며 원하는 내용을 쉽고 빠르게 전달할 수 있다.
- [삽입] 탭 – [차트] 그룹을 이용하거나 단축키 F11 을 눌러 작성할 수 있다.

2 차트 작성

- **추천 차트로 차트 만들기 :** [삽입] 탭 – [차트] 그룹에서 [추천 차트]를 클릭한다.
- **빠른 분석 갤러리로 차트 만들기 :** 지정한 셀 범위의 우측 하단에 나타나는 [빠른 분석]을 클릭하고 갤러리에서 [차트]를 클릭한다.
- **사용자 정의로 차트 만들기 :** [삽입] 탭 – [차트] 그룹에서 원하는 차트를 선택한다.

3 차트 편집

차트를 선택하면 제목 표시줄에 [차트 도구] 탭이 생성되며, 그 아래 메뉴 탭에 [디자인]과 [서식] 탭이 제공된다. 이 탭들을 활용하여 차트 영역 서식, 차트 제목 서식, 그림 영역 서식, 범례 서식, X와 Y축 서식, 데이터 계열 서식, 차트 종류 변경 등으로 차트에 관한 편집을 할 수 있다.

4 다양한 차트 만들기

- 원형 차트는 전체에 대한 항목의 비율을 보여주는 데 유용한 차트이며, 데이터 계열이 하나일 때만 사용할 수 있다.
- 콤보 차트는 서로 다른 두 종류 이상의 차트로 구성된 차트이며, 데이터의 값이 현저히 차이가 날 때 유용하게 사용할 수 있다.
- 스파크라인 차트는 셀 안에 삽입되는 작은 차트로 데이터의 변화와 추세를 한눈에 볼 수 있어서 유용하다.

연습문제

IT COOKBOOK

1 '연습7-1.xlsx' 파일을 열어 아래 조건에 맞게 차트를 만들고 '연습7-1(완성).xlsx'로 저장하시오.

| 조건 | ▶ 준비파일 : 연습7-1.xlsx

① 차트 종류 : '꺾은선형'

② 차트 레이아웃 : '레이아웃 3'

③ 그림 영역 서식 : '흰색, 배경 1, 5% 더 어둡게'

④ 데이터 계열 : '총판매량' 계열에만 데이터 레이블 표시하기

⑤ 차트 제목 : '판매량 실적'

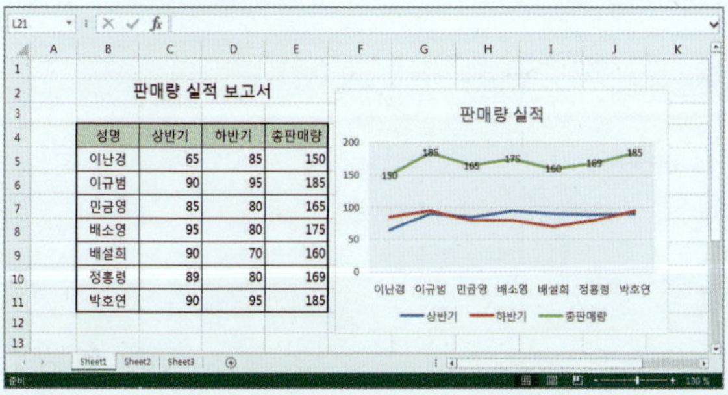

2 '연습7-2.xlsx' 파일을 열어 아래 조건에 맞게 차트를 만들고 '연습7-2(완성).xlsx'로 저장하시오.

| 조건 | ▶ 준비파일 : 연습7-2.xlsx

① 차트 종류 : '원형 : 3차원 원형'

② 차트 레이아웃 : '레이아웃 2'

③ 범례 : 지우기

④ 차트 제목 : '전산개론 평가방법'

⑤ 데이터 계열

- '항목'과 '비율'을 '쉼표(,)'로 구분하여 차트 안쪽 끝에 표시
- '출석' 레이블은 '텍스트 채우기 – 빨강'으로 지정

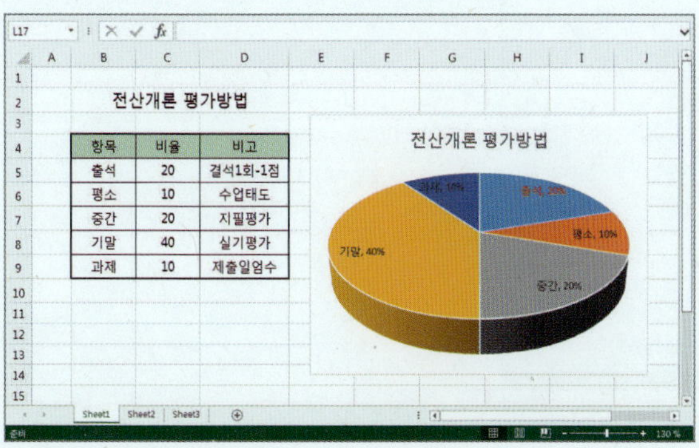

3 '연습7-3.xlsx' 파일을 열어 아래 조건에 맞게 차트를 만들고 '연습7-3(완성).xlsx'로 저장하시오.

| 조건 | ▶ 준비파일 : 연습7-3.xlsx

① 차트 종류 : '콤보 차트'

② 차트 제목 : '가전 제품 수입/판매 금액'

③ 차트 스타일 : '스타일 4'

④ 데이터 표 : 범례 표지 없음

⑤ 범례 위치 : 위쪽에 범례 표시

⑥ 데이터 계열 : '수입금액' – 보조축, '냉장고' – '주황, 강조 6' 색 채우기

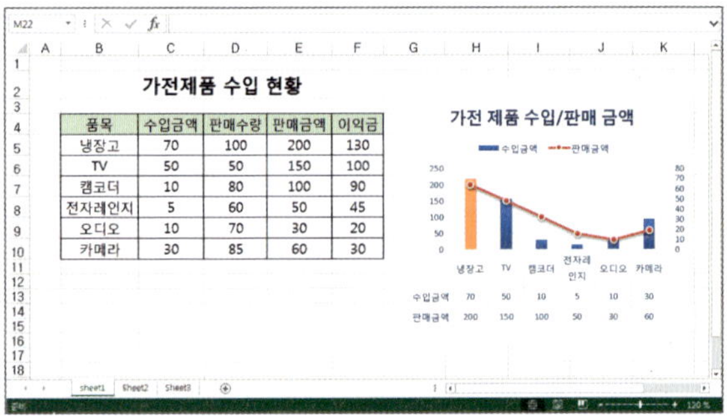

가전제품 수입 현황

품목	수입금액	판매수량	판매금액	이익금
냉장고	70	100	200	130
TV	50	50	150	100
캠코더	10	80	100	90
전자레인지	5	60	50	45
오디오	10	70	30	20
카메라	30	85	60	30

4 '연습7-4.xlsx' 파일을 열어 아래 조건에 맞게 차트를 만들고 '연습7-4(완성).xlsx'로 저장하시오.

| 조건 | ▶ 준비파일 : 연습7-4.xlsx

① 스파크라인 차트 종류 : '열'

② 스파크라인 음수 점에는 빨간색 표식을 넣으시오.

③ 스파크라인 색 : '녹색-강조6'

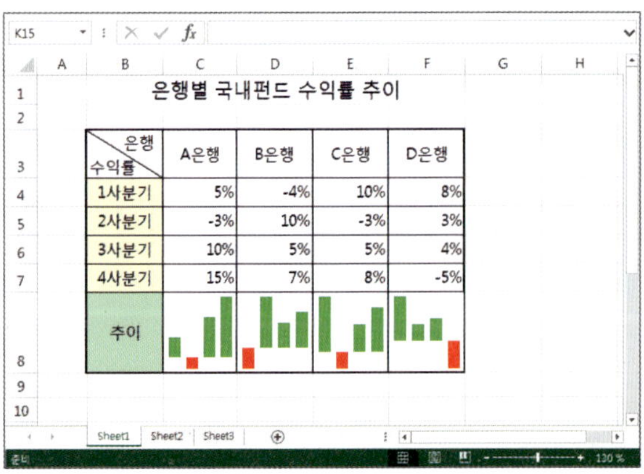

은행별 국내펀드 수익률 추이

은행 / 수익률	A은행	B은행	C은행	D은행
1사분기	5%	-4%	10%	8%
2사분기	-3%	10%	-3%	3%
3사분기	10%	5%	5%	4%
4사분기	15%	7%	8%	-5%
추이				

SECTION -- IT COOKBOOK

08 데이터 관리와 분석

데이터는 상황에 맞게 정리하여 사용할 수 있어야만 정보로서의 그 가치가 인정된다. 이 장에서는 간단하게 데이터를 내림차순, 오름차순으로 정렬해보고, 부분합 기능을 사용하여 데이터를 그룹별로 계산하는 방법을 알아본다. 또한 데이터 목록에서 조건에 맞는 데이터를 추출하는 방법과 많은 양의 데이터를 분석하고 요약하는 피벗 테이블과 피벗 차트에 대하여 학습한다.

8.1 데이터 정렬과 부분합

데이터베이스의 구성과 정렬 기능을 살펴보고, 다양한 형태의 정렬 기법을 적용해보자. 또한 부분합 기능을 이용하여 데이터를 그룹별로 계산하는 방법을 알아보자.

데이터베이스 구성

번호	이름	부서	성별	워드	엑셀	파워포인트
1	조상문	인사부	남	75	90	70
2	정재헌	영업부	남	60	80	85
3	이용국	기획부	남	75	60	60
4	김옥남	총무부	남	80	75	55
5	박순심	영업부	여	90	60	80
6	김진숙	인사부	여	95	55	55
7	김종언	구매부	남	80	90	90
8	우재남	인사부	여	70	90	60
9	박신성	영업부	여	60	65	75
10	최상길	구매부	남	85	50	80

❶ **데이터베이스** : 데이터 목록 전체를 의미하며 필드, 레코드, 필드명으로 구성되어 있다.

❷ **필드** : 데이터베이스에서 '열'을 의미한다.

❸ **레코드** : 데이터베이스에서 '행'을 의미한다.

❹ **필드명** : 각 필드를 구분하는 이름을 의미한다.

▶ 준비파일 : 실습8-1.xlsx

실습 8-1 데이터 정렬하기

정렬이란 특정 기준에 맞게 데이터를 순서대로 나열하는 것을 말한다. 정렬 기준은 최대 64개까지 지정할 수 있으며, 기본적으로 행 단위로 정렬된다. 정렬 방식에는 오름차순과 내림차순이 있고 오름차순은 작은 값에서 큰 값으로, 내림차순은 큰 값에서 작은 값으로 배열되는 것을 말한다.

01 '실습8-1.xlsx' 파일을 열고 셀 포인터를 데이터 목록 내의 임의의 셀에 위치시킨 후 [데이터] 탭 – [정렬 및 필터] 그룹 – [정렬]을 클릭한다.

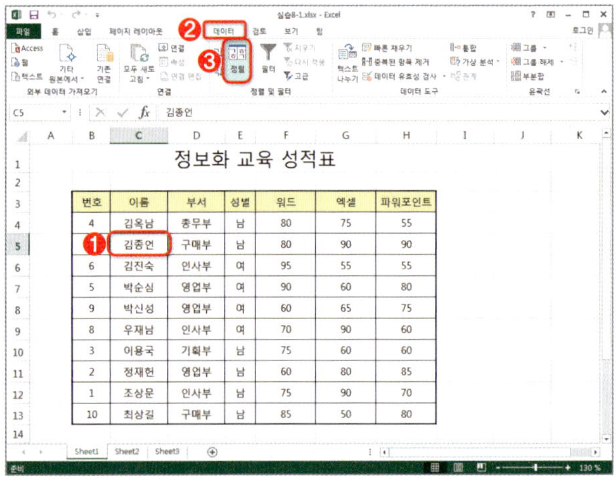

번호	이름	부서	성별	워드	엑셀	파워포인트
4	김옥남	총무부	남	80	75	55
7	김종언	구매부	남	80	90	90
6	김진숙	인사부	여	95	55	55
5	박순심	영업부	여	90	60	80
9	박신성	영업부	여	60	65	75
8	우재남	인사부	여	70	90	60
3	이용국	기획부	남	75	60	60
2	정재헌	영업부	남	60	80	85
1	조상문	인사부	남	75	90	70
10	최상길	구매부	남	85	50	80

02 [정렬] 대화상자가 열리면 [정렬 기준]을 '부서', '값', '오름차순'으로 선택하고 [기준 추가]를 클릭한 후 [다음 기준]을 '이름', '값', '오름차순'으로 선택하고 [확인]을 클릭한다.

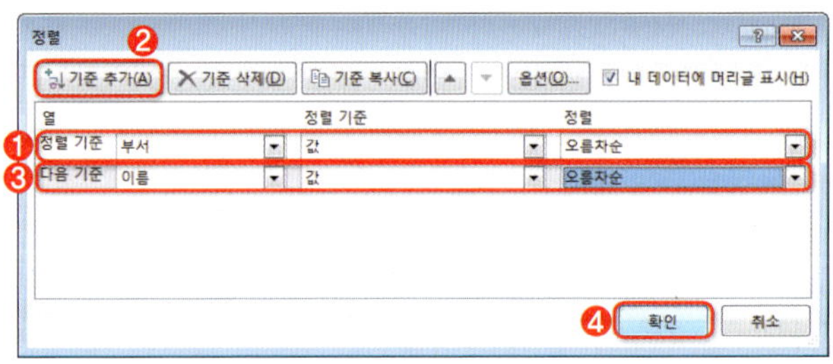

03 '부서'로 오름차순 정렬되고 동일한 '부서' 안에서는 '이름'으로 오름차순 정렬된다.

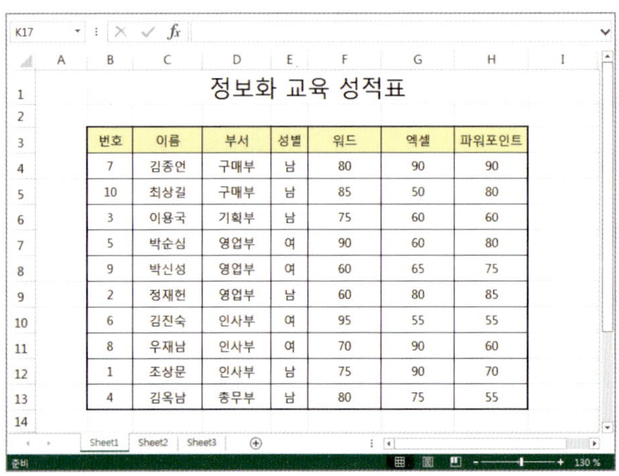

번호	이름	부서	성별	워드	엑셀	파워포인트
7	김종언	구매부	남	80	90	90
10	최상길	구매부	남	85	50	80
3	이용국	기획부	남	75	60	60
5	박순심	영업부	여	90	60	80
9	박신성	영업부	여	60	65	75
2	정재헌	영업부	남	60	80	85
6	김진숙	인사부	여	95	55	55
8	우재남	인사부	여	70	90	60
1	조상문	인사부	남	75	90	70
4	김옥남	총무부	남	80	75	55

NOTE [정렬] 대화상자

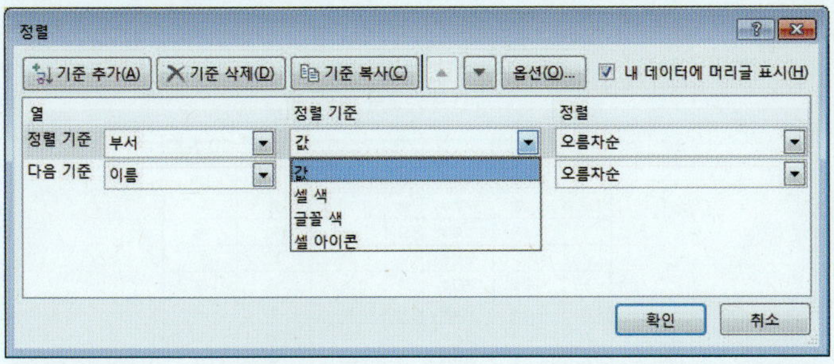

- 정렬 기준을 추가, 삭제, 복사할 수 있으며, 정렬 기준은 최대 64개까지 추가할 수 있다.
- 정렬 기준의 순서를 바꿀 수 있다.
- 영어 대/소문자 구분, 정렬의 방향을 조절할 수 있다.
- [내 데이터에 머리글 표시]의 체크를 해제하면 첫 행도 정렬 대상에 포함된다.
- 조건부 서식이 설정된 경우는 정렬 기준에서 '셀 색', '글꼴 색', '셀 아이콘'을 선택하여 색이나 아이콘을 기준으로 정렬할 수 있다.

▶ 준비파일 : 실습8-2.xlsx

실습 8-2 부분합 구하기

부분합이란 데이터 목록의 특정 필드를 기준으로 레코드를 그룹화한 후에 그룹별로 합계, 평균, 개수 등을 계산하는 기능이다. 부분합을 실행하기 위해서는 그룹화할 항목을 기준으로 데이터를 정렬해야 한다.

01 '실습8-2.xlsx' 파일을 열고 셀 포인터를 '부서' 열의 임의의 셀에 위치시킨 후 [데이터] 탭 - [정렬 및 필터] 그룹 - [텍스트 오름차순 정렬]을 클릭한다.

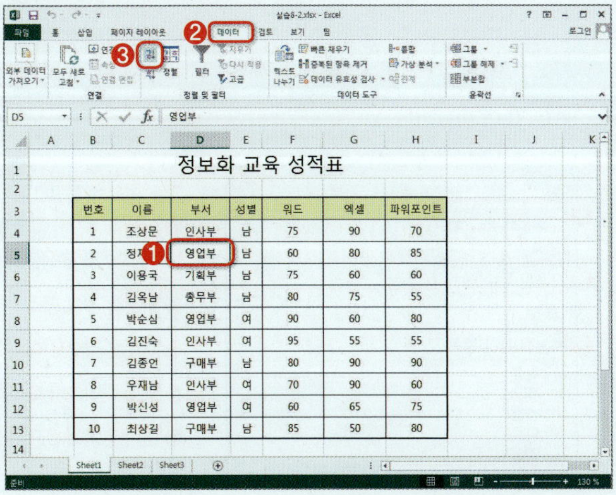

02 '부서' 열의 텍스트가 오름차순으로 정렬된다. 데이터 목록 안에 셀 포인터를 위치시킨 상태에서 [데이터] 탭 - [윤곽선] 그룹 - [부분합]을 클릭한다.

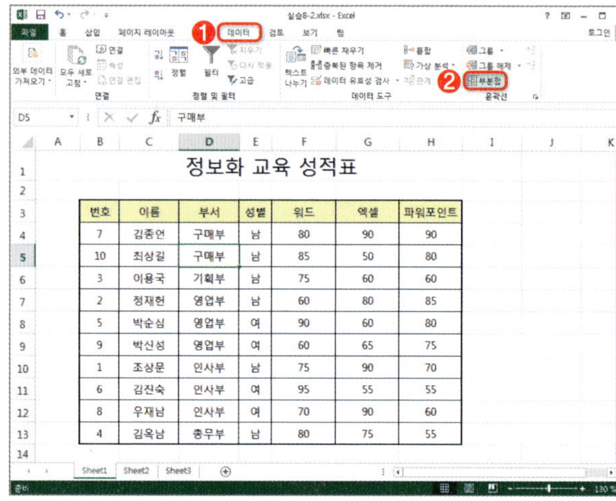

번호	이름	부서	성별	워드	엑셀	파워포인트
7	김종언	구매부	남	80	90	90
10	최상길	구매부	남	85	50	80
3	이용국	기획부	남	75	60	60
2	정재헌	영업부	남	60	80	85
5	박순심	영업부	여	90	60	80
9	박신성	영업부	여	60	65	75
1	조상문	인사부	남	75	90	70
6	김진숙	인사부	여	95	55	55
8	우재남	인사부	여	70	90	60
4	김옥남	총무부	남	80	75	55

03 [부분합] 대화상자가 열리면 [그룹화할 항목]에서 '부서', [사용할 함수]에서 '평균'을 선택하고 [부분합 계산 항목]에서 '워드', '엑셀', '파워포인트'를 체크한 후 [확인]을 클릭한다.

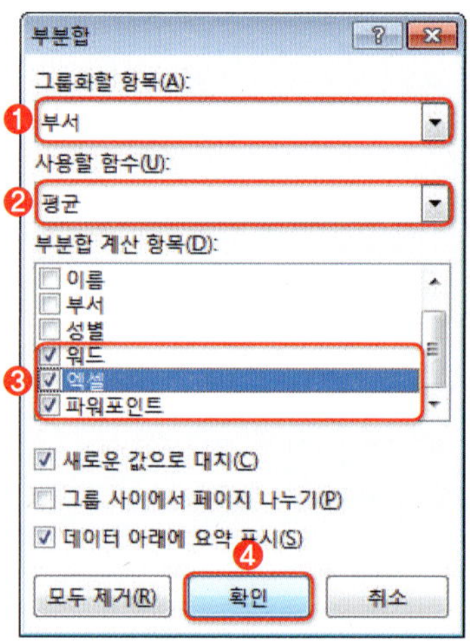

NOTE [부분합] 대화상자

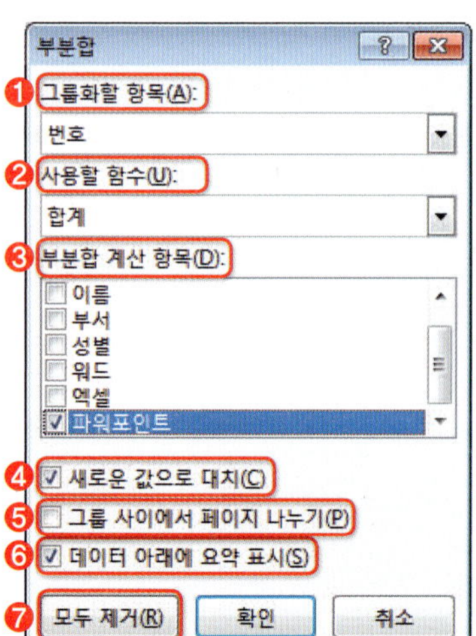

❶ **그룹화할 항목** : 데이터를 그룹으로 분류하는 데 기준이 되는 필드다.

❷ **사용할 함수** : 그룹별로 계산할 때 사용하는 함수이며 합계, 개수, 평균 등의 함수로 구성된다.

❸ **부분합 계산 항목** : 그룹별로 계산할 필드다.

❹ **새로운 값으로 대치** : 기존 부분합 결과를 없애고 현재의 결과로 대치한다.

❺ **그룹 사이에서 페이지 나누기** : 각 그룹의 다음 페이지가 나누어진다.

❻ **데이터 아래에 요약 표시** : 부분합 결과를 표시할 위치를 선택한다.

❼ **모두 제거** : 부분합이 제거되며, 윤곽 기호와 페이지 나누기도 함께 제거된다.

04 부분합의 결과로 평균이 표시된다. 워크시트 왼쪽에 표시된 윤곽 기호를 이용하여 하위 수준을 숨기거나 표시할 수 있다.

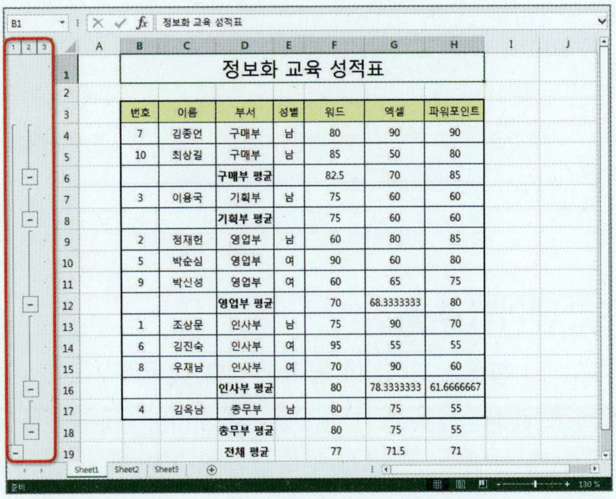

05 데이터 목록 내에 셀 포인터를 두고 [데이터] 탭 - [윤곽선] 그룹 - [부분합]을 클릭한다. [부분합] 대화상자가 열리면 [사용할 함수]에서 '개수'를 선택하고 [새로운 값으로 대치]의 체크를 해제한 후 [확인]을 클릭한다.

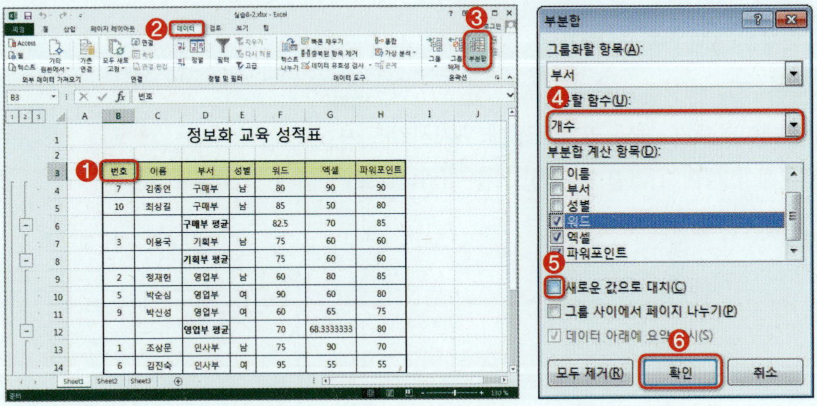

06 부분합의 결과로 평균과 개수가 함께 표시된다.

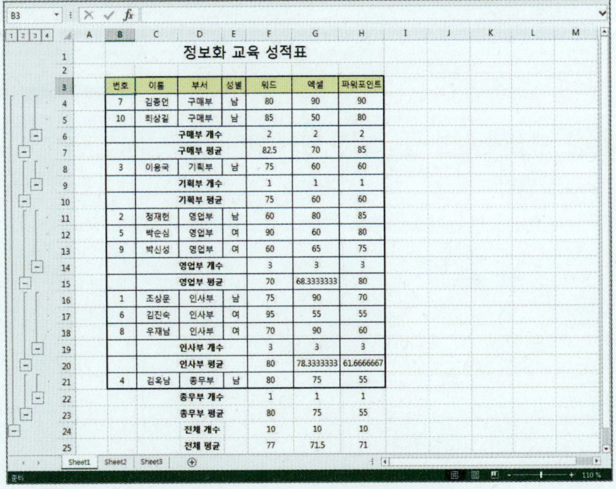

TIP [부분합] 대화상자에서 [새로운 값으로 대치]가 체크되어 있다면 평균이 없어지고 개수로 대치된다.

> **NOTE 부분합의 표시 방법과 제거**
>
> - 부분합이 적용된 시트 왼쪽에 있는 +, – 버튼이나 1, 2, 3, 4 버튼을 클릭해서 수준별로 데이터를 표시할 수 있다.
> - 부분합을 제거하려면 [부분합] 대화상자를 열고 [모두 제거]를 클릭한다.

8.2 데이터 추출

사용자가 필요한 데이터만 걸러내는 것을 '필터링'이라고 하는데, 단순한 조건으로 데이터를 검색할 수 있는 자동 필터 기능과 복잡한 조건을 설정하고 필터링된 결과를 별도의 위치에 표시할 수 있는 고급 필터 기능으로 나뉜다. 데이터 목록에서 조건에 맞는 데이터를 추출하는 방법을 알아보자.

▶ 준비파일 : 실습8-3.xlsx

실습 8-3 자동 필터로 추출하기

| 단계 1 | 필터 단추 표시하기

01 '실습8-3.xlsx' 파일을 열고 셀 포인터를 데이터 목록 내의 임의의 셀에 위치시킨 후 [데이터] 탭 – [정렬 및 필터] 그룹 – [필터]를 클릭한다.

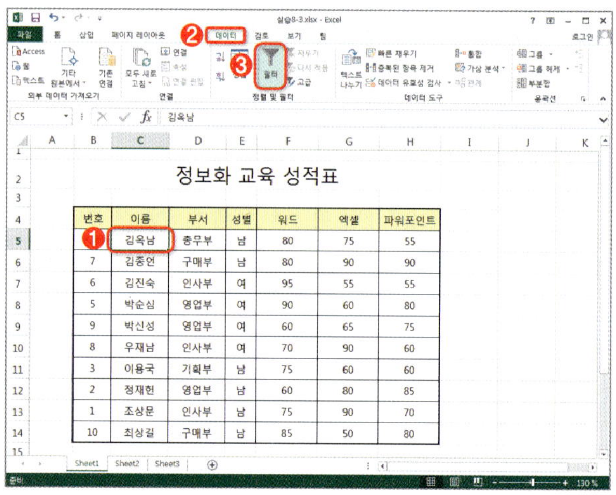

02 다음과 같이 필드 이름 옆에 필터 단추가 표시된다.

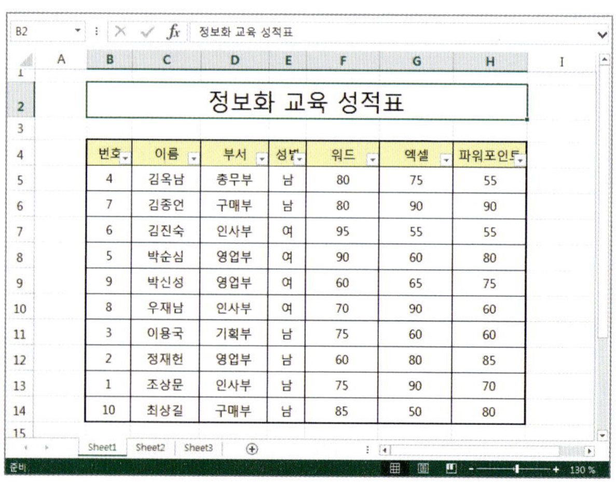

| 단계 2 | 자동 필터로 추출하기

01 '부서'의 필터 단추를 클릭하여 팝업메뉴가 열리면 '(모두 선택)'을 해제한 후 '영업부'를 체크하고 [확인]을 클릭하면 '부서'가 '영업부'인 데이터만 화면에 나타난다.

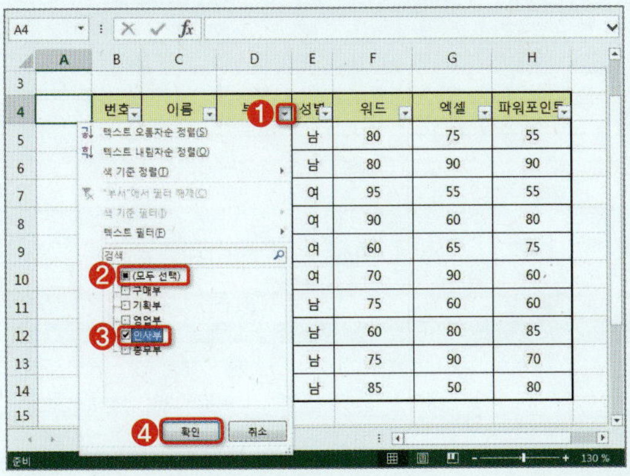

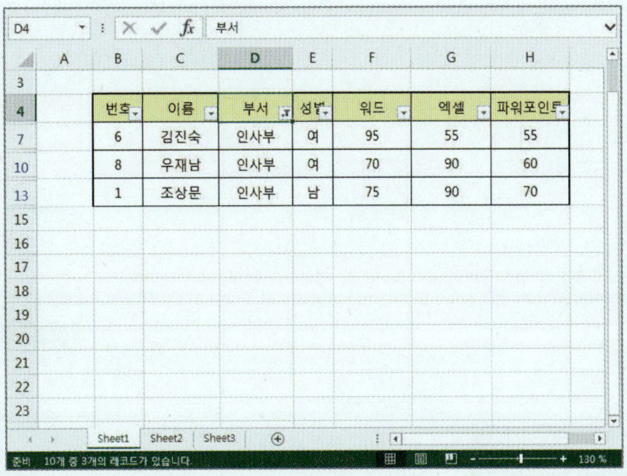

02 '성별'의 필터 단추를 클릭하고 '(모두 선택)'을 해제한 후 '남'을 체크하고 [확인]을 클릭하면 '부서'가 '영업부'이고 '성별'이 '남자'인 데이터만 추출된다.

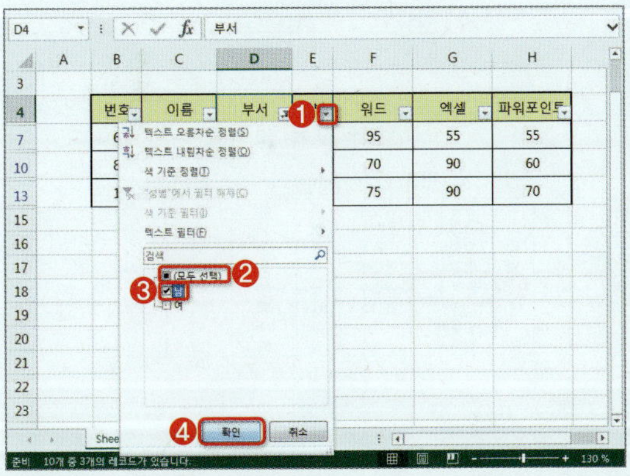

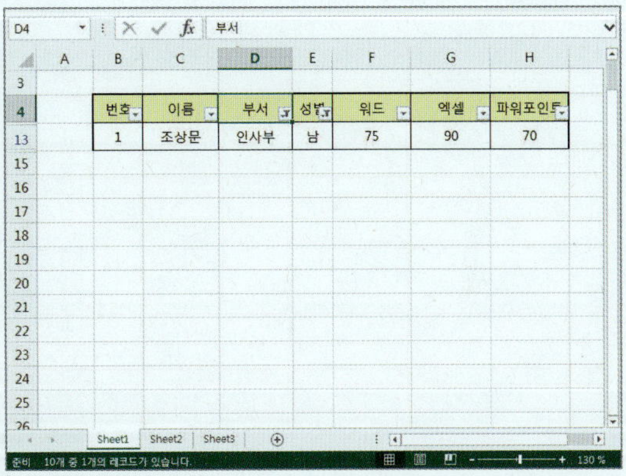

03 '부서', '성별'의 필터 단추를 각각 클릭하고 '(모두 선택)'을 체크하여 전체 데이터를 나타낸다.

04 '엑셀'의 필터 단추를 클릭하고 [숫자 필터] - [크거나 같음]을 선택한 후 [사용자 지정 자동 필터] 대화상자가 나타나면 '80'을 입력하고 [확인]을 클릭한다.

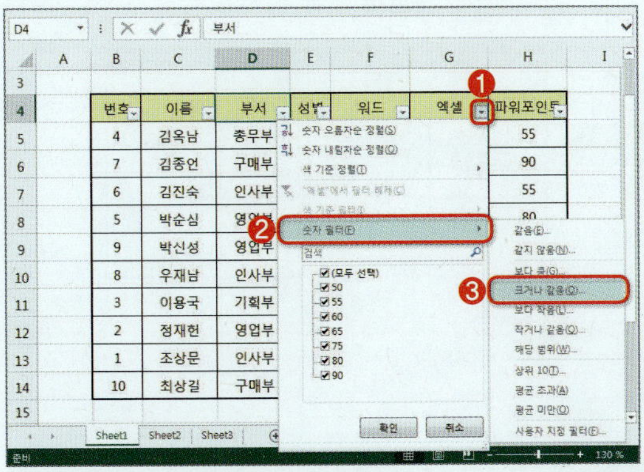

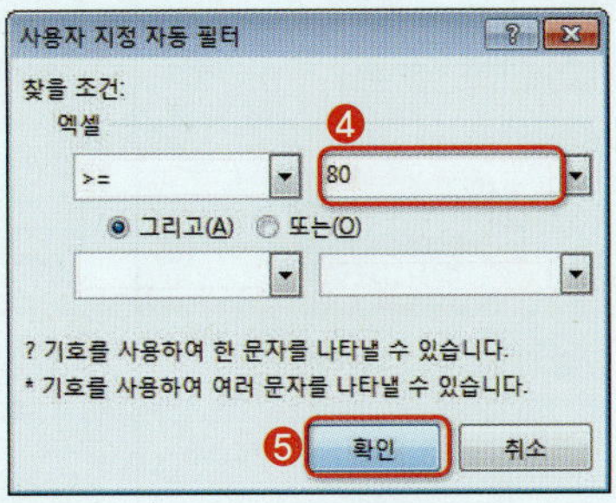

05 '엑셀' 점수가 80점 이상인 데이터만 추출되어 화면에 나타난다.

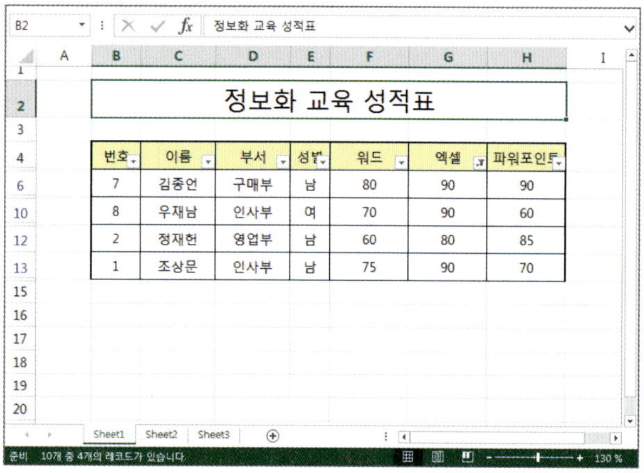

▶ 준비파일 : 실습8-4.xlsx

실습 8-4 고급 필터로 추출하기

01 '실습8-4.xlsx' 파일을 열고 셀 포인터를 데이터 목록의 임의의 셀에 위치시킨 후 [데이터] 탭 - [정렬 및 필터] 그룹 - [고급]을 클릭한다.

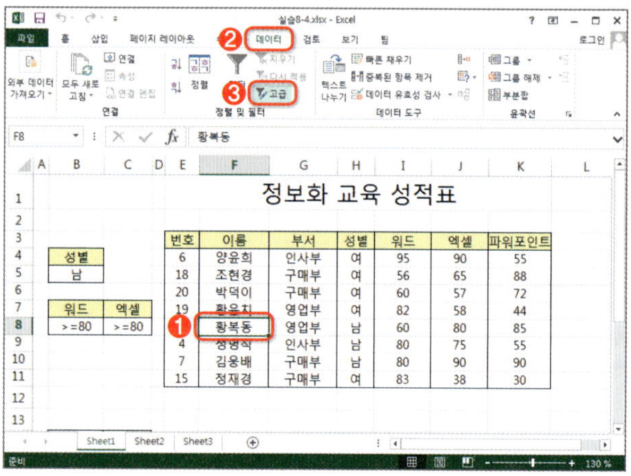

02 [고급 필터] 대화상자에서 [결과]는 '다른 장소에 복사'를 체크하고 [조건 범위]는 [B4:B5] 셀을 드래그하여 선택하고 [복사 위치]는 [E14] 셀을 지정한 다음 [확인]을 클릭한다.

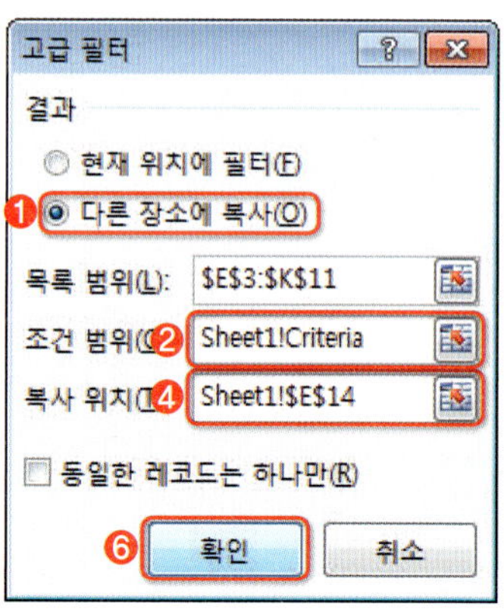

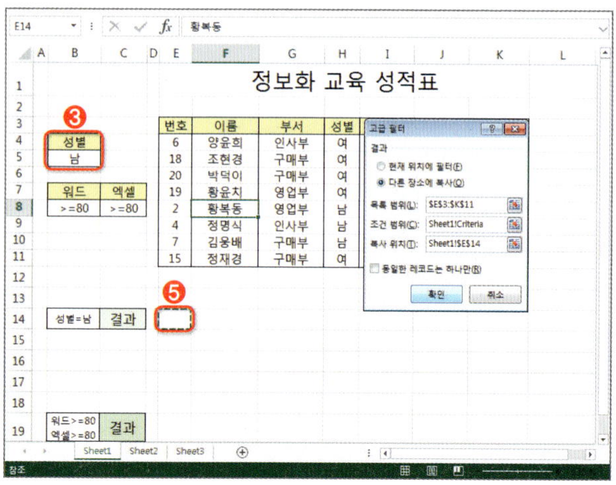

03 다음과 같이 [E14] 셀부터 시작하여 결과 값이 나타난다.

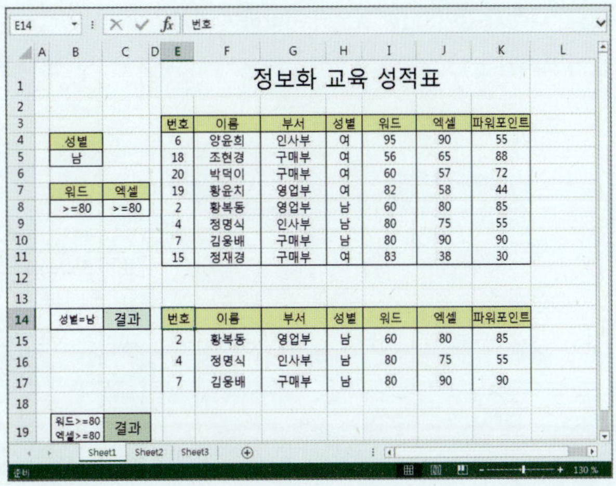

04 셀 포인터를 데이터 목록 안의 임의의 셀에 위치시키고 [데이터] 탭 – [정렬 및 필터] 그룹 – [고급]을 클릭한다.

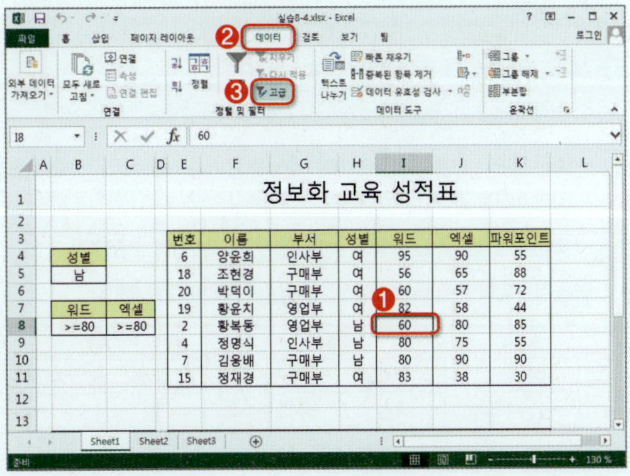

05 [고급 필터] 대화상자에서 [결과]는 '다른 장소에 복사'를 체크한 후 [조건 범위]는 [B7:C8] 셀을 드래그하여 선택하고 [복사 위치]는 [E19] 셀로 지정한 다음 [확인]을 클릭한다.

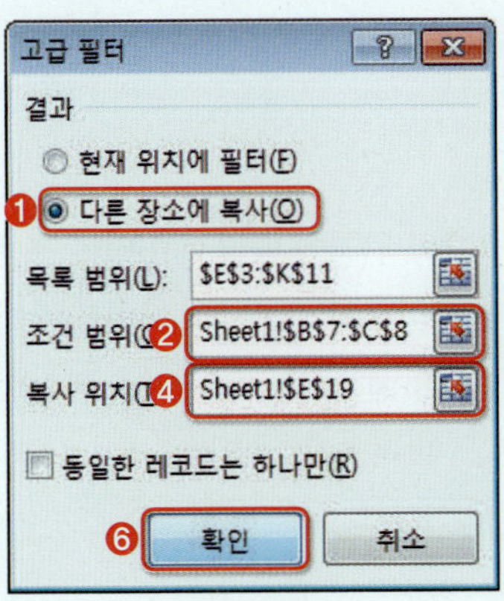

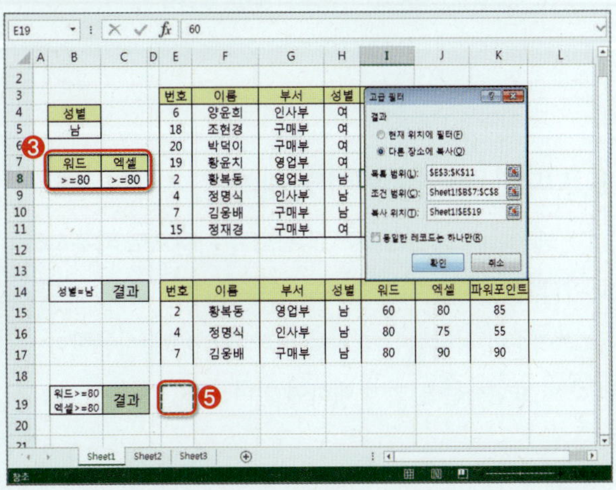

06 다음과 같이 [E19] 셀부터 시작하여 결과 값이 표시된다.

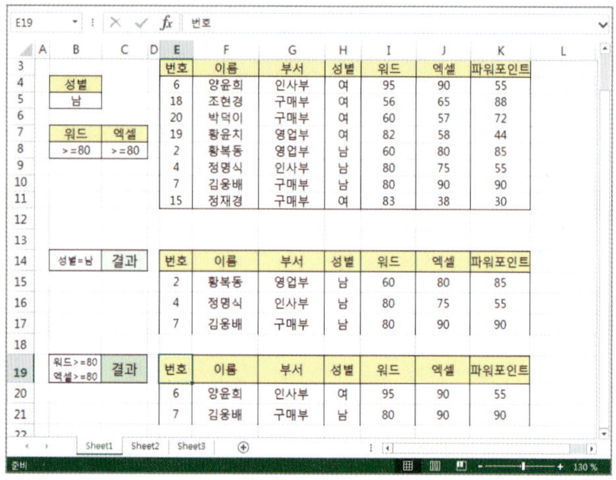

NOTE 고급 필터 조건 지정 방법

- 고급 필터는 사용하기 전에 조건 범위를 지정해야 한다.
- 조건 범위의 첫 번째 행에는 데이터 목록 범위에 있는 필드의 이름과 동일한 필드 이름을 입력하고, 두 번째 행부터는 해당 필드 값과 비교할 조건값을 입력한다.
- 조건을 입력할 때 같은 행에 입력하면 AND 조건으로 추출한다.
- 조건을 입력할 때 다른 행에 입력하면 OR 조건으로 추출한다.

❶

성별
남

❷

성별	부서
남	영업부

❸

성별	부서
남	
	영업부

❶ 성별이 '남'인 레코드를 검색

❷ 성별이 '남'이고 부서가 '영업부'인 레코드를 검색

❸ 성별이 '남'이거나 부서가 '영업부'인 레코드를 검색

8.3 피벗 테이블과 피벗 차트

피벗 테이블은 데이터 목록의 필드를 기준으로 재구성하여 필드의 위치에 따라 데이터의 통계를 한눈에 파악할 수 있도록 정리된 표로 만들어 준다. 피벗 차트는 피벗 테이블의 요약된 데이터를 그래프 형식으로 보여주어 시각적인 효과를 나타내기 위해 사용한다. 많은 양의 데이터를 분석하여 테이블과 차트 형식으로 표현하는 방법에 대하여 알아보자.

▶ 준비파일 : 실습8-5.xlsx

실습 8-5 피벗 테이블 만들기

01 '실습8-5.xlsx' 파일을 열고 셀 포인터를 데이터 목록 내의 임의의 셀에 위치시킨 후 [삽입] 탭 - [표] 그룹 - [피벗 테이블]을 클릭한다.

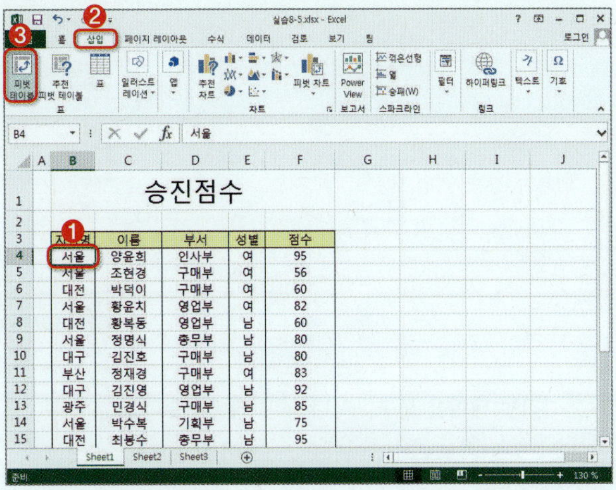

02 [피벗 테이블 만들기] 대화상자가 열리면 [확인]을 클릭한다.

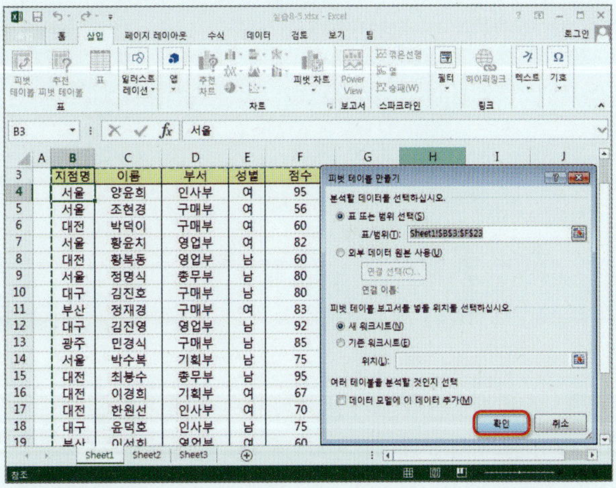

03 새로운 시트가 삽입되면서 [피벗 테이블 필드] 작업 창이 열리고 [피벗 테이블 도구]의 [분석]과 [디자인] 탭이 메뉴 탭에 생성된다.

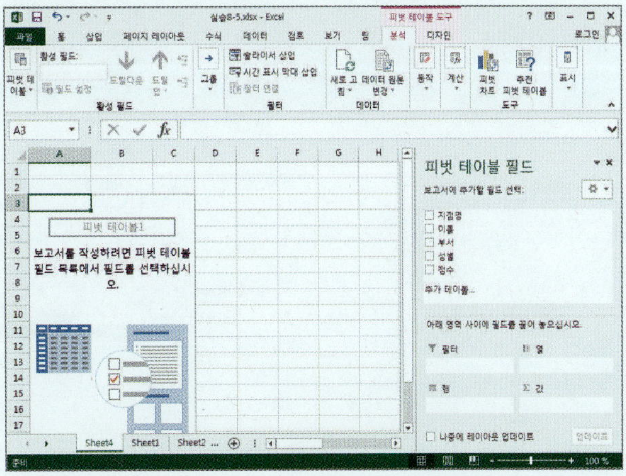

04 [보고서에 추가할 필드 선택]에서 '지점명'을 [필터]로 드래그한다. 마찬가지로 '이름'을 [열]로, '부서'를 [행]으로, '점수'를 [값]으로 드래그한다.

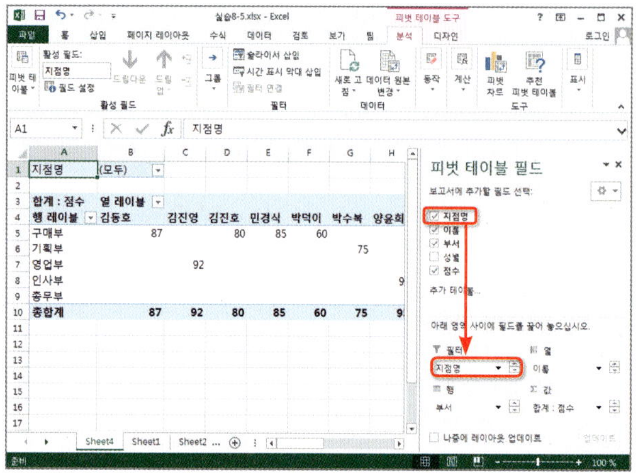

05 [피벗 테이블 도구] - [디자인] 탭 - [레이아웃] 그룹 - [보고서 레이아웃] - [테이블 형식으로 표시]를 클릭하면 '열 레이블'은 '이름'으로, '행 레이블'은 '부서'로 바뀐다.

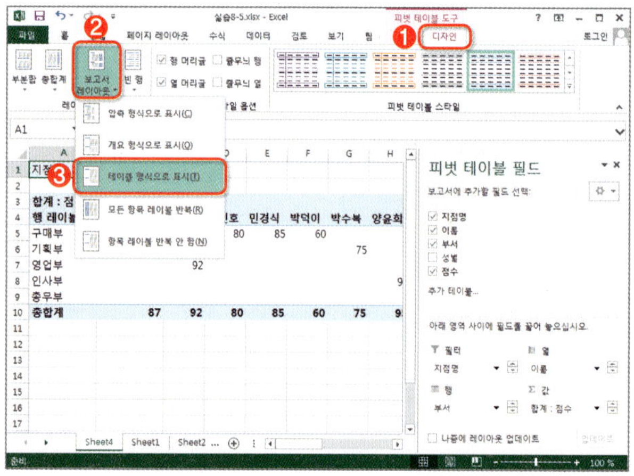

06 피벗 테이블의 디자인을 바꾸기 위해 [디자인] 탭 - [피벗 테이블 스타일] 그룹 - [자세히 ▾]를 클릭하고 [보통:피벗 스타일 보통 9]를 선택한다.

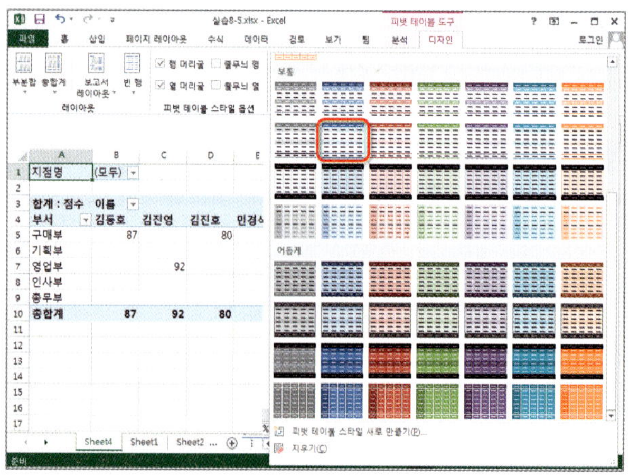

NOTE [피벗 테이블 필드] 작업 창

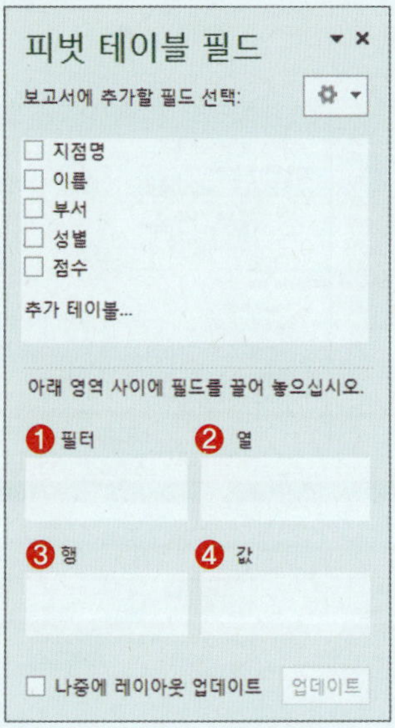

❶ **필터** : 선택한 항목에 따라 전체 피벗 테이블 보고서를 필터링하는 데 사용한다.

❷ **열** : 열 방향으로 그룹화할 필드이며, 필드를 보고서 위쪽에 열로 표시한다.

❸ **행** : 행 방향으로 그룹화할 필드이며, 필드를 보고서 옆쪽에 행으로 표시한다.

❹ **값** : 숫자 데이터를 요약해서 표시하며 합계, 개수, 평균 등을 계산한다.

▶ 준비파일 : 실습8-6.xlsx

실습 8-6 피벗 차트 만들기

01 '실습8-6.xlsx' 파일을 열고 셀 포인터를 데이터 목록 내의 임의의 셀에 위치시킨 후 [삽입] 탭 – [차트] 그룹 – [피벗 차트] – [피벗 차트]를 선택한다.

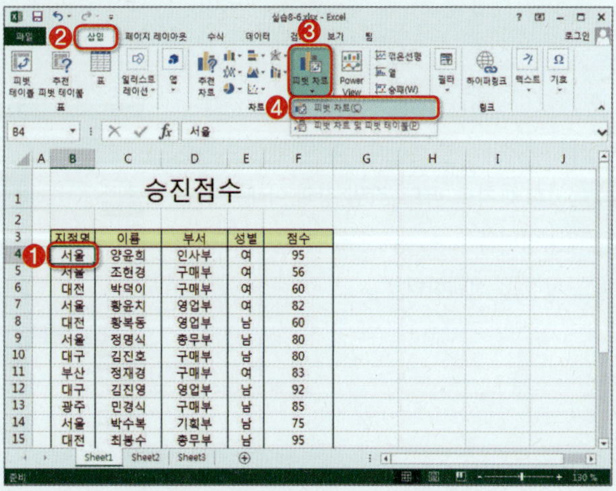

02 [피벗 차트 만들기] 대화상자가 열리면 [확인]을 클릭한다.

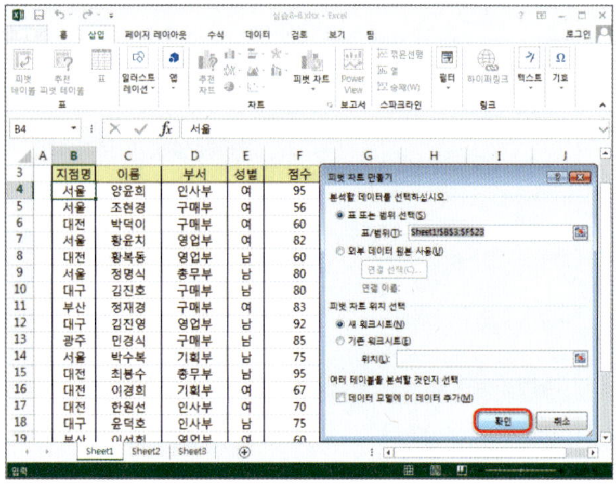

03 [피벗 차트 필드] 작업 창이 열리면 [보고서에 추가할 필드 선택]에서 '부서'를 [축(범주)]로, '점수'를 [값]으로 드래그한다.

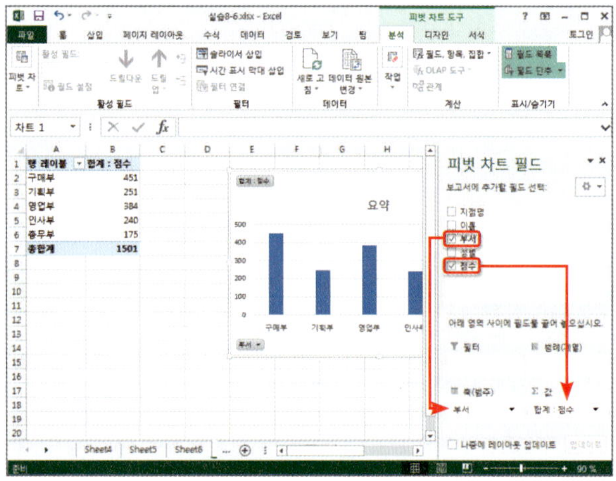

04 [피벗 차트 필드] 작업 창의 아래쪽에 있는 [값] 영역의 합계 : 점수 ▼ 를 클릭하고 [값 필드 설정]을 선택한다.

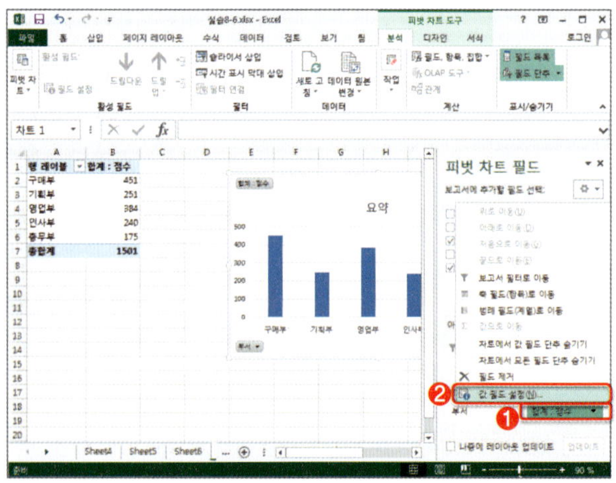

05 [값 필드 설정] 대화상자가 열리면 [선택한 필드의 데이터]에서 '평균'을 선택하고 [확인]을 클릭한다.

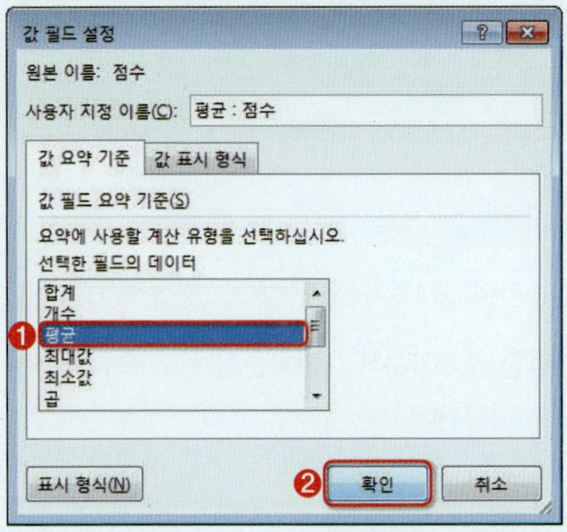

06 평균을 보여주는 차트로 변경된다. 피벗 차트의 제목을 '승진점수'로 변경하고 [차트 스타일]은 '스타일 4'를 선택하여 다음과 같이 완성한다.

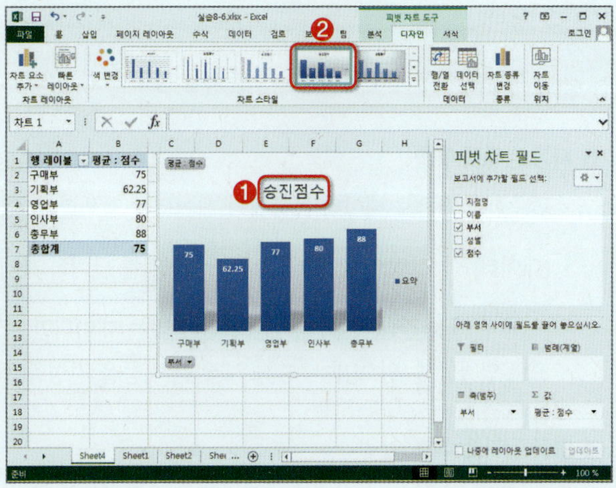

요약

IT COOKBOOK

1 데이터 정렬

- 데이터를 순서대로 나열하는 기능으로, 기본적으로 행 단위로 정렬된다.
- 정렬 방식에는 오름차순과 내림차순이 있고 오름차순은 작은 값에서 큰 값으로, 내림차순은 큰 값에서 작은 값으로 배열된다.

2 부분합

- 데이터 목록의 특정 필드를 기준으로 레코드를 그룹화한 후에 그룹별로 합계, 평균, 개수 등을 계산하는 기능이다.
- 부분합을 실행하기 위해서는 그룹화할 항목을 기준으로 데이터를 정렬해야 한다.

3 자동 필터로 추출

- 단순한 조건으로 데이터 목록에서 데이터를 검색할 수 있는 기능이다.
- [데이터] 탭 - [정렬 및 필터] 그룹 - [필터]를 클릭하여 자동 필터를 표시하거나 해제한다.
- [사용자 지정 필터]를 이용하면 조건에 맞는 데이터만 나타낼 수 있다. 조건은 그리고(AND), 또는(OR)으로 연결할 수 있으며 =, 〈, 〉, 시작 문자 등을 지정할 수 있다.

4 고급 필터로 추출

- 복잡한 조건으로 설정이 가능하고 필터링된 결과를 별도의 위치에 표시할 수 있다.
- 고급 필터는 사용하기 전에 조건 범위를 지정해야 한다.
- 조건 범위의 첫 번째 행에는 데이터 목록 범위에 있는 필드의 이름과 동일한 필드 이름을 입력하고, 두 번째 행부터는 해당 필드값과 비교할 조건값을 입력한다.
- 조건을 입력할 때 같은 행에 입력하면 AND 조건으로 추출한다.
- 조건을 입력할 때 다른 행에 입력하면 OR 조건으로 추출한다.

5 피벗 테이블과 피벗 차트

- **피벗 테이블** : 데이터 목록의 필드를 기준으로 재구성하여 필드의 위치에 따라 데이터의 통계를 한눈에 파악할 수 있도록 정리된 표로 만들어 주며, 리본메뉴에서 [삽입] 탭 - [표] 그룹 - [피벗 테이블]을 선택하면 만들 수 있다.
- **피벗 차트** : 피벗 테이블의 요약된 데이터를 그래프 형식으로 보여주어 시각적인 효과를 나타낼 수 있다.

연습문제

IT COOKBOOK

1 '연습8-1.xlsx' 파일을 열어 아래 조건에 맞게 데이터를 자동 필터로 검색하시오.

| 조건 | ▶ 준비파일 : 연습8-1.xlsx

① '평점'이 '80' 이상이고 '결석횟수'가 '0'인 학생들만 검색하시오.

② '전공학과'가 '경영'이고 '출결점수'가 '90' 이상인 학생들만 검색하시오.

③ '평점'이 높은 순서대로 상위 5개 데이터만 검색하시오.

④ 검색한 데이터를 각각 '연습8-1-1(완성).xlsx', '연습8-1-2(완성).xlsx', '연습8-1-3(완성).xlsx'로 저장하시오.

컴퓨터 과학 1학기 성적

	전공학과	성명	결석횟수	출결점수	과제	중간고사	기말고사	평점
5	영문	참사랑	0	100	98	80	67	86.0
10	영문	김우진	0	100	76	78	88	85.5

컴퓨터 과학 1학기 성적

	전공학과	성명	결석횟수	출결점수	과제	중간고사	기말고사	평점
4	경영	성인지	2	94	87	77	78	84.0

컴퓨터 과학 1학기 성적

	전공학과	성명	결석횟수	출결점수	과제	중간고사	기말고사	평점
4	영문	구만리	6	82	100	98	95	93.8
5	국문	강태공	1	97	90	96	89	93.0
6	영문	도연명	1	97	83	90	90	90.0
7	영문	태우나	2	94	78	90	84	86.5
8	국문	피성훈	3	91	67	98	89	86.3

2 '연습8-2.xlsx' 파일을 열어 아래 조건에 맞게 완성한 후 '연습8-2(완성).xlsx'로 저장하시오.

| 조건 | ▶ 준비파일 : 연습8-2.xlsx

- '전공학과'가 '영문'이고, '평점'이 '80' 이상 '90' 미만인 데이터를 고급 필터를 사용하여 검색하시오.
  ① 고급 필터 조건은 [B16:D17] 셀 범위 내에 알맞게 입력하시오.
  ② 고급 필터 결과 복사 위치는 동일 시트의 [B20] 셀로 지정하시오.

컴퓨터 과학 1학기 성적

	전공학과	성명	결석횟수	출결점수	과제	중간고사	기말고사	평점
4	경영	성인지	2	94	87	77	78	84.0
5	영문	참사랑	0	100	98	80	67	86.3
6	국문	피성훈	3	91	67	98	89	86.3
7	경영	남주나	4	88	56	96	98	84.5
8	영문	도연명	1	97	83	90	90	90.0
9	경영	장태호	5	85	90	67	96	84.5
10	영문	김우진	0	100	76	78	88	85.5
11	국문	호지운	0	100	65	56	86	76.8
12	영문	태우나	2	94	78	90	84	86.5
13	국문	강태공	1	97	90	96	89	93.0
14	영문	구만리	6	82	100	98	95	93.8

	전공학과	평점	평점
17	영문	>=80	<90

	전공학과	성명	결석회수	출결점수	과제	중간고사	기말고사	평점
21	영문	참사랑	0	100	98	80	67	86.3
22	영문	김우진	0	100	76	78	88	85.5
23	영문	태우나	2	94	78	90	84	86.5

연습문제

IT COOKBOOK

3 '연습8-3.xlsx' 파일을 열어 아래 조건에 맞게 완성한 후 '연습8-3(완성).xlsx'로 저장하시오.

| 조건 | ▶ 준비파일 : 연습8-3.xlsx

① 정렬 : '부서명'의 오름차순, 직위의 내림차순으로 정렬하시오.

② 부분합 : '부서명'을 그룹화하여 '외국어점수', '신용점수', '고과점수'의 합계와 평균을 구하시오.

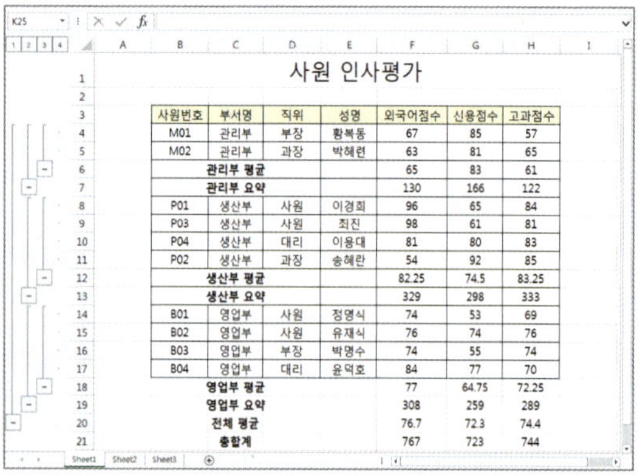

사원 인사평가

사원번호	부서명	직위	성명	외국어점수	신용점수	고과점수
M01	관리부	부장	황복동	67	85	57
M02	관리부	과장	박혜련	63	81	65
	관리부 평균			65	83	61
	관리부 요약			130	166	122
P01	생산부	사원	이경희	96	65	84
P03	생산부	사원	최진	98	61	81
P04	생산부	대리	이용대	81	80	83
P02	생산부	과장	송혜란	54	92	85
	생산부 평균			82.25	74.5	83.25
	생산부 요약			329	298	333
B01	영업부	사원	정명식	74	53	69
B02	영업부	사원	유재식	76	74	76
B03	영업부	부장	박명수	74	55	74
B04	영업부	대리	윤덕호	84	77	70
	영업부 평균			77	64.75	72.25
	영업부 요약			308	259	289
	전체 평균			76.7	72.3	74.4
	총합계			767	723	744

4 '연습8-4.xlsx' 파일을 열어 아래 조건에 맞게 피벗 테이블과 피벗 차트를 작성한 후 '연습8-4(완성).xlsx'로 저장하시오.

| 조건 | ▶ 준비파일 : 연습8-4.xlsx

① 행 : '성명'

② 값 : '리포트', '중간', '기말', '합계'

③ 총합계 : 소수 첫째 자리까지만 표시되도록 서식을 지정하시오.

④ 디자인 : [피벗 테이블 스타일 옵션]에서 '줄무늬 행' 표시하기

[피벗 테이블 스타일]에서 '피벗 스타일 보통 11' 지정하기

⑤ 피벗 차트 : 아래와 같이 출력되도록 작성하시오.

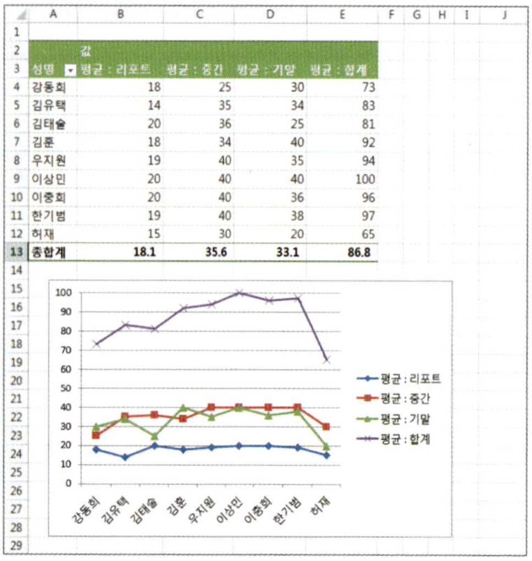

성명	평균 : 리포트	평균 : 중간	평균 : 기말	평균 : 합계
강동희	18	25	30	73
김유택	14	35	34	83
김태술	20	36	25	81
김훈	18	34	40	92
우지원	19	40	35	94
이상민	20	40	40	100
이충희	20	40	36	96
한기범	19	40	38	97
허재	15	30	20	65
총합계	18.1	35.6	33.1	86.8

INDEX